中等职业教育功能定位研究

徐晔　编著

北京理工大学出版社
BEIJING INSTITUTE OF TECHNOLOGY PRESS

版权专有　侵权必究

图书在版编目（CIP）数据

中等职业教育功能定位研究/徐晔编著. —北京：北京理工大学出版社，2021.1

ISBN 978 – 7 – 5682 – 9517 – 8

Ⅰ. ①中… Ⅱ. ①徐… Ⅲ. ①中等专业学校 – 教育职能 – 研究 Ⅳ. ①G718.3

中国版本图书馆 CIP 数据核字（2021）第 021647 号

出版发行 / 北京理工大学出版社有限责任公司
社　　址 / 北京市海淀区中关村南大街 5 号
邮　　编 / 100081
电　　话 /（010）68914775（总编室）
　　　　　（010）82562903（教材售后服务热线）
　　　　　（010）68948351（其他图书服务热线）
网　　址 / http：//www.bitpress.com.cn
经　　销 / 全国各地新华书店
印　　刷 / 北京虎彩文化传播有限公司
开　　本 / 710 毫米 × 1000 毫米　1/16
印　　张 / 12.25　　　　　　　　　　　　　　责任编辑 / 江　立
字　　数 / 235 千字　　　　　　　　　　　　　文案编辑 / 江　立
版　　次 / 2021 年 1 月第 1 版　2021 年 1 月第 1 次印刷　责任校对 / 周瑞红
定　　价 / 59.00 元　　　　　　　　　　　　　责任印制 / 施胜娟

图书出现印装质量问题，请拨打售后服务热线，本社负责调换

序

徐晔是天津大学教育学院的博士毕业生，她对中等职业教育的功能定位做了很多理论研究和实践探索，因此她让我为她即将出版的新书《中等职业教育功能定位研究》作序，我欣然答应。

《中等职业教育功能定位研究》共分为三个部分：第一部分分析了自中华人民共和国成立以来中等职业教育功能定位的演变历史以及内在逻辑，对中等职业教育的功能定位进行了理论探索；第二部分回顾了我国中等职业教育的发展历程，阐述了20世纪90年代末至21世纪初中等职业教育功能失调的表征和结构不合理的状况；第三部分论述了中等职业教育功能定位的应然样态，提出了能促进中等职业教育功能科学定位的政策建议。我作为导师评审认为，徐晔敢于触及中等职业教育实践中的难点问题，并对此有自己的思考建议，实属不易，值得有关部门研究此类问题时把此书作为参考。

正确认识和把握中等职业教育功能的定位，是中等职业教育改革和发展中的一项重要问题。1997年，我调任为成人教育司司长，朱开轩同志代表党组织找我谈话，他嘱咐我说，"职业教育是一种特色鲜明、突出的教育，若能把握好它的功能定位，发挥好它的作用，对经济社会及教育发展都有重要意义"。2010年，袁贵仁同志在出席上海召开的职业教育与成人教育年度工作会议时说，"职业教育是一种类型教育，与普通教育具有同等重要地位"。2019年1月，国务院印发的《国家职业教育改革实施方案》中明确指出，"职业教育与普通教育是两种不同教育类型，具有同等重要地位"，这是对职业教育发展的科学总结，是对职业教育认识上的深化，这也为职业教育改革发展指明了方向。我始终铭记于心，并为此而努力奋斗。值得欣慰的是，在我离开司长岗位时，因为党中央和国务院的高度重视和职教战线同志们的努力拼搏，我国中等职业教育有了很快速的发展，中等职业教育的招生比例与普通教育的招生比例实现了大体相当。

中等职业教育肩负着培养社会主义建设需要的具有"工匠精神"的中等技术技能人才的使命，我希望从事职业教育工作的同人们能始终牢记使命、振奋精神、团结奋斗、改革创新，为职业教育的改革发展做出新的贡献，也希望能有更多有关职业教育的研究成果问世。

前　　言

当今，中等职业教育被人们视为另类，学生和家长对中等职业教育不热情，企业和行业对中等职业教育不积极，社会对中等职业教育评价不高，这使中等职业教育面临着生存危机和发展危机，具体表现为中等职业教育的基础地位被动摇、中等职业教育功能失调和中等职业教育发展定位出现偏差。在实践层面，我国正处于经济社会转型发展的关键时期，社会结构和教育结构发生变革，人才需求层次不断提升，加之普通高中教育的普及和高等教育规模的扩张，都对中等职业教育的发展带来了新的挑战。中等职业教育的规模从2011年开始不断下滑，亟须明确新时代中等职业教育的地位、功能和未来发展方向。在理论层面，职业教育研究领域掀起了高等职业教育理论研究的热潮，却忽视了对中等职业教育的理论研究，中等职业教育理论研究多局限在教学和专业设置等方面，亟须对当下中等职业教育存在及如何发展的问题进行深度剖析。

基于对中等职业教育生存危机和发展危机的思考和追问，并把握研究的核心问题——"中等职业教育功能定位"，本书沿着"逻辑功能—现实功能—价值功能"这一思路展开，以现代职业教育体系为切入点，力求回答三个问题。第一个是本体性问题。中等职业教育功能定位的逻辑起点是什么？第二个是实然性问题：中等职业教育功能失调的实践表征是什么？第三个是价值性问题：中等职业教育功能定位的应然样态是什么？本书借助结构功能理论、教育病理学、职业教育民生思想，构建中等职业教育功能定位的分析框架；基于价值与功能、结构与功能这两对基本范畴，分析中等职业教育功能失调的现状及结构根源，探究中等职业教育功能定位的应然样态和实现策略。

除导论外，本书由三部分构成：第一部分是中等职业教育功能定位的理论探讨，由第一、二章构成。本部分以现代职业教育体系为切入点，以构建现代职业教育体系下中等职业教育功能定位为基本框架，对中华人民共和国成立以来中等职业教育功能演变的历史及内在逻辑进行分析，进一步对现代职业教育体系下中等职业教育功能定位的基本框架进行验证。第二部分是中等职业教育功能定位的实然分析，由第三、四章构成。本部分扎根于中等职业教育的教学实践，运用访谈研究法，以学校、家庭、企业为分析场所，深入分析现阶段现代职业教育体系下中等职业教育功能失调的实践表征及结构根源。第三部分是中等职业教育功能定位的应然样态，由第五、六章构成。本部分明确现代职业教育体系下中等职业教育功能定位的应然样态，并提出了中等职业教育功能定位的实现策略。

针对这些研究问题，通过分析论证，本书形成了以下结论：

第一，基于中等职业教育功能定位的逻辑起点，整合中等职业教育的社会功能和育人功能，确立中等职业教育的民生功能观，这是中等职业教育功能定位的前提和基础。

第二，以现代职业教育体系为切入点，对中等职业教育功能进行动态分析。中等职业教育功能演变的基本方式为失调与调适，中等职业教育功能失调具体表现为功能取向偏颇、功能行动偏差和功能结果失调。

第三，基于"结构—功能"，分析中等职业教育功能失调的根源，包括内部结构根源、教育结构根源和社会结构根源。

第四，在现代职业教育体系下构建中等职业教育功能定位的应然样态。在价值层面，应确立中等职业教育的民生功能观。在结构层面，应明确中等职业教育的基础地位。在功能层面，应整合中等职业教育的多元功能。中等职业教育功能的应然样态是"育人+就业+升学"；中等职业教育的服务是面向广大平民的；中等职业教育的形态是兼顾职业教育与职业培训的。中等职业教育是一种面向平民的职业基础教育。

1923年8月以晏阳初为总干事的中华平民教育促进会在北京成立，其机关刊物《平民教育》的发刊词中明确表示："平民教育目的在于人人都知道怎样才是真幸福，兼明白求幸福的法子。"① 职业教育的平民性内涵逐渐从"贫民教育"拓展开来，现实存在与理性发展，揭示了它更具体的内涵：贴近生活、结合劳动、强调人人性。② 平民职业教育是面向人人的教育，着眼于大多数人的现实生存、个性养成和生涯发展。在本书中平民是指广大人民，强调的是职业教育面向人人，面向广大人民群众。

第五，提出中等职业教育功能定位的实现策略。以"类型观"为指导完善现代职业教育体系；创新中等职业教育的发展路径——"双轨一元"；完善中等职业教育功能定位实现的制度保障。

一直以来我们都对中等职业教育的生存危机和发展危机进行了深入思考，尽管中等职业教育生存危机与发展危机在短时间内不能有效解决，但是需要我们加深对它们的重视和加大对它们的研究力度，下大力气去解决这些问题。2020年是全面建成小康社会、打赢脱贫攻坚战及"十三五"规划的收官之年，是实现第一个百年奋斗目标的决胜期，也是攻坚期，中等职业教育作为与民生关系密切的一种教育类型，面临着巨大的挑战和机遇，亟须从理论和实践两方面对中等职业教育进行深入探究并探究中等职业教育应如何存在及如何发展的问题。2019年国务院出台的《国家职业教育发展规划》中指明了职业教育的发展道路，明确指

---

① 杨跃. 晏阳初的平民教育思想对当前我国农村职业教育的启示 [J]. 和田师范专科学校学报，2011（03）：28-29.

② 肖凤祥. 职业教育的平民性探究 [J]. 职教通讯，2020（11）：5-8.

出"职业教育与普通教育是两种不同教育类型,具有同等重要地位"。基于此,我们以现代职业教育体系为切入点,对中等职业教育功能定位提出了几点思考,肯定了中等职业教育在现代职业教育体系中的基础地位,肯定了中等职业教育的民生功能,并指明了中等职业教育"双轨一元"的发展道路。

目 录

导论 …………………………………………………………………………（001）
  第一节　选题缘由与研究意义 ……………………………………………（001）
    一、选题缘由 ………………………………………………………………（001）
    二、研究意义 ………………………………………………………………（005）
  第二节　研究综述 …………………………………………………………（006）
    一、国内研究综述 …………………………………………………………（007）
    二、国外研究综述 …………………………………………………………（016）
    三、国内外研究述评 ………………………………………………………（024）
  第三节　核心概念界定 ……………………………………………………（026）
    一、现代职业教育体系 ……………………………………………………（026）
    二、教育功能 ………………………………………………………………（027）
    三、中等职业教育的功能定位 ……………………………………………（029）
  第四节　研究设计 …………………………………………………………（031）
    一、研究问题 ………………………………………………………………（031）
    二、研究方法 ………………………………………………………………（031）
    三、研究思路 ………………………………………………………………（032）
    四、研究内容 ………………………………………………………………（034）
    五、研究创新 ………………………………………………………………（035）

第一章　中等职业教育功能定位的理论探讨 ………………………………（038）
  第一节　中等职业教育功能定位的理论依据 ……………………………（038）
    一、结构功能主义理论及其对本书的启示 ………………………………（038）
    二、教育病理学及其对本书的启示 ………………………………………（043）
    三、职业教育民生思想及其对本书的启示 ………………………………（046）
  第二节　中等职业教育功能定位的基本框架 ……………………………（050）
    一、逻辑起点："整合" ……………………………………………………（051）
    二、分析思路：以构建现代职业教育体系为依托 ………………………（054）
    三、动态分析：功能的过程分析 …………………………………………（058）
    四、功能演变：功能的失调与调适 ………………………………………（061）
    五、内外结构：功能失调与调适的根源 …………………………………（063）

第二章　中等职业教育功能变迁的历史及内在逻辑 ………………………（068）

第一节　中等职业教育功能变迁的阶段梳理 (069)
　　一、第一个发展周期（1949—1979年） (069)
　　二、第二个发展周期（1980—2004年） (073)
　　三、第三个发展周期（2005年以后） (076)
第二节　中等职业教育功能变迁的内在逻辑 (081)
　　一、社会结构变革：功能变迁的环境基础 (081)
　　二、现代职业教育体系构建：功能变迁的重要依托 (082)
　　三、需求变化：功能变迁的直接动力 (082)
　　四、功能演变：功能失调与调适 (083)

第三章　中等职业教育功能失调的实践表征 (085)
第一节　中等职业教育功能取向偏颇 (088)
　　一、社会取向对育人取向的僭越 (088)
　　二、升学取向与就业取向的博弈 (090)
第二节　中等职业教育功能行动偏差 (092)
　　一、招生行为不适且不公 (092)
　　二、教学行为偏差与低效 (095)
　　三、毕业生出口不畅 (097)
第三节　中等职业教育功能结果失调 (099)
　　一、重社会适应功能，轻社会引领功能 (099)
　　二、重社会分化功能，轻社会整合功能 (100)
　　三、重经济、政治功能，轻文化功能 (101)
　　四、重社会化功能，轻个性化功能 (102)

第四章　中等职业教育功能失调的结构根源 (104)
第一节　中等职业教育功能失调的内部结构根源 (104)
　　一、中等职业教育区域结构失衡 (104)
　　二、中等职业教育类型结构失衡 (106)
第二节　中等职业教育功能失调的教育结构根源 (108)
　　一、"双轨制"学制下的层次化、等级化的学校系统 (109)
　　二、现代职业教育体系内部衔接不顺、外部沟通不畅 (110)
第三节　中等职业教育功能失调的社会结构根源 (113)
　　一、我国社会转型的解读 (114)
　　二、以职业分化和资源占有为标准的社会分层 (117)
　　三、文化传统形塑教育行动者功利化生存心态 (121)
　　四、职业获得与社会升迁的竞争性流动机制 (122)

第五章　中等职业教育功能定位的应然样态 (124)
第一节　价值层面：确立中等职业教育的民生功能观 (124)

一、人本主义价值取向……………………………………………（125）
　　二、中等职业教育的民生属性……………………………………（127）
　　三、整合社会功能观与育人功能观：民生功能观………………（129）
第二节　结构层面：明确中等职业教育的基础地位……………………（130）
　　一、中等职业教育在现代职业教育体系中的基础地位…………（131）
　　二、发展中等职业教育是普及高中阶段教育的重要基础………（134）
　　三、中等职业教育在经济社会发展中处于基础地位……………（137）
第三节　功能层面：整合中等职业教育的多元功能……………………（140）
　　一、中等职业教育功能的应然样态：育人＋就业＋升学………（141）
　　二、中等职业教育的服务面向定位：面向广大平民……………（144）
　　三、中等职业教育的形态定位：兼顾职业教育与职业培训………（145）
　　四、中等职业教育定位的应然选择：面向平民的职业基础教育…（145）

第六章　中等职业教育功能定位的实现策略………………………………（149）
第一节　以"类型观"为指导，完善现代职业教育体系 ………………（149）
　　一、以"类型观"为指导，完善现代职业教育体系结构 ………（150）
　　二、基于国家资格框架，推动现代职业教育体系的有效运行……（151）
第二节　创新中等职业教育发展路径："双轨一元" …………………（155）
　　一、坚持中等职业教育的分类发展………………………………（155）
　　二、构建"双轨一元"中等职业教育发展路径 …………………（158）
第三节　完善中等职业教育功能定位实现的制度保障…………………（160）
　　一、优化教育分流制度及招生考试制度…………………………（161）
　　二、改革就业制度及薪酬制度……………………………………（163）

结语…………………………………………………………………………（166）
附录…………………………………………………………………………（169）
参考文献……………………………………………………………………（173）

导 论

第一节 选题缘由与研究意义

中等职业教育作为与民生关系最为密切的教育，受到社会各界的广泛关注。但令人担忧的是，社会各界的广泛关注较少是出于对中等职业教育发展的赞同，而更多的是对中等职业教育发展的质疑和对中等职业教育未来发展的担忧。中等职业教育还要不要发展？中等职业教育的发展方向是什么？中等职业教育应该怎样发展？本书选题的缘由正是基于对中等职业教育发展问题的关注及对其成因的不断思考与追问。从理论与实践两方面对中等职业教育发展的问题给予关照，正是本书的意义所在。

一、选题缘由

美国教育家菲利普·库姆斯在《世界教育危机》一书中指出："教育系统发生了巨大变化，教育系统所在的社会系统也发生了巨大变化，这种变化进一步加剧了教育系统与社会系统的不协调，旧的危机尚未消解，新的危机又产生了。教育系统最大的危机表现为对教育自身产生的信任危机。"[1] 纵观整个人类社会，教育问题和教育危机一直都存在，教育问题产生的根源为社会结构变革，源于西方发达国家在18世纪开始的工业革命带来的社会的迅猛发展和"失范"。经济社会转型具体表现为市场化及工业化，经济社会转型进一步推动了教育改革，在教育改革中中等职业教育的危机尤为突出。中等职业教育作为中等教育的组成部分，有着中等教育不同于初等教育的基础性，也有着不同于高等教育的专业性。中等教育从发展之初就难以形成定论，且面临着"谁该受教育？""什么知识最有价值？"等的拷问，这些问题也进一步加剧了中等职业教育的发展危机。

中等职业教育的发展危机表现为对中等职业教育生存和发展的争论，最早可以追溯到20世纪60年代。美国学者菲利普·福斯特针对发展中国家发展中等职业教育提出了反对意见，并于1965年发表了文章《发展规划中职业教育的谬

---

[1] 菲利普·库姆斯. 世界教育危机 [M]. 赵宝恒, 等译. 北京：人民教育出版社, 2001.

误》①，并在此文中提出发展中国家应该缩减中等职业教育的发展规模。到20世纪末，世界银行东亚太地区人力开发部以毕和熙（Halsey Beemer）先生为首的专家组，发布报告《21世纪中国教育战略目标》，并在此报告中对中国发展中等职业教育提出了质疑，"今后20年，中国应把中等职业教育的比例减少为零"。②此后关于中等职业教育发展的争论从未停止，相关权威性报刊也对中等职业教育的发展问题进行过探论。2016年12月2日，《中国青年报》刊发了题为《未来职教重心应放在高职》的文章，该文章认为没有必要坚守普职比大体相当，并提出中等职业教育的规模减少是必要的结构性调整。③自2011年以来，我国中等职业教育规模持续走低，且中等职业教育招生规模、在校生规模不断下滑。④2010—2019年普职招生数与在校生之比如表1所示。

表1 2010—2019普职招生数、在校生之比

年份	占高中阶段教育招生总数	占高中阶段教育在校生总数
2010	50.94%	47.78%
2011	48.89%	47.06%
2012	47.17%	46.00%
2013	45.06%	44.00%
2014	43.76%	42.09%
2015	43.00%	41.00%
2016	42.49%	40.28%
2017	42.13%	40.10%
2018	41.27%	39.53%
2019	41.70%	39.46%

我们不禁要问：中等职业教育为什么会产生危机？危机的本质是什么？应如何解决危机？究其根本，中等职业教育危机产生的实质是中等职业教育没有充分合理地展现出在个体和社会中的功能，且尚未明确中等职业教育在现代职业教育体系及整个社会发展中的位置，这导致中等职业教育的功能出现了偏离、窄化、萎缩等失调现象，并进一步导致了中等职业教育发展的定位偏离，具体表现为中等职业教育功能定位失衡。下面几个事例反映的问题真是管中窥豹、引人忧思！

---

① 萧今，黎万红. 发展经济中的教育与职业［M］. 天津：天津人民出版社，2002.
② 姜大源. 关于加固中等职业教育基础地位的思考（全文导读）［J］. 中国职业技术教育，2017（09）：18-20.
③ 欧阳河. 未来职教中心应放在高职［N］. 中国青年报，2016-12-02（02）.
④ 国家数据：中华人民共和国国家统计局［EB/OL］. http//data.stats.gov.cn/easyquery.htm? cn = C01&zb = A0M0202&sj = 2017. 2017-11-03/2018-06-12.

忧思一：国家意愿与个人意愿的矛盾应如何调节？

2018年8月14日，在山东省某位青岛市民的某社交软件动态中，一张数据统计图引发了热议。这是一张关于"山东省各地高中阶段在校生人数"的数据统计图。这张数据统计图显示，2017年，在青岛市高中阶段在校生人数中，普通高中在校生人数占高中阶段在校生人数的57%，低于山东省平均在校生水平11%，位列全省倒数第一，比人数比例最高的莱芜市还要低24%，职普比例毫无悬念居于全省第一。许多学生家长指出，在青岛市，中考比高考还要难。他们认为青岛市作为山东省经济最发达的城市，为山东省经济社会发展做出了突出贡献，青岛市的学生理应享受到更优质的教育资源，尤其是高中教育资源和高等教育资源。然而，青岛市教育局却不顾百姓需求，一味坚持"职普比例大体相当"的政策，使很大一部分学生失去了接受普通高中教育的机会，从而导致这部分学生丧失了接受高等教育的机会，这显然是不合理的。部分家长认为，选择接受普通高中教育还是中等职业教育，这难道不应该是学生和家长自愿选择的结果吗？政府却坚持贯彻"职普比例大体相当"政策，如此"一刀切"的方式是否合适？①

当国家意愿与个人意愿出现矛盾时，中等职业教育究竟是应该服务国家经济社会发展需求，还是应该服务个体发展需求？如果仅仅满足个人接受普通高中的意愿，忽视国家经济社会发展对中等职业教育发展的需求，大力发展普通高中教育，缩减中等职业教育规模，这是否就是人民满意的教育？这一系列问题引人深思。

忧思二：中等职业教育的社会功能能否实现？

现阶段，"技工荒"现象与"大学生就业难"现象并存。2017年，社会科学文献出版社发布了《中国人才发展报告》，该报告显示，我国技工缺口高达上千万人，成为制造业转型升级的一大问题。"技工荒"现象在我国多地都出现过，如在四川省，全省技能人才总量为680万人，其中高技能人才仅100余万人，现代制造业等领域领军技能人才稀缺；在浙江省，2016年工商联合会对杭州市包括建筑业、传统制造业等在内的企业进行了一系列调研，有71.43%的企业提出缺乏高级、中级技术工人；在天津市，据劳动力市场信息反馈，企业技术人才的供求比例已经达到1:10。②

"技工荒"现象实质上是对中等职业教育危机的一个回应。中等职业教育的问题不是应不应该办的问题，而是应该怎么办的问题。中等职业教育培养的初中级技术人才及高素质劳动者直接服务于经济社会发展；同时，中等职业教育为高

---

① 青岛中考普高升学率再引争议，连续三年全省最低 [EB/OL]. http://mshandong.com/bendi/2018/08/15/15088437.html. 2018-08-15/2018-12-02.

② 中国制造怎样走出"技工缺失"怪圈？[EB/OL]. http://www.jc35.com/news/detail/64193.html. 2017-05-19/2018-12-02.

层次技术技能人才培养提供了人才支撑。现阶段，经济社会发展对中等职业教育提出了新的要求，引发了对中等职业教育的一系列思考：中等职业教育在经济社会发展中的基础地位是否应该继续坚持？中等职业教育功能定位于就业是否能够满足经济社会发展对高层次技术技能人才的需求？这些问题都值得我们进行深入探究。

忧思三：中等职业教育的育人功能为何会异化？

"我们学校的班主任是全县最苦的班主任。我们县有两所高中，一所是县重点高中，一所是职业高中，这两所学校我都待过，它们有很大的不同。县重点高中的学生基础好，教师的管理责任少，教师的主要任务就是教学；而职业高中的学生基础差，主要是考不上普通高中的问题学生，教师的管理任务繁重，教师的主要任务就是管理好学生，把更多的心思都用在了管理上，而不是教学上。学生管不好，学生家长不满意，这必然会影响下一届招生，学校必然会遭遇生源困境……因此，职业高中的育人功能出现了异化，职业高中更多的是显现出其托底功能，突显其促进社会稳定功能，作为主体的育人功能反而被弱化。"①

中等职业教育的托底功能，也就是让促进社会稳定功能成为其主导功能，这是社会功能对育人功能的僭越。新形势下中等职业教育的功能应该是什么？中等职业教育的育人功能与社会功能之间的关系是什么？这些问题都引人深思。

基于对上述问题的思考，我们发现教育问题的本质是社会问题。中等职业教育的生存危机及发展危机，究其根本是因为经济社会处于转型期，导致中等职业教育功能的定位失衡。一般而言，中等职业教育功能表现在两个层面：个体层面和社会层面。在个体层面，中等职业教育可以促进个体社会化和个性化；在社会层面，中等职业教育可以促进经济发展，促进社会公平和稳定。但同样，中等职业教育也存在反功能，中等职业教育会阻碍个体发展与社会进步。我国正处于经济社会转型期，是现阶段最重要的经济社会发展背景。一方面，我国正处于经济社会转型发展的关键时期，具体表现在经济体制转型和社会体制转型同步进行，尚未完全实现城镇化、工业化及信息化，不同区域呈现出不同的发展进度，这使中等职业教育功能需求呈现出区域性的特点。东部发达地区对技术技能型人才的需求不断提升，但中等职业教育单一的就业功能，难以满足东部发达地区的经济社会发展需求。而中部地区和西部地区亟须通过中等职业教育来促进劳动力转移，从而培养出新型职业农民，这对中等职业教育的扶贫功能提出了新的需求。中等职业教育的功能、服务面向和定位均发生了转变。另一方面，我国经济结构的转型，推动着现代职业教育体系的构建，中等职业教育的升学功能不断凸显，中等职业教育从"终结性教育"走向"发展性教育"。社会结构的变迁和教育结构的变革，推动了中等职业教育的功能发生质的改变。

---

① 山东省Y县职业高中校长．"在全校班主任经验交流会上的讲话"．2016年4月15日田野笔记．

然而，在中等职业教育实践中，中等职业教育功能定位的偏差，阻碍了中等职业教育应然功能定位的实现。如只注重中等职业教育的社会功能，忽视中等职业教育的育人功能，就会导致社会功能对育人功能的僭越。以就业功能为唯一功能的中等职业教育已经失去了其原有的吸引力，也不符合产业结构升级发展对人才的需求，同时，中等职业教育功能变相为"升学导向"无法与普通高中竞争，也不符合经济社会发展对两类不同类型人才的需求。因此，中等职业教育功能的定位陷入两难的尴尬境遇，这都是中等职业教育发展中不能回避，且亟须解决的问题。随之而来会产生一系列新问题：中等职业教育功能失调具体表现在哪些方面？是什么原因造成了中等职业教育功能的失调？中等职业教育功能定位的应然样态是什么？应如何实现中等职业教育功能的调适与理性回归？

2019年年初，国务院出台的《国家职业教育改革实施方案》中明确了新时代职业教育改革发展的新定位，提出了"职业教育与普通教育是两种不同教育类型，具有同等重要地位"，指明了职业教育的发展方向。在经济社会转型期，亟须以现代职业教育体系为切入点，在全面分析和深刻认识中等职业教育中的功能失调实践表征的基础上，遵循中等职业教育发展的历史规律及内在逻辑，对中等职业教育的功能定位进行应然分析，明确中等职业教育的地位，整合中等职业教育的功能，指明中等职业教育的发展方向，并提出功能定位实现的路径，这具有重要的理论意义和实践意义。

二、研究意义

中等职业教育的功能定位问题不仅是一个理论问题，更是一个实践问题。一直以来，由于现代职业教育体系的缺失，职业教育作为一种层次教育，始终处于弱势地位，其地位及吸引力远不及普通教育。尽管有不少专家学者致力于凸显职业教育的类型特征，但却都未能如愿。究其原因，职业教育尚未形成强有力的理论支撑是其中的一个重要因素，"中等职业教育功能定位"选题研究有这方面的追求。同时，在实践层面，质疑中等职业教育的声音层出不穷，以期对中等职业教育的生存危机及发展危机有所回应，明确在经济社会转型期，中等职业教育在现代职业教育体系及经济社会发展中的功能定位，探究中等职业教育未来的发展方向及发展路径。中等职业教育功能定位的双重属性意味着中等职业教育功能定位的研究不能脱离中等职业教育的功能实践，同时也表明中等职业教育功能实践对理论研究有着重要影响。

（一）理论意义

第一，本书对中等职业教育功能进行多层次分类研究，丰富了中等职业教育的功能理论。在社会主体层面，以往研究多讨论中等职业教育的社会功能，对其社会功能的研究较为丰富，而对其育人功能的研究较为薄弱；在价值层面，以往研究多分析中等职业教育的正向功能，忽视中等职业教育的负向功能；在功能结果层面，以往研究多静态分析中等职业教育的功能。基于此，本书不仅强调了中等职业教育的社会功能，更关注了中等职业教育的育人功能；不仅分析了中等职业教育的正向功能，还着重分析了中等职业教育的负向功能；不仅不停留在中等职业教育功能结果的研究上，更形成了从功能取向、功能行动到功能结果的动态过程分析。以期对中等职业教育的功能进行深入分析，深化和拓展对中等职业教育功能的认识。

第二，本书尝试从社会学、教育学等多学科角度，采取宏观研究与微观研究相结合的方法，探究中等职业教育的功能定位。以往研究多从教育学学科视角对中等职业教育的功能进行分析，缺乏从多学科角度对中等职业教育的功能进行研究；以往研究还多从宏观层面分析中等职业教育的功能，较少从中观层面、微观层面上对中等职业教育功能进行研究。本书以期在现代职业教育体系下，从社会学、教育学等多学科视角对中等职业教育功能开展研究，深化中等职业教育的社会学研究。

（二）实践意义

第一，推动中等职业教育转型发展。经济社会转型、现代职业教育体系构建等多种特征标志着我国中等职业教育的社会环境、教育环境已经发生了根本性变化，这虽然引发了中等职业教育内部的一系列危机，但同时也为中等职业教育转型发展带来了新的机遇。在此基础上，我们要加强对中等职业教育功能定位的实践研究，整合中等职业教育的多元功能，明确现代职业教育体系下中等职业教育的功能定位——面向平民的职业基础教育，并提出"双轨一元"的发展路径，推动中等职业教育的转型发展。

第二，推动现代职业教育体系构建。社会结构的变迁使现代职业教育体系不断完善，中等职业教育作为现代职业教育体系的重要组成部分，中等职业教育功能的完善有利于促进现代职业教育体系结构的完善。同时，现代职业教育体系结构的完善也推动了中等职业教育功能的多元化发展，二者之间互为结构与功能。因此，对现代职业教育体系下中等职业教育功能定位进行分析，有利于推动中等职业教育作为一种新类型的现代职业教育体系的构建。

第二节 研究综述

叶澜在《重建课堂教学价值观》中提出，"每当社会发生重大转型时，人们对教育的批判，往往是从价值批判始，以重新认识教育的价值和目的始，并以此为依据和出发点，再对现实的教育活动做出更具体的评析，提出新的原则方案乃至方式方法。"[①] 因此，经济社会转型是中等职业教育功能定位研究的重要社会

---

① 叶澜. 重建课堂教学价值观 [J]. 教育研究，2002（05）：31.

背景，本书研究的核心问题是中等职业教育的功能定位，本书应紧紧围绕这一问题进行研究，但是在文献梳理过程中，我们发现针对"中等职业教育功能定位"的文献非常少，导致研究存在一定的困难，于是另辟蹊径，对中等职业教育的相关研究进行了梳理。发现中等职业教育作为现代职业教育体系的重要组成部分，是教育系统中的一个子系统，同时，教育系统又是社会系统中的一个重要子系统。因此，对中等职业教育功能定位的研究离不开现代职业教育体系，也离不开教育系统及社会系统。其研究实质是在教育结构变迁及社会结构变革下，探究中等职业教育与其他类型、其他层次教育经济与社会发展间的关系，从而明确中等职业教育的功能及发展定位问题。因此，中等职业教育功能定位问题的相关研究都藏匿于教育功能、社会结构、教育结构、现代职业教育体系等相关研究中。根据上述分析，我们扩大了文献检索范围，从研究的起点出发，对国内外相关文献分别展开论述，呈现出具有代表性的研究成果，并进行了述评。

一、国内研究综述

从现代职业教育体系、现代职业教育体系与中等职业教育的关系、中等职业教育功能定位、经济社会转型期个体教育需求及生存心态这四个方面对相关文献进行综述。

（一）现代职业教育体系

现在关于现代职业教育体系的研究较为丰富和全面，对现代职业教育体系的内涵及结构的研究已基本达成共识。

在政策层面，我国对现代职业教育体系的内涵有明确规定。我国现代职业教育体系是伴随着经济社会转型发展起来的。1978年的改革开放拉开了我国经济社会转型的序幕，随着经济社会转型的不断推进，职业教育体系被提出，并不断进行发展和完善。1985年我国颁布的《中共中央关于教育体制改革的决定》中提出要逐步建立职业技术教育体系，对职业教育体系的层次结构、职业教育与其他教育形式的关系、职业教育与经济社会发展的关系进行了规定。1996年，我国出台的《中华人民共和国职业教育法》从法律层面提出要构建职业教育体系，这是我国首次在国家文件中使用"职业教育体系"这一概念。到2002年，国务院颁布的《关于大力推进职业教育改革与发展的决定》中首次提出要构建"现代职业教育体系"。此后，我国出台了一系列政策，以促进现代职业教育体系的构建及发展，尤其是自2010年以来，随着我国经济社会发展进入新常态，我国产业结构升级转型对高层次技术技能型人才及复合型人才的需求不断提升，现代职业教育体系进入大发展时期。2010年我国颁布的《国家中长期教育改革和发展规划纲要（2010—2020年）》从顶层设计上实现了职业教育体系与普通教育体系的纵向完整和横向的无缝对接。2014年我国出台了《国务院关于加快发展现代职业教育的决定》和《现代职业教育体系建设规划（2014—2020年）》两个文件,标志着现代职业教育体系设计基本完成,该文件指出,"到2020年,形成适应发展需求、产教深度融合、中职高职衔接、职业教育与普通教育相互沟通,体现终身教育理念,具有中国特色、世界水平的现代职业教育体系。"

在学术层面关于现代职业教育体系的相关研究则更加丰富。主要集中在以下三个方面:现代职业教育体系的内涵及重要意义、职业教育体系存在的问题和现代职业教育体系的构建路径。

第一,现代职业教育体系的内涵及重要意义。现有研究多从政策文本分析层面入手,对现代职业教育体系的内涵进行分析,进一步分析现代职业教育体系的构建对经济社会发展及个体发展的重要意义。学术界主要依据《国家中长期教育改革和发展规划纲要(2010—2020年)》对现代职业教育体系的内涵进行探讨,并从不同角度对此进行了阐述。例如,马树超、范唯、郭扬在《构建现代职业教育体系的若干政策思考》[①] 一文中对现代职业教育体系的内外部环境进行了分析,提出了现代职业教育体系的内外部适应性及现代职业教育体系与社会系统的协调性,从内外两方面探究我国现代职业教育体系的内涵及重要意义。

第二,职业教育体系存在的问题。我国现代职业教育体系的静态结构虽然已经基本确立,但是其内部衔接及外部沟通还有待于进一步研究和完善。朱新生指出,"从静态层面对现代职业教育体系进行考察,现代职业教育体系的层次及类型结构基本确立。但从动态角度看,现代职业教育体系并未完全建立,在运行过程中依然存在较多的问题,各级各类教育之间的沟通、衔接机制并不畅通,无法实现学习者在不同层次和不同类型教育之间的自由转换。"[②]

第三,现代职业教育体系的构建路径。现阶段对现代职业教育体系的研究,已从理论构建层面走向实践应用研究层面,我们应进一步探讨现代职业教育体系从理论研究层面走向实践研究层面的具体路径。韩宇、沈亚强指出,"对现代职业教育体系的相关研究进行统计分析,发现相关研究的重点集中在中等职业教育与高等职业教育衔接,高等职业教育体系的不断完善和普通教育与职业教育的沟通发展上。"[③]

(二) 现代职业教育体系与中等职业教育的关系

现代职业教育体系与中等职业教育二者的关系可以通过普职沟通和中高职衔接体现出来。一方面,中等职业教育功能的实现需要依赖现代职业教育体系;另一方面,中等职业教育在现代职业教育体系中处于基础地位,现代职业教育体系的构建离不开中等职业教育,二者是相互作用、共同发展的关系。

---

① 马树超,范唯,郭扬. 构建现代职业教育体系的若干政策思考 [J]. 教育发展研究,2011 (21):1-6.
② 朱新生. 中等职业教育有效衔接机理阐释与机制建设 [J]. 教育学术月刊,2013 (19):48-52.
③ 韩宇,沈亚强. 我国现代职业教育体系研究综述 [J]. 教育与职业,2014 (23):9.

1. 普职沟通

普职沟通是现代职业教育体系构建的重要组成部分。我国是"双轨制"教育体制的国家,职业教育体系与普通教育体系是相互分离,且自成体系的关系。因此,在"双轨制"教育体制的国家中,与生俱来就存在普职沟通的问题,同时,我国"双轨制"教育体制的现状决定了我国现代职业教育体系的构建需要在此基础上进行,这也是我国教育改革发展所必须面临的现实。刘茂祥从文字上对普职沟通进行了解释,指出"普职沟通就是使普通教育与职业教育这两种类型的教育跨越现有的界限,进行组织或系统间的相互交流和协作,使彼此相通,实现新的组织结构或功能"。[①] 张桂春,卢丽华也指出,"职业教育与普通教育的融合,不是职业教育消解普通教育,也不是普通教育消解职业教育,而是在适应经济社会转型过程中,教育目标不断丰富,教育功能不断拓展的过程,同时,普职沟通的过程也是一个不断探索如何培养未来功能的过程。"[②] 中等职业教育作为现代职业教育体系的重要组成部分,在职业教育与普通教育融合发展的背景下,中等职业教育与普通高中教育同样呈现出融合发展的趋势,具体表现为,中等职业教育办学模式更加多样化,中等职业教育功能更加多元化,中等职业教育与普通高中教育呈现出一体化的发展趋势,并共同推动现代职业教育体系内部结构的不断完善及其运行的畅通。

2. 中高职衔接

中等职业教育与高等职业教育之间的衔接也是构建现代职业教育体系的重要组成部分。现阶段,中等职业教育和高等职业教育主要有两种衔接方式:一种是基于机构的衔接,如在日本中等职业教育与高等职业教育的衔接方式;另一种是基于资格的衔接,如在澳大利亚和日本中等职业教育与高等职业教育的衔接方式。[③] 在我国,在高等职业教育发展之初,中等职业教育和高等职业教育是互不衔接、各自发展的,随着经济转型发展,对各种类型、层次人才需求的提升,中高职衔接培养高层次技术技能型人才成为时代发展的必然趋势。[④] 刘育锋在研究中指出,"中高职衔接的重点是专业设置、培养目标和教学内容等方面的有机衔接,是一种职业教育体系内部的衔接。"[⑤] 王洪艳在研究中指出,"课程建设是中高职衔接的核心和落脚点。"[⑥] 余美杰在其学位论文中指出,"中高职衔接存在管理体制不顺畅,衔接模式不灵活,专业设置不统一等方面的问题,提出基于学分

---

① 刘茂祥. 普通高中与中职校沟通的动力机制研究:以上海市示范校为例 [D]. 上海:上海师范大学,2017:17.
② 张桂春,卢丽华. 职普融通的教育理念与实践:基于公民素质培养的视角 [J]. 教育科学,2014(10):24.
③ 关晶,李进. 现代职业教育体系研究的边界和维度 [J]. 中国高等教育,2014(01):91.
④ 刘育锋. 论我国中高职衔接的模式 [J]. 职业技术教育,2002(10):5-7.
⑤ 刘育锋. 论我国中高职衔接的模式 [J]. 职业技术教育,2002(10):5-7.
⑥ 王洪艳. 我国中高职衔接研究现状综述 [J]. 现代教育科学,2018(07):23.

制,建设中高职衔接的大'立交',以职业能力提升为目标,优化中高职衔接的环境。"① 中高职衔接进一步拓展了中等职业教育的功能,中等职业教育升学功能的极大发展,转变了将中等职业教育作为"断头教育"的发展定位及发展困境,使中等职业教育毕业生能再接受高等教育成为可能,进一步丰富了中等职业教育的功能,变革了中等职业教育的发展定位,提升了中等职业教育的吸引力,促进了中等职业教育包括就业、升学在内等多种功能的实现。

(三) 中等职业教育功能定位

教育功能、中等职业的教育功能、中等职业教育功能定位的研究需层层推进,且不断深化。随着研究实践的不断丰富,应从教育学视角转向从经济学、社会学等多学科视角来探究中等职业教育的功能定位。

1. 教育功能的研究

对教育功能的研究进行梳理,会发现其研究取向经历了由常识取向转向思辨取向,并进一步由思辨取向转向社会学取向的过程。现阶段,对教育功能的研究多从社会学角度入手,分析多种因素影响下的教育功能。从单一角度思考教育功能,到在整个社会发展背景下对教育功能进行思考,是一个逐渐摆脱社会对教育功能的"公众信仰"的过程。② 教育功能的相关研究有以下几个方面:

(1) 关于教育功能的研究

自改革开放以来,经济功能成为教育功能的"主旋律",随着研究的深入,主体性思潮兴起,价值哲学得到了极大发展,对教育功能的探究,集中在对教育和个人发展的关系及教育和社会发展的关系上。③ 在此期间,本体功能论与工具功能论之争进入人们的视野,本体功能论强调以人为出发点,注重教育的育人功能;工具功能论则强调教育的社会功能。另外,研究者已经不再满足从一般意义上分析教育的功能,开始进一步分析教育功能的形成、释放和阻滞的过程。④ 随着对教育功能深入的研究,出现了对教育的育人功能与社会功能的综合性分析,例如,张云霞在研究中指出,"教育功能可以分为个体功能和社会功能。教育的育人功能,包括促进人的社会化与人的个性化功能;教育的社会功能,包括政治功能、经济功能、文化功能等。"⑤ 这种对教育某一功能的追求,虽然有助于教育满足某一时期社会政治和经济的需要,但并没有从理论上弄清功能与功能之间的关系,影响了教育作用的发挥。⑥ 另外,晓宏在研究中指出,"自党的十七大以来,教育的民生功

---

① 余美杰. 我国中等和高等职业教育衔接的历史、现状及趋势 [D]. 福州:福建师范大学,2012 (06):21-35.
② 舒新城. 教育通论 [M]. 福州:福建教育出版社,2006.
③ 冒荣. 教育的内在价值与外在价值 [J]. 教育研究,1992 (02):18.
④ 傅维利. 论教育功能的释放与阻滞 [J]. 教育科学,1989 (01):13.
⑤ 张云霞. 教育功能的社会学研究 [M]. 武汉:武汉大学出版社,2011.
⑥ 瞿葆奎. 教育基本理论之研究 [M]. 福州:福建教育出版社,1998.

能已经进入人们的视野，教育具有民生改善的功能，意味着我国社会关于教育价值观和教育功能观的主流认识正在从'社会本位论'向'以人为本'的方向演进。"① 同样，张晓燕在研究中也肯定了教育的民生功能，并深入分析教育的民生功能，她认为，"教育的民生功能不是教育固有的，而是教育主体在相应的教育观引导下，对教育整体结构进行分析、组建而产生的功能。"②

（2）关于教育功能失调的研究

随着对教育功能研究的深入，我们不仅研究了教育的正向功能，还对教育的反向功能进行了深入研究，教育的反向功能也就是教育功能失调。近年来，国内很多学者都对教育功能失调现象予以关注，教育失调现象主要表现为：①教育功能泛化。随着人们对教育重视程度地不断提高，一部分人将教育功能泛化，认为教育是万能的，教育有政治功能、经济功能、生产功能、文化功能、生态功能和个体发展功能等多种功能，过分夸大了教育的功能；②教育功能偏离。教育功能难以契合不同经济、政治、文化背景下的教育实践，导致其功能出现了偏离，阻碍了其应然功能的实现；③教育功能是有限度的。瞿葆奎教授在研究中指出教育功能的实现是有条件的，并不是所有的教育功能都会表现出来，受到教育环境及教育对象的影响，教育功能的一部分只能通过作用的形式表现出来。③

已有研究对教育功能的分析可谓多种多样，从教育功能主体、教育的正向功能及负向功能等方面都对教育功能进行了详细的分析。我们亟须认识到，教育功能无论如何发展，教育作为一种培养人的活动，其本体功能都是促进人的全面发展和价值的实现。

2. 中等职业教育功能的研究

中等职业教育的功能与教育的功能既有区别又有联系，这与中等职业教育的性质有关，中等职业教育具有职业性与教育性的双重特征，这两种特征决定了中等职业教育功能具有不同于普通高中教育功能的特殊性与多样性。

（1）中等职业教育的社会功能和育人功能

中等职业教育作为教育的重要组成部分，其功能主体主要包括社会和人。因此，中等职业教育兼具社会功能与育人功能。④ 对中等职业教育育人功能的探讨，陈建录在研究中指出职业教育应先立足于其直接功能即育人功能，然后再考虑其间接功能即社会功能的发挥，这是职业教育无论是作为一种教育类型，还是

---

① 晓宏. "以人为本"教育价值观的真正确立［J］. 陕西师范大学学报（哲学社会科学版），2009（05）：32.
② 张晓燕. 教育的民生功能研究［D］. 重庆：西南大学，2014：1.
③ 瞿葆奎. 教育基本理论之研究［M］. 福州：福建教育出版社，1998.
④ 王秋. 中等职业学校经济功能实现形式的新探索：中职直接推动农村产业发展的案例研究［D］. 北京：北京师范大学，2010：5.

作为一门学科存在的基本依据①。对中等职业教育具体功能的探讨，我国发展研究基金会发布的《中等职业教育国家资助政策落实效果评估报告》中指出，中等职业教育有以下四种功能：①拉动消费，促进经济增长；②降低失业率，稳定就业；③提升人力资本素质；④促进城镇化。② 相关研究表明，中等职业教育对中华人民共和国成立以来的经济社会发展确实起了重大推动作用，并且中等职业教育对国内生产总值（GDP）增长率的贡献高于普通高中对 GDP 增长率的贡献。③ 另外，还有学者利用新古典经济增长模型、人力资本理论、新经济增长理论、人力资本积累与溢出模型等计量方式，对 1993—2007 年中等职业教育 GDP 增长率的贡献率进行测量，并得出结论，以教育类别划分来看，中高等职业教育贡献率超过普通教育的贡献率。④

（2）中等职业教育的升学功能和就业功能

中等职业教育到底是就业教育还是升学教育，一直以来都是人们争论的焦点，这个焦点随着社会发展而不断变化。刘阳肯定了中等职业教育的就业功能，认为中等职业教育的就业功能是其主体功能，并在其《以就业为导向的中等职业教育教学质量评价体系研究》一文中将中等职业教育定位为就业教育。⑤ 另外，潘懋元教授也说过，"我们应当考虑建立高等职业教育的独立体系，包括本科、硕士、博士等各类高级人才，并与中等职业教育相衔接，⑥ 这对职业教育的升学功能给予了一定的肯定"。还有研究者提出要统筹升学功能与就业功能，他们认为随着经济社会转型发展，人才需求类型层次的提升，原有中等职业教育单一的就业功能已经不适应经济社会发展需求，现阶段亟须统筹中等职业教育的升学功能与就业功能，将中等职业教育定位为职业基础教育，如胡国勇对上海市中等职业教育的功能进行分析后认为上海中等职业教育在培养技术技能型人才方面，更应注重其作为职业基础教育的方面；他还认为中等职业教育应同时具有升学功能与就业功能。一方面，中等职业教育为上海市经济发展培养高素质劳动者；另一方面，中等职业院校为高等职业院校输送生源。⑦

（3）中等职业教育的具体功能

不同学者从不同的维度分析了中等职业教育的多元化功能，包括社会功能、

---

① 陈建录. 城乡统筹背景下职业教育功能探析 [J]. 当代教育科学，2010（23）：61.
② 王爽. 中等职业教育的经济效益与微观决策 [D]. 北京：中央财经大学，2017：11.
③ 郭静. 中等职业教育的发展走向：基于中华人民共和国成立以来中等职业教育发展轨迹的归因分析 [J]. 中国职业技术教育，2017：137.
④ 蒋义. 我国职业教育对经济增长和产业发展贡献研究 [D]. 北京：财政部财政科学研究所，2010：13.
⑤ 马树超，王琴，唐林伟. 职业教育：非均衡状态下的协调发展 [J]. 教育发展研究，2011（5）：1-7.
⑥ 潘懋元. 建立高等职业教育独立体系刍议 [J]. 教育研究，2005（05）：28-31.
⑦ 胡国勇. 基础职业教育：上海中等职业教育的新定位 [J]. 教育发展研究，2009（06）：31.

育人功能、经济功能和文化功能等。李兴洲在研究中提出根据职业教育活动表现出的客观结果，可以将职业功能分为以下四点：①职业技能培养功能（首要功能）；②直接参与经济与社会活动的功能（一方面，以毕业生输送的形式间接参与经济和社会活动；另一方面，它们的实习基地可以直接从事一定规模的生产经营活动，取得一定的经济效益和社会效益）；③完善教育结构的功能；④促进专业技术技能传播的功能。① 俞正声在研究中指出职业教育问题关系到我国经济社会的转型升级和长远竞争力的提升，关系到亿万劳动力的就业，这既是教育问题，更是重大的民生问题。还有人认为职业教育的功能体现在就业教育和继续教育两方面，就业教育通常被认为是职业教育的长期功能，继续教育旨在提高职业能力和转换职业能力的短期教育，通常被认为是职业教育的短期功能和近期功能。② 另外，迟俊、刘晓倩在研究中指出，中等职业教育还具有培养创新型技术技能人才的作用，并将职业教育定位为技能创新教育。③ 职业教育作为一种有目的、有意识的社会活动，人们对其期望很多，期望其能具有多种功能，但在实践过程中，职业教育的功能实际只存在着期望与现实两种具体形态。④

（四）经济社会转型期个体教育需求及生存心态

随着经济社会转型发展，社会结构变迁，教育结构变革，个体的教育需求在发生变化，对中等职业教育功能的期待也在发生变化，这直接影响中等职业教育的功能定位。我国正处于经济社会转型期，这是现阶段最重要的社会背景，一般人认为，社会转型是指社会从传统结构向现代结构的一个整体性转变，⑤ 这种转变会给整个社会系统带来内在结构的改变，从而使人们的生产生活方式、价值观念等都发生深刻的变化。我国自1978年改革开放开始即进入经济社会转型期，改革开放四十多年来，在经济领域，我国进行了市场经济体制改革；在社会领域，我国社会由农业社会向工业社会和信息社会变迁，经济转型与社会转型同步进行。这种转型给我国经济社会的发展带来了巨大变化，社会的整体性转型要求职业教育也必须与之相应地进行转型，现代职业教育体系不断完善，中等职业教育功能更加多元。一方面，社会转型扩大了社会对各类教育的需求，为教育发展注入了新的活力；另一方面，促使人们的教育观念发生变化，人们由单一的教育功能观向多元的教育功能观转变。⑥

---

① 李兴洲. 职业学校的功能探析 [J]. 职教论坛，2004（06）：31.
② 杨绪利. 要重视发挥职业教育的近期功能 [J]. 教育与职业，1997（02）：32.
③ 迟俊，刘晓倩. 新驱动战略下我国高等职业教育的功能定位 [J]. 河北企业，2016（03）：21.
④ 易海华. 职业教育期望功能现实化之探究 [J]. 职教论坛，2005（03）：67.
⑤ 雷龙乾. 中国社会转型的哲学阐释 [M]. 北京：人民教育出版社，2004.
⑥ 梁剑. 普通高中办学体制转型研究 [D]. 重庆：西南大学，2017：2，4.

1. 获得社会地位的需要

庄西真在研究中认为,"职业教育从本质上来讲,是社会分层的结果。"① 在中华人民共和国成立初期,我国教育体系发展不完善,教育体系层次较低,高等教育尚未大力发展,中等职业教育作为中等教育的重要组成部分,其培养目标在于为经济社会发展培养干部及管理人才。因此,中等职业教育本质上是一种精英教育,但同时也是一种地位教育,接受中等职业教育可以获得干部身份,享受干部待遇。在这一阶段,中等职业教育能满足个体向上流动,获取较高社会地位的需求,因此,中等职业教育发展较好,且具有较强的吸引力和较高的社会地位。但随着改革开放的进行、市场经济体制的改革、工业化的推进和高等教育的大力发展,职业教育作为一种文凭教育的影响力降低,中等职业教育已难以满足个体向上流动的需求,其促进社会流动的功能受阻。中等职业教育的招生开始面向成绩较差的学生,也就是所谓的"问题学生",中等职业教育的托底功能凸显,其促进社会稳定的功能开始发挥作用。

中等职业教育开始更多的作为一种生存教育,而不是地位教育,因而人们就更倾向于选择接受具有更多升学机会的普通高中教育。刘精明在研究中认为,我国的分流教育,首先是一种由国家需求所决定的制度安排,国家根据自身的利益需求,通过一定的制度,促使不同的人进行教育选择,将不同的人分配到不同的教育轨道。② 教育分流机制从本质上来讲,是在国家制度安排下的一种社会分层机制,使人们进入不同的教育类型中学习,从而促进人们流向不同的岗位。个体选择接受教育的类型,会进一步决定其在社会中所处的社会地位。因此,教育机会分配本身就具有社会流动的功能。职业教育最主要的培养目标是产业工人。个体在面对职业教育与普通教育的不同流向及获得的社会地位时,都会理性进行教育选择,尽可能地获取有利于地位提升的受教育机会,而回避职业教育。所以这里就一直存在一个争议即职业教育是提升劳动力的途径还是阶级再制的工具。③ 国外学者提出了新的观点,认为从阶级再制的观念出发来批判职业教育,只能看到职业教育的缺陷,而忽视职业教育在保障就业、减少失业等方面来探究职业教育的社会分层功能,这是不公平的,也是不合理的。④

2. 获取劳动收入的需要

部分学者基于经济视角对学生选择普通教育还是职业教育进行了分析,这部分学者认为学生会接受何种类型的教育是经过对教育收益分析而做出的决策。教

---

① 庄西真. 社会分层和流动与职业教育发展 [J]. 职教通讯, 2005 (02): 9-11.
② 刘精明. 教育选择方式及其结果 [J]. 中国人民大学学报, 2004 (01): 64-65.
③ 陈彬莉. 教育: 地位生产机制, 还是再生产机制: 教育与社会分层关系的理论述评 [J]. 社会科学辑刊, 2007 (02): 59-64.
④ Arum, R. The effect of resource investment on vocational student early labour market outcomes [M]. Paper presented at the 1997 Annual Meeting of the American Sociological Association, Toronto, Canada. 1997.

育收益指通过教育而使受教育者本人及整个社会得到的益处。刘育锋在研究中指出仅从经济发展水平对人才需求层次提升的视角出发，就提出应降低我国中等职业教育规模，这样得出的观点缺乏客观依据，且存在片面性。① 王广慧、张世伟在研究中指出，农村劳动力受教育程度与其收入水平呈正相关关系，② 且在不同的教育阶段，其收益率都存在着差距。教育收益率随着教育阶段的提升而逐步下降，即小学的教育收益率最高，其次是初中，然后是高中，高等教育的收益率最低。③ 基于人们对自身利益的追求，想要接受更高层次的教育，获得高学历，获取更好的职业及更高的社会地位，决定了人们在教育选择时更倾向于选择升学通道畅通的普通高中教育，而不是中等职业教育。

3. 心理、文化认同的需要

庄西真曾对中等职业教育发展的文化及心理因素进行过深入分析。他指出，"当前我国中等职业教育存在多种问题，问题的表现为相对于经济发达地区的家庭，贫困地区的家庭更倾向于选择普通高中教育，而不是选择中等职业教育"。④ 他还指出，"发达国家高等教育的入学率很高，但这并未导致职业教育的萎缩，为何我国初中毕业生大多选择接受普通高中教育，而不愿意接受中等职业教育呢"？庄西真通过调查研究指出，"将初中生的教育选择，即更倾向于选择接受普通高中教育，而不选择接受中等职业教育看作是一种主体行为，而人的行为又是受其思想支配的，受到个体的信念、态度、价值观的影响。因此，人们对职业教育的态度及价值观，都会影响人们对职业教育的选择"。⑤ 在我国，自古就有重视普通教育，而轻视职业教育的传统，这是导致中等职业教育危机的一个重要影响因素，这个传统同时还会影响中等职业教育的功能定位。王英杰在研究中也曾提出，"在中国，'学而优则仕'的儒家文化对个体选择接受何种教育具有重要影响，这种文化更多的会轻视重视动手能力的职业教育，并影响着个体的教育选择，这种影响是长期的，并具有渗透性，不可能在短时间内剔除。"⑥

4. 人的发展的需要

刘炜杰在研究中指出，"随着生产力水平的极大提高，人们不再满足于追求其生存需要这种基本需求，而是对幸福生活、个体全面发展及个体价值的实现有

---

① 刘育锋. 人均 GDP 与中学职普比的关系研究 [J]. 中国职业技术教育, 2015 (18): 5.

② 王广慧, 张世伟. 教育对农村劳动力流动和收入的影响 [J]. 中国农村经济, 2008 (09): 44 - 51.

③ Psacharopoulos, George. Returns to Investment in Education: A Global Update [M]. World Development, Vol. 22, No. 9, 1325 - 1343.

④ 庄西真. 影响欠发达地区中等职业教育发展的文化分析 [J]. 职业技术教育 (教科版), 2003 (04): 9 - 12.

⑤ 庄西真. 欠发达地区中等职业教育发展的社会心理因素的调查与分析 [J]. 河南职业技术师范学院学报 (职业教育版), 2003 (05): 32 - 36.

⑥ 段旻雯. 职业教育前景如何: 几位教育专家访谈录 [N]. 中国教育报, 2000 - 07 - 10 (03).

很大的追求。人的发展需求包括人的生涯发展需要和人的幸福生活的需要"。① 具体表现为追求更优质、更高层次的教育，能推动现代职业教育体系不断发展完善和中等职业教育普遍性办学功能的日益凸显。

二、国外研究综述

世界各国都高度重视职业教育的发展。我们对国外相关研究进行梳理发现，许多发达国家高中阶段职业教育的发展都基于其完善的现代职业教育体系，并且高中阶段职业教育与普通教育呈现出一体化的发展趋势。因此，我们对教育功能、现代职业教育体系、中等职业教育功能的相关研究成果进行分析，来探究发达国家现代职业教育体系与中等职业教育功能定位之间的关系。

（一）教育功能的研究

国外关于教育功能的研究非常丰富，能从多角度对教育功能进行探究。在这里，我们重点从社会学角度对教育功能的相关研究进行梳理。国外系统地运用社会学理论研究教育的功能是从 19 世纪后半叶开始的。教育功能研究中最具代表性的学派包括：功能主义、冲突论和社会改造论学派。② 在这里我们对功能主义关于教育功能的相关理论进行分析，大致可归纳为以下两个方面。

1. 教育的社会化功能

一部分研究者认为教育的社会功能应占据主导地位。教育社会化的创始人涂尔干最先倡导教育社会化功能，他指出"教育在于使年轻一代系统的社会化，塑造'社会我'，这就是教育的目的"。③ 涂尔干在他的著作中分析了社会发展与教育功能之间的关系，提出教育是由社会决定的，同时教育也会对社会生产产生作用，教育的功能在于塑造"社会我"，这是一种社会现象、社会过程、社会制度。④ 另外，结构功能主义代表人塔尔科特·帕森斯也对教育的功能进行了分析，他提出社会化功能是教育的主要功能，他将文化、社会结构和个体人格以一种逻辑的方式密切结合在一起，提出了教育的社会化功能和选择功能，在这两种基本功能中，教育的主要功能是社会化功能。⑤

2. 教育的筛选功能

一部分研究者认为教育的筛选功能是教育的主体功能。所谓筛选功能是指通过教育程度上的差异建立社会筛选机制，从而促进社会流动。塔尔科特·帕森斯在论述了社会化功能以后，简要论述了选拔功能（又称角色安置功能、角色分配

---

① 刘炜杰．从单一走向多元——当前我国中等职业学校改革的方向与路径 [D]．西南大学，2016：109.

② 傅维利．教育功能论 [M]．沈阳：辽宁教育出版社，1990.

③ 张人杰．国外教育社会学基本文选 [M]．上海：华东师范大学出版社，1989.

④ 张人杰．国外教育社会学基本文选 [M]．上海：华东师范大学出版社，1989.

⑤ 布列克里局、杭特．教育社会学理论 [M]．李锦旭，译．台北：桂冠图书股份有限公司，1987.

功能),并对教育的社会化功能与选拔功能二者之间的关系进行了分析。塔尔科特·帕森斯指出,"在初等学校里,对认知的成就和道德的成就这两种成就并未清晰地加以区分,而到了中学对这两个层次的成就有了比较清楚地区分,具体体现在:在认知上获得较高成就的人,将比较适合担当某些特殊的功能,大多是指有技术性的角色;而那些在道德上获得较高成就的人,则更倾向于做个体传播者(有'社会性'(Socially)或'人性'(Humanly)取向的角色)。"① 特纳的赞助性流动与竞争性流动研究对外界颇有影响,特纳认为筛选功能才是教育的主要功能。霍珀也持有相同观点,他们认为每个社会都会发展自己的选择制度,教育的制度根本上是选择的制度,这体现在人才的选拔问题上,每个社会就如何选择、何时选择、选择谁,以及为什么选择等问题上都会有所不同。已有研究者更多地从教育的正向功能入手,肯定教育的社会化功能及选拔功能。随着结构功能主义的发展,许多研究者逐渐产生对教育功能的反思,以鲍尔斯和金蒂斯为代表,他们指出公立教育并不能促进教育机会均等,不能进一步体现社会公平。这是由于不平等社会结构决定的,不同阶级子女接受教育的机会实际上是不平等的,发达资本主义国家的教育实际上是阶级再生产的工具,这进一步促进了社会不平等。②这些研究者开始对教育的负向功能进行思考。

(二) 中等职业教育功能的争论

发达国家及国家组织对职业教育功能、发展中国家中等职业教育发展都产生过巨大争论,我们对相关争论进行了梳理。

1. 关于职业教育功能的争论

关于职业教育功能的争论主要有两种代表性的观点:职业教育特殊性功能论和职业教育普通性功能论。

(1) 职业教育特殊性功能论

职业教育特殊性功能论主要有以下两种类型的观点,第一种类型的观点以职业主义者为代表。他们所持有的观点为:①职业教育是为职业而教育,职业教育的就业功能应占据主导地位;②倡导设置独立的职业教育院校;③重视职业技能训练,突出职业性。这类观点的代表人物有德国的凯兴斯特纳和美国的斯尼登、普洛瑟。普洛瑟指出,广义的职业教育是指个人获取职业的过程,并贯穿于人的一生之中;狭义的职业教育是指个人为了某个特定的职业,从而接受一定的职业教育或者职业培训。③

第二种类型的观点以效率主义者为代表。他们所持有的观点为:强调职业教

---

① 布列克里局,杭特. 教育社会学理论 [M]. 李锦旭,译. 台北:桂冠图书股份有限公司,1987.
② S. 鲍尔斯,H. 金蒂斯. 经济生活与教育改革 [M]. 王佩雄,译. 上海:上海教育出版社,1990.
③ 路宝利. 美国中等职业教育发展的职业主义与民主主义之争:"普杜之辩"研究 [M]. 北京:中国社会科学出版社,2015.

育因为具有职业性、专业性的特点，因此职业教育能够提高社会效率。这类观点的代表人物有美国教育学家古德莱德。古德莱德在其编撰的《教育词典》中指出，"通过职业教育可以花费更少的时间和精力，完成尽可能多的工作；拥有利用尽可能少的时间、精力去完成尽可能多的工作的一种能力"。① 另外，人力资本理论也对职业教育提高社会效率持肯定态度。人力资本理论坚持中等技术人员是促进经济社会发展的重要力量。持有特殊性功能论观点的研究者认为，"职业教育能够通过提高个体技能，促进个体就业，提高整个社会的效率"。②

（2）职业教育的普通性功能论

职业教育普通性功能论主要有以下两种类型的观点，第一种类型的观点以民主主义者为代表。他们所持有的观点为：民主主义基于对封建专制主义的批判，提出了民主主义思想，民主主义者主张平等、自由。民主主义的代表人物杜威提出，"应当在职业教育内渗透理智的内容，促进职业教育不仅局限于技能训练，还能使职业教育走向更广阔的空间，通过让学生接触社会，从而促使学生掌握更多的科学知识，让学生能够在与科学、社会的互动中，更好地理解工作的意义"。在研究中杜威进一步指出，"教育内容不应该只包括科学训练，还应该包括智慧的获得及首创精神的培养；不仅应该包括经济学的学习，更应该包括政治学的学习，使教育更贴近生活"。③

第二种类型的观点，以自由教育者为代表。自由教育起源于古希腊，博雅教育是自由教育发展的源头，博雅教育在促进个体广博知识的习得及优雅气质中获得。④ 在这一时期自由教育获得了极大的发展，并被理解为基础教育，自由教育作为一种类型教育被确立下来。⑤ 随着自由教育的发展，自由教育不再单一注重理性知识，也注重对技艺的学习，并对学生进行专业的教学。随着教育内容的扩展、教育内涵的丰富，自由教育逐步发展为通识教育。⑥ 持有普通性功能论观点的研究者认为，职业教育作为一种通识教育，在考虑职业领域特点的同时，更应该关注个体的社会性发展及个体的个性发展。

综上所述，特殊性功能论强调职业教育应服务于经济社会发展，更强调职业教育应服务于个体就业，从而进一步服务于经济社会发展，强调了职业教育的功利价值。而普通性功能论则强调职业教育应服务于个体发展，并以促进个体社会

---

① 夏言言，王光良. 博弈论视角下高校基层行政人员效率问题探析 [J]. 时代教育，2016（08）：37.

② 徐国庆. 职业教育课程论 [M]. 上海：华东师范大学出版社，2015.

③ 徐国庆. 职业教育课程论 [M]. 上海：华东师范大学出版社，2015.

④ 路宝利. 美国中等职业教育发展的职业主义与民主主义之争："普杜之辩"研究 [D]. 上海：华东师范大学，2014：18.

⑤ 吴式颖，任钟印. 外国教育思想通史 [M]. 长沙：湖南教育出版社，2001.

⑥ Rauner, Felix & Naclean, Rupert. Handbook of Technical and Vocational Education and Training Research [M]. Spring, 2008.

性发展及个性化发展为目标,究其根本这是人本主义思想的极大体现。

2. 关于发展中国家发展中等职业教育的争论

发展中国家是否应该坚持发展中等职业教育,这是一个长期的国际争论。

在20世纪60年代,美国学者福斯特最先提出反对发展中国家发展中等职业教育的理论,他还发表了《发展规划中职业教育的谬误》一文①,文章中提出发展中国家发展中等职业教育,尤其是正规学校的职业教育,并不会实现教育规划者的期待,反而会使教育沦为经济社会发展的附庸品。基于此,福斯特提出发展中国家应缩减中等职业教育的规模。持反对意见的还有世界银行教育专家沙卡罗巴斯,在20世纪80年代,他提出发展中国家不应该在正规学校体系中发展职业教育。② 20世纪末,世界银行东亚太地区人力开发部发布了《21世纪中国教育战略目标》,该报告明确提出,"在今后20年内中国应当缩减中等职业教育规模,并重点强调中国应当把中等职业教育的比例减少为零。"③

但支持发展中国家发展中等职业教育发展的声音也同样存在。例如,保罗·本奈尔是支持发展中国家发展中等职业教育的重要代表之一,他于1996年提出职业教育收益率普遍高于普通教育,并对世界银行教育专家沙卡巴罗斯的观点提出了质疑。④ 在实践中,许多发展中国家都比较重视中等职业教育的发展。例如,印度、中国等发展中国家都比较重视中等职业教育的发展,且我国明确提出坚持职普比例大体相当的发展策略,⑤ 并出台了一系列政策促进中等职业教育的发展。

(三) 现代职业教育体系的研究

在不同的国家,对职业教育有不同的称呼。例如,在英国,职业教育被称为技术教育;在德国,职业教育被称为职业训练;在美国,职业教育被称为生涯教育;在日本,职业教育被称为实业教育。现代职业教育是工业大生产的产物,现代职业教育体系是随着经济的发展而不断发展完善的,经济发展水平较高的国家,职业教育体系相对更为完善,且不同层次职业教育的培养目标非常明确清晰,职业教育与普通教育呈现一体化发展的趋势。因此,发达国家基本建立了相对完善的现代职业教育体系。我们着重对典型的"双轨制"国家——德国、英国和典型的"单轨制"国家——美国、日本这四个发达国家的职业教育体系及职业教育功能进行了梳理。

---

① 萧今,黎万红. 发展经济中的教育与职业 [M]. 天津:天津人民出版社,2002.
② 李莹. 发展中国家是否应发展中等职业教育:一个长期的国际议题 [J]. 教育科学,2007 (02):69.
③ 国家教育发展研究中心. 2000年中国教育绿皮书 [M]. 北京:教育科学出版社,2000.
④ Bennell, P. (1996). Using and abusing rates of return: A critique of the World Bank's education sector review [J]. International Journal of Education Development, 16 (3), 235-248.
⑤ Bennell, Paul and Sergerstrom, J. (1998). Vocational Education and Training in Developing Countries: Has the World Bank Got it right [J]. International Journal of Education Development 18 (4): 271-87.

1. 德国

德国是典型的"双轨制"教育体制国家。在德国，普通教育与职业教育分属于两种不同类型的教育。但是，德国建成了完善、复杂的现代职业教育体系，普通教育体系和职业教育体系可以很好地实现互通及衔接，很好地促进了德国经济的腾飞。完全"双轨制"教育体制之所以能在德国生根和发展，与德国强调实用科学的文化是密不可分的。德国全国上下普遍重视职业教育，同时，德国的技术工人具有较高的社会地位与薪酬，这是德国"双轨制"教育制度发展的重要环境基础。基于"双轨制"教育制度，德国建立了"双元制"职业教育体系；但是随着经济社会的发展，德国的"双元制"模式遭遇了巨大的挑战。① 在改善"双元制"模式的缺点和不足的基础上，德国更加注重职业教育与普通教育的衔接，促进职业教育与普通教育的等值发展，并推动"双元制"模式向高等职业教育领域延伸。② 在职业教育体系内，德国职业教育的层次特别完整，高等职业教育体系包括"学士—硕士—博士"多层次和更完善的学位体系；在职业教育体系内，学生的上升通道顺畅，同时，学生可以在职业教育体系与普通教育体系之间自由转换。有研究表明，受哥本哈根进程与博洛尼亚进程的影响，德国出现了职业教育与高等教育趋于融合的趋势，这为学生在不同教育体系之间的转换提供了更多的便利。③

2. 英国

英国是"双轨制"教育体制国家。英国在国家职业资格框架的基础上，建成了完善的职业教育体系，实现了职业教育体系与普通教育体系间的互通。英国建立的国家职业资格框架的职业教育体系是基于资格与学分框架的职业教育系统，与经济环境和就业体系联系密切。英国职业教育与普通教育的衔接和沟通借助于资格与学分框架（QCF）。资格与学分框架（QCF）的目的是促进学生获得学习技能，并以灵活、快捷的方式获得学分，从而实现不同学习轨道的切换。长期以来，英国都比较重视精英文化，这导致对职业教育的重视程度不够，职业教育发展缺乏相应的文化环境，严重制约了职业教育的发展。文化对一个国家职业教育体系构建及职业教育发展具有重要的影响，通过个体教育的选择及个体接受不同类型教育的心态表现出来。

3. 美国

美国是典型的"单轨制"教育体制国家。美国的职业教育被称为"职业生涯与技术教育"（Career and Technical Education, CTE），美国的民主主义思想对职业教育的影响深远。美国的资本主义民主政治体制和自由开放的市场体制，催

---

① 郝天聪. 教育转换机制：现代职业教育体系运行的关键要素[J]. 教育科学，2018（04）：72.
② 郝天聪. 教育转换机制：现代职业教育体系运行的关键要素[J]. 教育科学，2018（04）：73.
③ Justin, J. W., Powell, L. G., et al. The Shifting Relationship between Vocational and Higher Education in France and Germany: towards convergence? [J]. European Journal of Education, 2007 (3): 405-423.

生了美国多元开放的职业教育体系,这与美国注重"民主""自由"的文化是分不开的,这也是综合高中虽然在我国提出了多年,却无法茁壮成长的原因之一,因为我们缺乏相关的文化土壤。新职业主义运动试图对初等职业教育、中等职业教育、高等职业教育进行三类明显不同而又相互关联的整合,即学术教育与职业教育的整合、中等教育与中等后教育的整合和在教育与工作生活之间建立更为密切的联系。[1] 基于职业生涯及技术教育体系,美国的综合高中建立,高中生可以顺利实现从学校到工作的转换体验,从而获得一定的职业技能,这对学生的长远发展有着重要影响。[2] 在高中阶段推进职业生涯与技术教育,成为高中生可持续发展的重要教育形态。[3] 美国职业教育与普通教育在一条轨道上进行,突出了美国坚持民主主义的教育思想,不人为地将不同的人划分到不同的教育轨道中。并且,美国注重职业教育与学术教育的等值,其职业生涯与技术教育体系与人力资源市场之间的转换也非常顺畅。[4]

4. 日本

日本效仿美国建立了"单轨制"教育制度。日本现行的职业教育体系包括学校职业教育、企业职业教育和公共职业训练三大部分。日本职业教育最大的特点是职业培训非常发达,确保了职业教育的灵活性。日本的学校职业教育体系包括专业高中、综合高中、专修学校、高等专科学校、短期大学、技术科学大学和专业研究生教育机构。随着经济社会的发展,日本职业教育的功能及其内涵都发生了巨大变化,日本职业教育除了具有职业教育功能外,其功能不断拓展,其内涵更加丰富,逐渐形成了包括转学教育功能、社区服务功能、继续教育功能和普通教育功能在内的多种功能。

(四) 发达国家现代职业教育体系与中等职业教育功能关系的研究

由于教育制度的不同,不同国家中等职业教育发展的形式及功能有着很大的差异,主要表现为以德国、英国为代表的"双轨制"教育体制和以美国、日本为代表的"单轨制"教育体制,这两类教育体制在高中阶段职业教育方面有很大的不同。但总体来讲,发达国家高中阶段教育的功能呈现多元化的发展趋势,同时,中等职业教育与普通高中教育的发展呈现一体化的发展趋势。

---

[1] Qualifications and Curriculum Development Agency, Guidelines for writing credit - based units of assessment for the Qualifications and Credit Fraine Work [M]. Version 4.

[2] Fletcher E C. Demographics, Tracking and Expectations in Adolescence as Determinants of Employment Status in Adulthood: A Study of School - to - Work Transitions [J]. Career and Technical Education Research, 2012, 37 (2): 103-119.

[3] Gentry M, Peters S J, Mann R L. Differences Between General and Talented Students: Perceptions of Their Career and Technical Education Experiences Compared to Their Traditional High School Experiences [J]. Journal of Advanced Academics, 2007, 18 (3): 372.

[4] 郝天聪. 现代职业教育体系运行的国际经验与启示:教育转换的视角 [J]. 教育科学, 2018 (04): 70.

1. 德国的职业教育

德国的职业教育世界闻名,"双元制"模式是德国中等职业教育的主要形式。德国职业教育并没有完全局限于岗位任务,其注重学生职业能力的培养,强调能力的发展对个体一生中学习与工作的重要性。[1] 德国人认为现代技术工人,不仅要有预先设定任务的能力,还要考虑受教育者在更大的系统中所产生的影响,也就是职业教育的开展不仅针对任务展开,还要具有灵活性和启发性。德国职业教育的功能还体现在对学生能力的培养上,德国职业教育的职业能力观发生了重大转变,由单一技能培养转向对学生综合能力的培养。[2]

2. 英国的职业教育

英国的中等职业教育以"新职业主义"为导向,强调中等职业教育的就业功能。英国人认为随着社会分工的变化、职业的更迭,青少年在其职业生涯发展过程中可能会不断地进行职业选择,因此,职业教育要确保青少年在思想和能力上做好准备,职业教育培养的人不仅要满足其初次就业的需求,还要满足在未来经济社会发展中职业更迭的需求。[3] 因此,英国的中等职业教育在新职业主义的影响下,功能越来越多元化,办学面向不断拓展。英国的职业教育有以下几个功能。

①就业功能,中等职业教育为青少年就业做准备。

②升学功能,中等职业教育与高等教育实现衔接,能满足受教育者接受更高层次教育的需求。

③扩大中等职业教育的对象,不仅局限于适龄青少年,而且向广大的社会青年打开大门。

④使人们在民主社会中充分行使公民的权利和义务,这是中等职业教育社会功能的重要体现。

⑤让每个人最大限度地发展其潜在的才能,这是中等职业教育个体功能的重要体现。[4]

另外,英国高中从20世纪80年代也开始注重多元能力的开发[5],设置综合

---

[1] Elsholz, U. (2002) Kompetenzentwicklung XURREFLEXIVEN Hand-lungsfaehigkeit. In: Dehnbostel, P. /Klsholz, J. /Mcister, J. /Mcyer-Menk, J. Ve Positionon zur Wcrbi Idung [M]. Berlin: Edition Sigma. 35.

[2] 匡瑛. 究竟什么是职业能力:基于比较分析的角度 [J]. 江苏高教,2010:14.

[3] 止雁琳. 英国职业教育和新职业要义 [J]. 外国教育研究,2000:2.

[4] 黄日强,邓志军. 英国中等职业教育的改革与发展 [J]. 职业教育研究,2004:4.

[5] UK Commission for Employment and Skills. NOS Strategy 2010-2020. [EB/OL]. Retrieved February 15, 2012. from http://www.ukees.org.uk/assets/bisparters/ukces/docs/supporting-docs/nos/nos-strategy-2011.

课程，这是中等职业教育与普通高中教育一体化发展的重要表现。①

3. 美国的职业教育

19世纪末20世纪初，美国开始进行中等教育改革，美国的中等教育改革是在完成初等教育普及后进行的。不同于其他"双轨制"教育制度国家，美国作为"单轨制"教育制度国家，没有单独进行中等职业教育的机构，其中等职业教育主要在综合高中内进行。1918年，英格利斯在《中等教育原理》一书中，提出了美国中等教育的目标：

①培养社会公民，中等教育使学生成为社会的一个合格公民；

②促进个体就业，促进经济发展，中等教育使学生成为未来社会的良好生产者；

③促进个人修养的提升，中等职业教育促进学生的全面自由发展。②

美国学者哈利和帕特里宴对高中生涯技术教育与高中毕业率这二者之间的关系进行探究，认为高中生涯技术教育一方面为高中生进入大学学习做准备；另一方面，高中生涯技术教育还可以通过实践教学的方式，促进成绩较差，但动手能力强的学生顺利就业，③肯定了高中教育具有升学功能和就业功能的双重功能。到了20世纪四五十年代，美国综合高中快速发展，其课程设置以学生的需求为主导。④综合高中通过设置不同类型的课程，满足了不同学生多样化发展的需求。因此，综合高中具有多元化功能，包括升学功能、就业功能及通识教育功能等。随着经济社会的进一步发展，美国综合高中内的职业教育功能已经发生转变，由单纯的就业功能转变为满足个体职业生涯发展的功能。⑤

4. 日本的职业教育

日本也效仿美国，设置了综合高中。1971年伊藤和卫在日本中央教育审计会《关于今后学校教育的综合扩充及整备的基本政策措施》报告中强调，学校教育应注重基础知识和基本能力双重内容。⑥ 日本的金子元久对发展中国家职业教育进行了深入分析，指出职业教育所发挥的实际作用，取决于其所处的社会和

---

① Sector Skill Councils. Our work. [EB/OL]. Retrieved February 13, 2012. from http://www.ukees.org.uk/ourwork/sector-skill-councils.

② 胡庆芳. 绝不让一个高中生掉队 [J]. 全球教育展望，2002：37.

③ Schimpf, Patricia Lynn Garnto. The relationship between Career Technology Education and High School Graduation [EB/OL]. http://eric.ed.gov/? q = career + and + technology + education&id = ED533469. 2011.

④ David L. Angus and Jeffrey E. Mirel. The Failed Promise of the American High. School, 1890 - 1995 [M]. New York: Teachers College Press, 1999.

⑤ Gordon, Howard R. D. The History and Growth of Career and Technical Education in America (3rd ed.) [M]. Long Grove, USA: Waveland Press, Inc. 2008.

⑥ 伊藤和卫. 公共教育的制度 [M]. 东京：教育开发研究所，1998.

经济背景。① 现在日本的综合高中有两种特别显著的功能：一方面，综合高中为高中毕业生能进入大学继续学习做了充分的准备；另一方面，综合高中又具有终身职业能力开发的职能，能促进个体就业。②

三、国内外研究述评

对职业教育体系的相关研究进行梳理时发现，经济发达的国家一般都建立了相对完善的职业教育体系，中等职业教育依托现代职业教育体系实现了中等职业教育功能的多元化发展，发展模式多样，同时也促进了高中阶段职业教育与普通教育的沟通。然而，我国现代职业教育体系在理论层面已基本达成一致，但在实践层面还有待于进一步探索，尤其是在制度的构建和内部的沟通、衔接方面。现阶段，我国现代职业教育体系不健全，阻碍了中等职业教育多元功能的实现。同时，由于难以实现与普通教育体系的等值，导致中等职业教育在现代职业教育体系中的基础地位受到质疑，中等职业教育在经济社会发展中的基础地位受到动摇。

对教育功能的相关研究进行梳理发现，国内外学者在研究取向和研究视角上存在明显的差异。西方学者更倾向于采用深究式向度，着重针对教育的某一个或某几个功能进行深入分析研究，注重在深度上进行挖掘，基于社会学角度对教育功能进行深入探究，对教育的社会功能、选择功能进行深入挖掘。而中国学者则将更多的精力放在从各种维度上探索教育功能，更注重对教育功能的广度进行分析。国内学者提出了以下三种观点：社会本位论、个体本位论和结合论。国内学者对社会功能与育人功能的分析基本达成一致，他们认为教育的育人功能是教育的基本功能，教育的社会功能是教育的衍生功能，这种区分虽然触及教育功能形成的事实表层，但是仍然没有解释教育功能形成的合理内核。并且，研究者往往满足于详细罗列教育的种种社会功能，使人对教育的社会功能缺乏整体认识，且对各功能之间的关系也没有理顺，容易使人陷入教育万能论的泥潭中。对教育育人功能的分析浮于表面，具体的育人功能如何体现又有雾里看花的嫌疑，缺乏对个人发展功能的探讨。加之，教育学一直以来被学校这座围城所束缚，在研究过程中，研究者更倾向于将教育学与学校教育相等同，混淆了二者的概念，将教育学研究窄化，限制其教育功能的发挥，导致教育功能不完善及不同类型、层次教育功能定位的混乱。

中等职业教育功能观的争论从中等职业教育产生之初就存在，到今天，人们对中等职业教育功能观的讨论仍在进行中。以往中等职业教育功能观在社会功能

---

① CHULTZ T W. 教育的经济价值 [M]. 清水义弘，金子元久，译. 东京：日本经济新闻出版社，2010.
② 牧野笃. 当代日本中等教育 [M]. 太原：山西教育出版社，1999.

观与育人功能观之间进行摇摆，即形成了社会功能与育人功能之争。但是，这种非此即彼的功能观不利于中等职业教育的发展，人们逐步认识到应对社会功能与育人功能进行综合分析，并且近年来，中等职业教育的民生功能受到了广泛关注，越来越多的人关注中等职业教育在精准扶贫、促进教育公平等方面的功能。中等职业教育作为一种主观内生性组织，随着社会的发展、其活动范围不断推进，促使中等职业教育功能的内涵和外延不断被扩大，尤其是随着现代职业教育体系的构建，中等职业教育功能呈现多元化发展的趋势，中等职业教育不同功能之间呈紧密相连的态势。

国内关于中等职业教育功能定位的相关研究，呈现以下几种特点。

第一，中等职业教育功能的相关研究较少，且缺乏系统梳理，已有关于教育功能的研究多集中于普通高中功能和大学功能，中等职业教育功能始终被人边缘化。

第二，中等职业教育功能定位研究视角呈现普通教育功能的研究取向。多从教育功能入手，分析中等职业教育功能定位，完全移植教育的分析框架，即从"个人功能—社会功能"二维分析框架入手对中等职业教育功能定位进行分析，但难免会出现水土不服的现象。注重概念推演，从教育功能的概念推演出中等职业教育功能的概念。

第三，理论分析多，实证调查少。我们发现以往对中等职业教育功能定位的研究多注重"宏大构想"而忽略"现实关照"；多从政策层面对国家的政策进行解读；多从社会功能入手对中等职业教育发展进行整体功能定位，这就造成中等职业教育功能定位体系缺乏现实基础。例如，对中等职业教育功能的研究更多的是从教育本质入手，从逻辑层面对育人功能进行分析，分析中等职业教育功能，这就会导致中等职业教育的概念空洞及宽泛，缺乏相应的实践内容支撑。

第四，应然分析多，实然分析少；正向功能分析多，负向功能分析少。对中等职业教育功能的分析，受功利主义价值取向的影响，对中等职业教育的研究更注重对中等职业教育价值的研究，即对中等职业教育功能的应然分析较多，对中等职业教育功能的实际效用和问题关注不够，对中等职业教育功能存在的问题关注不够，从而影响对中等职业教育功能实践特征的全面分析和准确把握。

第五，以往对中等职业教育功能定位的研究，缺乏在与普通高中的联系中探究中等职业教育的功能定位。将中等职业教育与普通高中教育二分的对立思维，容易得出片面结论，缺乏从普职沟通、中高职衔接的视角对中等职业教育功能定位进行探究。

这为本书研究的开展提供了广阔的研究空间，目前我国中等职业教育的发展危机和生存危机，都与中等职业教育功能定位不清有关。亟须从理论层面分析入手，结合具体教育实践，以现代职业教育体系为切入点，系统分析现代职业教育体系与整个社会系统的关系，科学定位中等职业教育，并提出中等职业教育功能定位的实现策略。

第三节 核心概念界定

马克斯·韦伯曾经说过:"对概念的入口性讨论尽管难免会显得抽象,并因而给人远离现实之感,但对概念的入口性讨论是不能省略的。"① 人们在进行研究时常常会陷入这样一种困境,即研究的问题并不是由于我们无知所导致的,而是由于我们以往所了解、熟知的概念让我们陷入被知识所蒙蔽的危险。② 对核心概念的澄清与演绎范围的框定是研究得以深入的前提,不是因为无知而不知,而是因为自认所知过多,从而忽视了对相关概念的辨析,导致在对中等职业教育功能定位相关问题的讨论时陷入混淆与混沌状态的现象。因此,对中等职业教育功能定位相关核心概念的辨析与界定,是中等职业教育功能定位分析的语义起点。

一、现代职业教育体系

现代职业教育体系是本书探究中等职业教育功能定位的前提,也是中等职业教育功能定位实现的重要依托,因此,我们对现代职业教育体系进行界定。

首先,我们对职业教育进行界定。职业教育作为一种类型教育,与普通教育分别属于两种不同类型的教育,这是对职业教育进行界定的前提和基础。职业教育有广义和狭义两种界定方式。狭义的职业教育是指学校职业教育;广义的职业教育,其英文是"Technical and Vocational Education and Training(简称 TVET)",它是对各级各类技术员、技术工人等应用人才的教育及培训的总称。③ 这也是在国际领域广泛认可的职业教育的定义。在这里,我们采取广义的职业教育定义。其次,我们对体系进行界定。体系是由若干要素组成的,这些要素既相互联系又相互制约,共同构成一个有机的整体,体系包含类型体系及层次体系,是与普通教育体系相对应的一个完整的体系。④ 最后,我们对现代进行理解。一方面,现代是一个表示时间的概念,是指工业革命以后学校本位主体的职业教育体系,随着时间的推演,职业教育体系的内涵不断拓展,当前对现代职业教育体系的研究,更注重在经济社会转型期背景下,尤其是 2010 年以来现代职业教育体系的研究。因此,在时间上,能够体现职业教育体系的现代性。另一方面,现代还是一个超越时间状态的概念,现代代表的是一种特殊的"类",主要表现在,职业教育作为一种类型教育存在,而不是作为一种层次教育存在。

基于此,我们将现代职业教育体系定义为,现代职业教育体系是由培养各级

---

① 马克斯·韦伯. 社会科学方法论 [M]. 杨富斌,译. 北京:华夏出版社,1999.
② Daniel Kolak. Lovers of Wisdom: An Introduction to Philosophy with Integrated Readings [M]. Peking University Press, 2002.
③ 关晶,李进. 现代职业教育体系研究的边界与维度 [J]. 中国高教研究,2014(01):90.
④ 董显辉. 中国职业教育层次结构研究 [D]. 天津:天津大学,2013:14.

各类技术技能人才的教育及培训构成的一种类型教育。首先，我们从内部组成与联系来看，按教育层次分，职业教育体系通常分为初等、中等、高等三个层次，三者相互衔接；按教育阶段分，职业教育体系通常分为职业启蒙教育、职前教育和职后培训；按办学主体分，职业教育体系主要分为公办和民办两类。其次，从外部联系来看，现代职业教育体系与普通教育体系相互沟通，同时又与经济、政治、文化等外部社会环境互动。职业教育与普通教育作为两种不同类型的教育，具有同等重要的地位，且呈融合发展的趋势。最后，从教育理念看，职业教育应体现终身教育理念。基于大职教观视野，我们将现代职业教育体系界定为，体现终身教育理念，包含初等职业教育、中等职业教育和高等职业教育三种职业教育层次，中高职衔接、普职互通，并与经济社会发展存在适应性，与普通教育系统等值的动态职业教育系统（图1）。

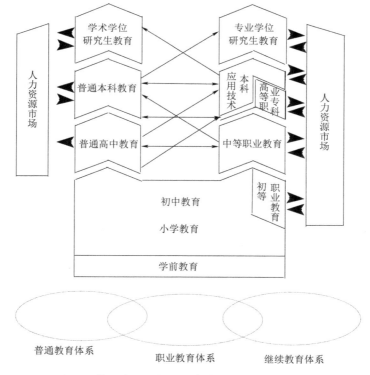

图1　基于大职业教育理念的现代职业教育体系

二、教育功能

中等职业教育作为教育系统的重要组成部分，对教育功能的分析和对中等职业教育功能的研究有一定的启示和借鉴意义。同时，价值、功能和结构作为中等职业教育功能分析的重要概念范畴，我们对这三者的内涵及关系进行界定，这是进一步开展研究的基础。

（一）功能

功能这个概念最初出现在物理学研究中，随后才进入社会科学的研究中。19世纪以来，社会学家奥古斯特·孔德、赫伯特·斯宾塞、默顿等人都使用了功能的概念，并对功能的内涵进行了拓展。在本书中，我们借鉴社会学对功能的界定，并对功能与价值、功能与结构这两对基本范畴进行了分析，对功能的界定离不开对价值和结构的探讨，这三者既有联系又有区别。

1. 功能与价值

功能指向价值，价值从理论上讲，在一定程度上体现主体的需要，功能正是要满足这种需要的存在。一个事物，在社会活动中，通过主体与环境的互动，能够满足其价值的实现，即其功能得到了实现。价值是静态的，并带有主观性，并且价值一般是积极的、正向的。而功能是动态的，是一个事物在环境不断发生作用时产生的，是客观存在的，并且功能有正负之分。

2. 功能与结构

功能与结构是社会学研究中一对最为重要的范畴，结构功能主义认为，结构是指社会系统中存在的一种相对稳定的、模式化的东西；功能是指适应结构的一系列活动所产生的后果。因此，从社会学角度定义的结构来说，可以将结构定义为一个系统，这个系统具有相对持久、稳定的模式，而功能是指系统内部结构的动态过程。[①] 结构是从一个系统的内部对系统的整体进行的描述，而功能是从系统外部对系统进行的描述。结构影响功能，功能反作用于结构，功能通过结构发挥作用。

综上所述，功能是由若干要素和成分构成的一个统一体，构成这个统一体的要素和成分按照一定的结构进行互动。功能是由结构决定的，并且功能是客观存在的，有正向与负向之分。

（二）教育功能

顾明远主编的《教育大辞典》对教育功能的定义是：教育功能是指教育对社会系统产生的作用，包括维持社会系统的平衡，促进社会系统的发展；包括促进个体的发展和促进社会的发展两个方面的内容。[②] 在教育研究之初，人们更关注教育与社会和谐发展的一种平衡状态，随着人们对教育功能问题深入地研究及社会结构的变迁，人们开始关注教育与社会发展失调状态的问题。基于功能的正向与负向之分，教育功能也有正向和负向之分，教育功能呈现多元化发展趋势，各功能之间有地位和层次上的差异，并且教育功能是随着社会结构和教育结构的变化而不断发展变化的。基于此，教育功能在这一命题上实际包含了三个层面的

---

① Robert K. Merton Social Theory and Social Structure [M]. The Free Press, 1968.
② 中国《教育大辞典》编纂委员会. 教育大辞典（增订合编本）（上册）[M]. 上海：上海教育出版社，1998.

问题：教育能够干什么？教育实际上干了什么？教育应该干什么？这三个层面的问题即是逻辑层面的教育功能、事实层面的教育功能和价值层面的教育功能，这是从静态结构上对教育功能进行的界定。① 另外，吴康宁教授在关于教育功能的研究中和对国内外相关研究进行概括的基础上，提出了自己关于教育功能的界定，他认为教育功能的形成是一个动态的过程，教育功能的形成需要经历教育功能取向确立、教育功能行动发生和教育结果的产生这三个方面。② 吴康宁教授从功能发展的动态过程对教育功能进行了界定。基于此，从静态结构和动态过程对教育功能进行分析，对我们界定中等职业教育功能具有普适性的指导意义。

综上所述，我们将教育功能界定为教育对社会系统产生的作用，是一个随着社会结构、教育结构变化和动态发展的过程。教育功能可以分为不同的层次和类型，基于层次分析，教育功能可以分为逻辑层面的功能、现实层面的功能和价值层面的功能；基于类型分析，根据教育功能主体的不同，教育功能可以分为社会功能和个体功能，根据教育功能对社会系统产生的作用，教育功能可以分为正向功能和负向功能。教育功能是一个对社会系统产生作用的过程，是动态发展的过程，并通过教育功能取向、教育功能行动和教育功能结果表现出来。因此，在本书中，从结构与过程两方面对中等职业教育功能进行分析，以期构建中等职业教育功能分析的立体框架。

三、中等职业教育的功能定位

在对现代职业教育体系、教育功能进行界定后，我们对中等职业教育的功能定位进行了界定。

（一）中等职业教育

采取广义的职业教育概念，中等职业教育包括学校职业教育和职业培训两种。就我国而言，中等职业教育学校系统主要包括中等专业学校、职业高中、技工学校和成人中等专业学校。美国学者杜威认为，仅仅有了各种类型的学校并不意味着就有了学校系统，在这种观念中，学校系统是一个开放的教育系统，学校系统促进学习者在教育系统中进行自如移动，并且学校系统会不断扩大学习者的选择范围。③ 本书正是在这个意义上研究了中等职业教育和中等职业教育的学校系统，对中等职业教育的办学层次、办学机构、培养目标进行了界定和分析。

1. 办学层次

《国际教育标准分类法》（ISCED）中规定，中等职业教育属于第二级教育中

---

① 王秋. 中等专业学校经济功能实现形式的新探索：中职直接推动农村产业发展的案例研究 [D]. 北京：北京师范大学，2011：12 - 13.
② 吴康宁. 教育社会学 [M]. 北京：人民教育出版社，1998.
③ 联合国教科文组织. 学会生存：教育世界的今天和明天 [M]. 北京：教育科学出版社，1996.

的高级层次。在我国,中等职业教育既包含在高中教育阶段进行的职业教育,也包含在接受高中教育以后进行的职业培训,招生对象为初中毕业生、具有初中同等学力的人员及农民等。随着中等职业教育功能内涵的深化与拓展,中等职业教育的招生面向不断扩大。

2. 办学机构

当前我国中等职业教育的办学机构主要为普通中等专业学校、职业高中、技工学校和成人中等专业学校。

3. 培养目标

2014 年颁布的《国务院关于加快发展现代职业教育的决定》并没有改变中、初级专业人才的目标定位,只是进一步提出要"实现就业有能力、升学有基础"的目标,提出中等职业教育要"实施学历教育、技术推广、扶贫开发、劳动力转移培训和社会生活教育"①。随着经济发展,中等职业教育的培养目标更加多样化、功能更加多元化,但是中等职业教育尚未脱离"中、初级专业人才"的本体功能。

(二) 中等职业教育的功能定位

石中英教授指出,定义总是某一个定义者的定义,② 也就是说定义不能脱离定义者而单独存在。定义在不同的研究中,因为定义者立场、视角和意图的不同,定义也具有很多不同的意义。因此,本书对中等职业教育的功能定位进行了界定。

基于结构与功能的关系,我们对中等职业教育的功能定位进行了界定。定位原本是一个自然科学概念,"定位"一词在《现代汉语词典》中有三种解释:一是,运用某种仪器对物体所在的位置进行测量及描述;二是,运用某种仪器测量后,确定物体所在的位置;三是,使事物处于适当的地位,并对其进行评价。③ 定位这一概念被广泛运用到经济领域、教育领域及社会领域,1972 年,艾里斯(Alrits)和杰克·特劳特(Jack Trout)提出的定位,是在营销学中针对企业及产品提出的。④ 定位从本质上来讲,是对个体或事物的形象进行认知和追求。在教育领域,定位是指各级各类教育根据社会发展的需求及个体发展的需求,对自身在教育系统及社会系统的位置的预期,对其功能发挥的一种预期和认定,是各级各种教育发展的基础和存在的前提。

因此,我们将中等职业教育功能定位界定为:中等职业教育系统是从承受社会功能期待、个体功能期待,再到中等职业教育系统确立自身功能的一个动态过程,是通过中等职业教育与其他类型和层次教育的关系,并通过中等职业教育与社会系统中其他子系统的关系表现出来的。这一概念包含了两个要点:一是,中

---

① 国务院关于加快发展现代职业教育的决定 [EB/OL]. http://www.moo.odu.cn/piiblicfilcs/biisinoss/htmlfilos/nioc/iiioo1778/20H06/170691.html,2014 - 05 - 02/2018 - 12 - 10.
② 石中英. 教育学研究中的概念分析 [J]. 北京师范大学学报 (社会科学版),2009 (3):29 - 38.
③ 中国社会科学院语言研究所词典编辑室. 现代汉语词典 [M]. 6 版. 北京:商务印书馆,2012.
④ 艾·里斯,特劳特. 定位 [M]. 王恩冕,译. 北京:中国财政经济出版社,2002.

等职业教育应该具有什么功能；二是，中等职业教育在教育系统及社会系统中应该处于什么位置。这也是本书要回答的两个问题。

第四节 研究设计

研究设计是指研究者为实现研究意义而采取的一系列行为。这一系列行为方法预设大致包括以下五个方面：梳理研究问题、选择研究方法、确定研究思路、呈现研究内容和基于整个研究过程及研究结论，提出本书的创新点。

一、研究问题

任何研究的展开都是基于一定目的的，不存在没有目的的研究。我们对问题进行清晰的界定，是进一步探究原因，提出解决策略的基础和前提。[①] 本书研究的开展是为了回应一个亟需解决的实际问题：中等职业教育的功能、发展方向及发展路径的问题，同时也是对中等职业教育理论问题丰富的一种尝试。拟解决的问题实际上是一系列逻辑相互联系的问题集合，应由最初的中等职业教育的功能定位这一主题入手（这一问题过于庞大，内容含糊，需要进一步聚焦）。因此，本书不同于以往的理论探究，更多的是采用理论与实践相结合的方式，更注重对现实层面中等职业教育的功能进行分析。在分析现代职业教育体系与中等职业教育的关系中，应围绕中等职业教育功能失调，分析中等职业教育价值、功能与结构之间的关系，集中讨论以下相关理论问题或实践问题。

①我国中等职业教育的功能观是什么？
②现代职业教育体系与中等职业教育功能定位的关系是什么？
③现代职业教育体系下中等职业教育功能失调的实践表征及根源是什么？
④现代职业教育体系下中等职业教育功能定位的应然样态是什么？具体包括中等职业教育功能定位的价值取向是什么？中等职业教育在现代职业教育体系及社会系统中的定位如何？中等职业教育功能的应然样态是什么？

二、研究方法

明确了本书的研究问题后，我们提出了具体的研究方法。卡尔·波普曾指出，无论用何种方法只要能够满足解决问题的需要，并能合理论证问题的结果，那么我们就认为这是一种正当的方法。[②] 本书遵循理论与实践相结合的原则，综合采用了文献研究法、历史研究法、访谈研究法三种研究方法来开展研究。

---

① 陆友铨. 从学位论文看基础教育研究中的若干问题 [J]. 教育学报, 2008 (04): 3.
② 卡尔·波普尔. 猜想与反驳：科学知识的增长 [M]. 傅季重, 等译. 上海：上海译文出版社, 1986.

(一) 文献研究法

文献研究法贯穿整个研究的始终，是本书的基础性研究方法。文献研究法是指基于一定的目的，搜索相关文献及资料，并对相关文献进行分析的一种研究方法。大量的文献及相关资料为本书研究的开展提供了必要的理论支撑。通过文献研究法，我们可以解决以下三个层面的问题：①通过对已有国内外相关文献进行梳理，并进行述评，确立本书研究的起点及方向，提出研究问题，理顺研究思路；②通过对本书相关的理论及思想进行梳理，确立本书独特的研究视角及理论基础，构建本书的分析框架；③通过文献梳理及理论演绎对现代职业教育体系下中等职业教育功能定位的应然样态和实现策略进行分析。

(二) 历史研究法

历史具有重复性及相似性，历史研究法是本书开展研究的一种重要研究方法。历史研究法是指基于一定的研究目的，搜集历史资料，并按照一定的顺序对其进行梳理，从而找到事物或者事实背后所蕴含的普遍规律的一种研究方法。对中华人民共和国成立以来，我国现代职业教育体系构建及中等职业教育功能变迁进行梳理，从而对中等职业教育在不同阶段，在我国现代职业教育体系与中等职业教育功能之间的关系有一个全面的认识，并分析我国中等职业教育功能变迁的内在逻辑。现代职业教育体系的构建与经济社会的转型具有同步性，且中等职业教育功能的变化依托现代职业教育体系的构建，这决定了在现代职业教育体系下探究中等职业教育功能定位的可行性与必然性。

(三) 访谈研究法

中等职业教育功能定位本身具有复杂性和不可测量性。本书采取访谈研究法，深入中等职业教育教学实践展开调研，以期为本书提供坚实的实证支撑和现实依据，促进理论研究与实践研究相结合，提高研究的准确性与可靠性。访谈研究法是指基于一定的目的，访谈者与被访谈者直接进行交流的一种定性研究方法。访谈研究法主要解决两个层面的问题：①通过访谈研究法，描述我国中等职业教育功能失调的实践表征；②通过访谈调查法，为中等职业教育功能实现策略的提出提供一定的借鉴及启示。

三、研究思路

我们在对研究问题和研究方法进行分析的基础上，提出了本书的研究思路。研究思路是指为解决某一问题，在特定的分析视角下，按照一定的逻辑构建适合研究的具体思路。功能可以通过结构表现出来，中等职业教育功能定位是什么的问题，换言之，就是我们所研究的中等职业教育在教育结构及社会结构中究竟具有何种作用的问题。由于中等职业教育功能的复杂性及中等职业教育所处教育结构和社会结构的复杂性，导致中等职业教育功能定位具有复杂性。中等职业教育的功能定位是在明确中等职业教育功能的基础上,对中等职业教育发展方向的一种预测,需要通过中等职业教育与其他类型、层次教育的关系,与经济社会发展的关系表现出来。因此,中等职业教育的功能是分层次的,本书从构建现代职业教育体系入手,从三个层面分析中等职业教育的功能,并提出在现代职业教育体系下中等职业教育功能定位的应然样态。

具体来讲,中等职业教育的功能分为以下三个层次:中等职业教育本身具有哪些区别于其他类型教育的功能,即中等职业教育的本体功能(Ontological Function);中等职业教育在当前教育实践中存在哪些功能,即中等职业教育的客观功能(Objective Function);中等职业教育应该具有哪些功能,即中等职业教育的价值功能(Value Function)。以往多从价值层面和国家需求层面探究中等职业教育的应然功能,试图从中分析中等职业教育在经济社会发展及现代职业教育体系构建中的应然功能,这是不现实也是不可能的。我们需要认识到对中等职业教育功能的研究不能仅仅局限于宏大构想,还要对中观层面的教育结构和微观层面的教学实践进行关照。借助默顿的中层理论概念,选取现代职业教育体系为研究视角,对中等职业教育进行中层研究。默顿的中层理论是指一系列具有逻辑关系的命题,这些命题既不是统一理论,也不是微观的具体工作,而是基于宏观理论与微观实践所推导出来的一组命题,这组命题具有经验一致性。① 因此,在本书中,我们以期从中观层面入手,借助现代职业教育体系整合中等职业教育的功能理论与微观中等职业教育功能的实践表征,并力求实现对三者的关照。探究现代职业教育体系下中等职业教育功能定位的应然样态,明确中等职业教育在经济社会发展及现代职业教育体系中的地位,并基于现代职业教育体系实现中等职业教育多元化功能的整合。具体的研究思路如图2所示。

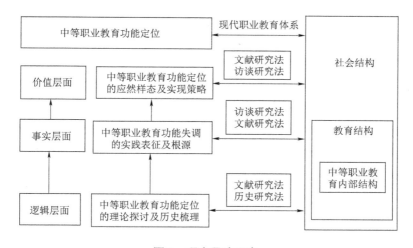

图 2　研究思路示意

---

① 罗伯特·金·默顿. 社会理论和社会结构 [M]. 南京:译林出版社,2006.

1. 逻辑层面

从逻辑层面分析，本书回答了为什么的问题。本书对现阶段中等职业教育的发展危机及生存危机进行了分析，并对已有的文献进行了层层梳理，发现中等职业教育危机的实质是在经济社会转型背景下中等职业教育功能定位的问题，从而为本书开展研究奠定了问题基础。本书借助结构功能理论、教育病理学、职业教育民生思想这三种理论及思想，探究了构建中等职业教育功能定位研究的理论框架，包括中等职业教育功能定位的逻辑起点、分析思路、动态分析、功能演变、内外结构。

2. 事实层面

从事实层面分析，本书回答了是什么的问题。本书基于已构建的分析框架，对中等职业教育的功能进行了动态分析，基于教育病理学理论和中等职业教育的发生场所，即家庭、学校和社会，从功能取向、功能行动和功能结果三个层面，对实践层面的中等职业教育功能失调进行了分析。在经济社会转型期，中等职业教育的实际功能与价值功能可能存在的情况大有出入，导致中等职业教育功能失调。本书深入中等职业教育的教学实践，分析中等职业教育功能失调的实践表征。基于结构功能理论，分析中等职业教育功能失调的结构根源，包括中等职业教育的内部结构、现代职业教育体系的结构及社会结构。

3. 价值层面

从价值层面分析，本书回答了怎么样、怎么办的问题。在经济社会转型期，本书从价值、结构、功能三个层面对现代职业教育体系下中等职业教育功能的应然样态进行了分析，明确了中等职业教育的地位及发展方向，并提出了中等职业教育功能定位的实现策略。

四、研究内容

在确定研究思路的基础上，本书围绕逻辑层面中等职业教育功能、现实层面中等职业教育功能和价值层面中等职业教育功能，借助文献研究法、历史研究法、访谈研究法尝试将问题逐步深化和聚焦，以期形成以下研究内容。

导论是对本书的整体介绍和说明。导论介绍了选题的缘由及研究意义，对相关文献进行了梳理，并对核心概念进行了界定。导论提出了本书的研究问题，进一步介绍了本书的研究方法、研究思路、研究内容及研究创新点。

第一章是对中等职业教育功能定位的理论探讨。第一章概述了结构功能理论、教育病理学及教育民生思想及其对中等职业教育功能研究的启示；构建了现代职业教育体系下中等职业教育功能定位分析的基本框架。首先，探讨了中等职业教育功能定位研究的逻辑起点；其次，确定了基于现代职业教育体系，作为中等职业教育功能定位分析的全新视角及功能定位的重要依托；再次，通过中等职业教育功能的动态分析过程，提炼了由功能取向、功能行动、功能结果组成的中等职业教育功能形成的三个主要环节，确定了中等职业教育功能分析的具体指标，进而分析了中等职业教育功能演变是失调与调适的动态过程，对中等职业教育功能失调与调适的性质、分类及相关关系进行了初步分析；最后，基于结构功能理论，分析了中等职业教育功能失调的结构根源。

第二章是对中等职业教育功能的历史梳理及内在逻辑。现代职业教育是工业大生产的产物，基于历史与逻辑相统一的原则，对中华人民共和国成立以来我国现代职业教育体系构建进行了梳理，并对不同历史时期中等职业教育的发展规模及中等职业教育功能的失调与调适进行了分析。中华人民共和国成立以来，我国中等职业教育发展经历了三个发展周期，对这三个发展周期中的中等职业教育功能进行梳理，对中等职业教育功能变迁的内在逻辑进行分析，并分析不同发展时期现代职业教育体系构建与中等职业教育功能的关系。确定了以现代职业教育体系为中等职业教育功能定位分析视角的可行性及必然性。

第三章是中等职业教育功能失调的实践表征。随着经济社会的转型及现代职业教育体系的构建，教育外部环境变化及教育内部结构调整导致中等职业教育功能失调。本书深入中等职业教育学校进行教学实践，采用访谈研究法，对我国中等职业教育功能失调的实践表征进行分析，具体表现为功能取向偏颇、功能行动偏差及功能结果失调。

第四章是中等职业教育功能失调的结构根源。中等职业教育是现代职业教育体系的重要组成部分，现代职业教育体系又镶嵌于整个社会系统中。因此，本书对中等职业教育功能失调的内部结构根源、教育结构根源、社会结构根源进行深入分析，探析现代职业教育体系下中等职业教育功能失调的内外部结构因素。

第五章是中等职业教育功能定位的应然样态。本书基于现代职业教育体系对中等职业教育功能的调适，明确中等职业教育的民生功能观，确立中等职业教育在经济社会发展及现代职业教育体系中的基础地位，整合中等职业教育的多元化功能，明确中等职业教育定位的应然选择——中等职业教育是面向平民的职业基础教育。

第六章是中等职业教育功能定位的实现策略。本书基于"类型观"构建现代职业教育体系，创新中等职业教育发展路径——"双轨一元"，并提出中等职业教育功能定位实现的制度保障。

结语对本书的主要结论进行总结，并对研究的不足进行分析，对中等职业教育未来的发展方向进行展望。

五、研究创新

从研究视角、研究思路、研究内容等几方面提出了本书的创新点。

（一）基于现代职业教育体系的研究视角

以往研究多注重从宏观层面对中等职业教育功能进行分析，很长一段时间，尤其是改革开放以来，我国中等职业教育被视为经济社会发展的工具，过分强调教育与社会的密切关系，将中等职业教育的功能简单定位为升学功能或就业功能，忽视了中等职业教育的育人功能，导致中等职业教育社会功能对育人功能的僭越。随着人本主义思想的发展及民生功能的发展，育人功能逐渐成为中等职业教育的主导功能，中等职业教育更注重对生命个体的关注，关注个体需求及自我实现。本书转变了以往从宏观经济社会发展层面探究中等职业教育的功能，借鉴默顿的中观理论，搭建抽象理论研究与具体经验分析之间的桥梁，注重整合宏观社会发展背景及教育实践中行动者的需求。本书从中观层面入手，基于现代职业教育体系，搭建经济社会需求与个体需求之间的桥梁，亟须扎根中等职业教育实践对中等职业教育功能定位进行研究，探究中等职业教育与其他类型、层次教育及经济社会发展之间的关系，在现代职业教育体系下探究中等职业教育功能定位的应然样态。同时，中等职业教育功能定位的实现也必须依托现代职业教育体系的完善，二者互为结构与功能。本书在这个立意下，选取现代职业教育体系构建为本书的研究视角与切入点。

(二) 中等职业教育功能动态的多元分析

教育功能有正向功能与负向功能之分，教育功能是一个受内外部因素的影响，从失调到调适的周期性发展过程。中等职业教育作为教育系统的重要组成部分，同样具有正向功能与负向功能。同时中等职业教育在不同的发展阶段，因社会结构和教育结构的变化，教育价值取向也发生变化。中等职业教育功能是一个动态的演变过程，是从失调到调适周期发展的动态过程。一方面，以往对中等职业教育功能的研究，多从正向功能入手，分析中等职业教育对社会发展及个体发展的促进作用，尤其注重分析中等职业教育的经济功能、政治功能等，难免会有教育万能论之嫌，且缺乏对中等职业教育社会功能与育人功能的整合；另一方面，以往对中等职业教育功能的研究多从静态层面分析其结果，对中等职业教育功能的取向和行动缺乏动态分析。因此，我们应该肯定中等职业教育在经济社会发展及个体发展中的重要作用，同时，我们也要承认中等职业教育功能是有限度的，对现阶段中等职业教育的发展危机、生存危机给予重视。本书从中等职业教育功能失调的角度，进入中等职业教育的教学现场，动态地对中等职业教育功能进行深入挖掘，具体从功能取向、功能行动、功能结果分析中等职业教育功能失调的实践表征，力求挖掘中等职业教育功能失调的深层次原因，并基于现代职业教育体系，提出相关策略，促进中等职业教育功能定位的实现。

(三) 探究中等职业教育"双轨一元"的发展路径

现代职业教育体系是随着经济社会转型发展而不断发展和完善的。在此基础上，本书在现代职业教育体系的视角下对中等职业教育功能进行了研究，提出了中等职业教育发展的新路径——"双轨一元"。基于现代职业教育体系，我国中等职业教育功能定位的应然选择为面向平民的职业基础教育。首先，面向平民，是由中等职业教育的民生功能决定的，这是整合社会功能与个体功能的重要途径，服务平民，尤其是服务包括下岗工人、农民等弱势群体在内的广大平民，是一种面向人人的教育，是中等职业教育服务民生的重要体现。其次，"双轨制"是我国中等职业教育功能定位的重要基础，在我国，普通教育与职业教育属于两种教育类型，分别在普通教育体系和职业教育体系中进行，这是我国中等职业教育发展的基本前提。中等职业教育与普通高中教育并非总是对立的关系，还存在相伴相生的关系，这是中等职业教育功能实现的前提。最后，"一元"是中等职业教育发展的核心思想。这种"一元"并不是传统意义上的"一元"，是指在保证中等职业教育与普通高中教育各自特色的基础上，实现中等职业教育与普通高中教育的互通，不同轨道的学生可以在不同的轨道上实现自由切换。中等职业教育和普通高中教育都以育人为导向，区别在于培养不同类型的人才，但是其学历证书与资格证书是等值的，最终的目标都是实现人的全面发展。简单来说，就是基于现代职业教育体系，确保中等职业教育功能多元化，并实现与普通高中教育的互通。

第一章
中等职业教育功能定位的理论探讨

理论探讨是中等职业教育功能定位分析的依据,中等职业教育作为一项高度组织化的社会活动,探讨其功能问题,必然绕不开结构功能主义理论,而分析其功能失调现象,教育病理学又可以为我们提供一定的借鉴。中等职业教育功能观的确立以期从职业教育民生思想中找到整合社会功能与育人功能的思路。因此,对这三种理论及思想的解读是中等职业教育功能定位的理论基础。同时,中等职业教育的功能分析不仅涉及功能结果,还要考察功能过程;不仅要分析功能是什么,还要分析功能是为什么?厘清中等职业教育功能定位分析的主要指标和框架是本书进一步研究的前提。此外,对中等职业教育功能失调与调适的分析是后续研究的基础。因此,本书在对结构功能主义理论、教育病理学、民生教育理念的分析基础上,深入分析了现代职业教育体系与中等职业教育功能定位的耦合性,尝试构建现代职业教育体系下中等职业教育结构变迁与功能分析的立体分析框架。

第一节 中等职业教育功能定位的理论依据

任何科学研究都建立在一定的理论基础之上,中等职业教育功能定位的探讨必然建立在丰厚的理论基础之上。本书选取结构功能主义理论、教育病理学和职业教育民生思想为本书的理论依据,这些理论及思想又从不同方面给本书以启示。

一、结构功能主义理论及其对本书的启示

结构功能主义理论是在早期功能主义理论的基础上发展来的,吸取了早期功能主义的有利因素,摒弃了不利因素,在实践中不断发展完善,逐步形成了具有完整性和综合性的社会学理论。

(一)结构功能主义理论

1. 功能主义理论

从方法论视角来看,功能主义是从系统性或整体性角度来考察研究对象的功能。功能主义理论早期的代表人物有奥古斯特·孔德(Auguste Comte)、赫伯特·斯宾塞(Herbert Spencer)以及埃米尔·涂尔干(Emile Durkheim)等。奥古

斯特·孔德提出社会有机体理论，他认为应当用科学的方法来解决社会有机体问题。功能主义理论的"平衡"概念来源于孔德。在继承孔德思想的基础上，早期社会学家斯宾塞进一步推动了功能主义理论的发展，他借鉴当时盛行的生物学及进化学观点，提出了有机体学说。斯宾塞认为社会是一个系统，是由各个部分及组织构成的，他还具体论述了结构与功能、分化与整合、整体与系统等功能主义理论的基本概念，这些概念后来成了塔尔科特·帕森斯、默顿的结构功能主义理论的核心范畴，开创了结构功能主义理论的先河，斯宾塞的功能主义被称为分析功能主义。法国社会学家涂尔干继承了孔德和斯宾塞的思想，分析了社会组织的分化及社会组织功能的特殊性，并进一步对二者的关系进行了分析，系统地提出了功能主义的分析方法，关注社会的整体性和系统性，尤其是注重对社会整合问题的分析。① 涂尔干对教育社会功能进行了深入探讨，认为教育系统存在冲突。此外，涂尔干非常强调社会的整体性，强调要从促进社会整体发展的角度对教育功能进行分析，他对功能主义的观点在于他对"整合"概念的长期关注，他认为"整合"对维持社会平衡非常重要。总之，他们认为社会的组织及构成发生变化，会影响整个社会组织的平衡状态，是一个由不平衡到平衡的不断调适过程。

2. 塔尔科特·帕森斯的结构功能主义理论

美国社会学家塔尔科特·帕森斯将功能主义发展为结构功能主义，在20世纪对结构功能主义这一名词正式界定，并将其加以发展。在继承功能主义理论的优势及对功能主义理论缺陷进行扬弃的基础上，塔尔科特·帕森斯提出了结构功能主义理论。德国社会学家马克斯·韦伯和意大利社会学家帕累托的思想及理论对塔尔科特·帕森斯的结构功能主义理论产生了重要的影响。马克斯·韦伯关注"社会行动"，并对"社会行动"进行了深入分析，还有帕累托的社会学理论分析方法，都对塔尔科特·帕森斯的结构功能主义理论有很大影响，他把社会看作一个平衡系统，这个平衡系统包括众多相互联系、相互作用的子系统。

塔尔科特·帕森斯是结构功能主义的重要代表人物，1937年，塔尔科特·帕森斯出版了《社会行动的结构》一书，该书为其结构功能主义思想奠定了理论基础。塔尔科特·帕森斯在该书中提出了社会行动理论，随后，塔尔科特·帕森斯正式提出了结构功能主义的社会学分析方法。

塔尔科特·帕森斯的理论体系分为三个层次：第一个层次为社会行动理论，就是把社会组织及群体看作行动者，从而解释各种社会现象。塔尔科特·帕森斯指出在社会行动中，人们的行动会受到状态背景、价值规范的制约，并强调价值观是人们行动的指南。

第二个层次为宏观功能理论，就是将系统论引入社会学，从社会结构和功能

---

① 李静. 现阶段我国普通高中教育功能研究 [D]. 大连：辽宁师范大学，2016：21.

出发，探究社会行动的价值认同。在塔尔科特·帕森斯看来，社会由文化、社会结构和个人组成，文化系统包括所有社会成员共享的广泛价值、规范以及经过组织的知识和信念，其中最重要的部分是广泛价值。社会系统则是由社会结构构成的角色结构，角色是社会结构中最重要的单位，角色的主要成分就是角色期待。人格系统或个人系统从根本上说是由动机或者需求倾向构成的，人类的动机或需求倾向有些是天生的，是由人的生物性决定的，但是最重要的需求或动机的本质是社会的，即在社会过程中习得的。[①] 他对"价值""结构"与"功能"之间的关系进行了阐述，他认为构成社会系统的各变量并非是完全独立的，而是社会文化的结晶，形成特定的社会关系，只有合乎规范取向的行动，才能保持互动关系的平衡。

第三个层次为一般系统理论，他提出了系统存在的四个前提，即"AGIL"图示（表1-1），也被称为"交换模型"，他认为要达到社会整合功能必须存在四种功能性条件，即适应（A）—达到目标（G）—整合（I）—维持模式（L），试图构建一种整合型社会，规避社会冲突。所谓适应，是指通过合理分配各种资源，确保系统对环境的适应；所谓达到目标，是指基于对各种资源的合理分配，进一步将目标进行分类，并确定不同目标的实现；所谓整合，是指协调系统各部分行动，使之成为一个整体并发挥作用以达到目标，整合具有核心地位；所谓维持模式，是指系统价值体系的维持，通过形成统一的规则及价值体系，使行动者基于这样一种规则和价值体系进行不同的行动，并在系统中发挥作用。价值是塔尔科特·帕森斯结构功能主义理论中一个重要的概念范畴，社会系统的稳定及结构的有序都依赖在社会系统中形成统一的价值体系，促进社会系统结构及功能的自我调节，系统内部不同结构具有不同的功能，整体功能的发展得益于部分的协调。一个体系自身不能实现目标，这个体系要与其他体系相互作用，并通过对内模式的维持，整合体系内部的各要素，确保体系功能的发挥。同样，对一个社会系统而言，社会子系统需要不断地进行作用，确保社会系统处于相对平衡状态，一旦这种平衡状态被打破，社会运行就会失调，负向功能就会产生。

表1-1 塔尔科特·帕森斯的 AGIL 图示

项目	手段性功能	目的性功能
对外功能	（A）适应 经济资源	（G）达到目标 政治目标
对内功能	（L）模式维持 价值观	（I）整合 规范

---

① 布列克里局，杭特. 教育社会学理论 [M]. 李锦旭，译. 台北：桂冠图书出版股份有限公司，1987.

3. 罗伯特·金·默顿的中层理论对结构功能主义的完善

美国社会学家默顿在塔尔科特·帕森斯研究的基础上，进一步发展了结构功能主义理论的思想。默顿针对塔尔科特·帕森斯建立的统一而又宏大的社会行为理论的构想，提出了"中层理论"的思想。默顿在很多方面进一步推动了塔尔科特·帕森斯创立的结构功能主义理论的发展，并进一步提出了显功能、隐功能、正功能、负功能等概念，进一步拓展了结构功能主义的概念，为结构功能主义理论分析范畴的构建提供了新的概念范式。默顿重视社会制度或结构对行动者的行为影响，他认为，社会价值观确定了整个社会追求的目标，而社会规范对采取的手段进行了规范，这是教育目标实现的依据。在社会系统中，如果社会结构变迁，文化结构与社会结构难以平衡，就会导致社会失范的出现，会进一步产生越轨行为，社会平衡被打破，社会运行产生失调，这时社会的负向功能就会产生。

第一，在《社会理论和社会结构》一书中，默顿对早期功能主义的三个假设进行了修正。这三个假设分别是功能统一性观点、功能普遍性观点和功能不可替代性观点。从总体上看，功能存在普遍性假定，这种普遍性假定会使处于社会系统中的分析者忽略负功能，并且，功能的不可替代性这一假设使人忽视功能的可替代性，这会使功能的分析结果出现偏差，功能的统一性注重对功能的共性进行分析，缺乏对不同功能的差异性分析。① 在此基础上，默顿提出了正功能、反功能、显功能、隐功能和功能替代等概念。默顿对功能一体性、功能普遍主义进行了深刻的批判，并在此基础上，提出了功能失调，也就是反功能概念。所谓反功能，是指项目在系统中的活动可能会出现难以调适系统的后果。② 在默顿的结构功能主义理论中，他极其强调制度、结构对个人行为的影响。

第二，默顿对塔尔科特·帕森斯的结构功能主义理论进行了批判。他认为塔尔科特·帕森斯的结构功能主义理论过于抽象，他在对塔尔科特·帕森斯的理论进行批评的基础上，基于中层理论建立起经验功能分析框架。基于中层理论，默顿以期打通宏观理论研究与具体实践分析之间的通道。同时，默顿还注重对实践经验的关注。默顿指出所谓中层理论，是由一系列假设组成的，通过这些假设进一步进行验证经验。③ 在默顿看来"社会价值观确立了社会的目标，社会规定明确了目标的实现手段，当目标与社会结构发生脱节时，社会失范就会产生，功能就会发生越轨行为"④。教育系统可以通过教育使人们形成一定的价值观念，承担一定的社会责任，促使教育系统与其他社会系统进行资源交换。

---

① 罗伯特·金·默顿. 论理论社会学 [M]. 何凡兴，等译. 北京：华夏出版社，1999.
② 罗伯特·金·默顿. 社会理论与社会结构 [M]. 纽约：自由出版社，1957.
③ 罗伯特·金·默顿. 社会理论和社会结构 [M]. 唐少杰，齐心，等译. 南京：译林出版社，2006.
④ 罗伯特·金·默顿. 社会研究与社会政策 [M]. 林聚任，等译. 北京：三联书店，2001.

4. 结构功能主义理论对教育功能的探讨

涂尔干首倡教育的社会化功能，他指出教育在于使年轻一代更系统地社会化。塔尔科特·帕森斯则指出教育的主要功能是社会化功能，他认为教育具有社会功能和选择功能两种基本功能，在这两种基本功能中，塔尔科特·帕森斯认为教育的主要功能是社会化功能。塔尔科特·帕森斯在《当代社会制度》一书中提出，最近已经有了一场"教育革命"，主要特点是将教育机会均等扩大，并且这场革命已经开始改变当代生活的整个结构，那种只靠自己努力而没有任何教育资格就能在经济上获得成功的人，越来越变成一种神话。① 塔尔科特·帕森斯还注重价值共识，他认为教育资格能决定一个人能获取什么样的工作，同时，也决定了一个人的职业、地位及收入。

在不同的社会，社会成员间都会有共同的价值，可以说每个社会都有共同的文化和价值共识。基于上述认识，塔尔科特·帕森斯认为教育的功能包括教育的社会功能和教育的选择功能。他将广泛价值、角色与角色结构和个人人格视为社会的组成成分，并将社会分成三个组成部分：文化体系、社会系统、人格系统。在塔尔科特·帕森斯看来社会是由文化、社会结构、知识和信念构成的，并且其中最重要的部分是广泛价值。因此，文化就是基于广泛价值而形成的信念；社会系统或社会结构就是社会角色的结构，即行为期望；人格系统是个人在社会化过程中的需求，文化系统控制社会系统，社会系统控制人格系统。② 在塔尔科特·帕森斯看来，教育的社会功能包括培养人的广泛价值，确保人们能够做他们承诺要做的事情，这就意味着人们必须通过教育的社会化来习得一定的技术和知识。塔尔科特·帕森斯对教育的选择功能也有论述，他认为学生开始应该被公正的对待，随后在学习过程中，通过学生自己的后天努力而形成，他们被依据成就中轴加以区分，分为高成就者、普通成就者和低成就者。

基于结构功能主义理论关于教育功能的部分，可以将教育的功能分为社会功能和选择功能，结构功能主义理论更注重教育的社会功能。教育的社会功能：第一是促进个体的个性化，即培养个体的人格、个性、兴趣、才能等，促进个体个性实现及差异化发展；第二是个体的社会化，即培养个体的沟通交往能力和促进个体适应社会。文化资本决定着教育者今后的职业、工资及社会地位，基于统一的价值，会形成一定的教育期望。教育的选择功能，结构功能主义认为在一定的社会历史时期，社会分层是不可避免的，他们认为学校的选择具有积极的意义，它使处于下层的群体为了向上流动，获得更高的社会地位，从而不断地获取文化资本，也就是获取学历，从而可以促进社会的发展及进步。

---

① 布列克里局，杭特. 教育社会学理论 [M]. 李锦旭，译. 台北：桂冠图书股份有限公司，1987.
② 布列克里局，杭特. 教育社会学理论 [M]. 李锦旭，译. 北京：桂冠图书股份有限公司，1987.

（二）对本书的启示

在中等职业教育理论领域，结构功能主义成为一种普遍的理论范式。对中等职业教育的社会学研究，更多体现的是功能论思想，对中等职业教育的经济功能、政治功能、个体功能等进行分析，或是对中等职业教育的社会化功能、社会分配功能等进行划分，都带有明显的功能论思想。近年来也有学者对教育研究中的结构功能主义范式提出了质疑，他们认为为了维护社会系统稳定而提供功能性服务，这种观点过于狭隘。① 所以，在借鉴结构功能主义理论时，对本书更多的是起到一个理论参照作用，并对本书的开展提供一定的分析思路。

第一，结构功能主义理论为我们理解中等职业教育的功能定位提供了一种分析理论框架。日本社会学会会长青井和夫指出由于结构功能主义理论的不确定性，以及结构功能主义理论过于抽象，因此，基于结构功能主义理论确立的结构功能分析方法在实际应用中存在一定的困难，将结构功能分析方法作为一种思维方法来构建相关研究的框架更为合适。② 不去具体地描述经验现象本身，而是从中等职业教育所处的教育结构入手，分析在经济社会转型过程中，现代职业教育体系构建与中等职业教育功能的关系，对中等职业教育功能定位进行分析。从价值层面入手，分析中等职业教育功能定位的价值取向；从结构层面入手，分析中等职业教育与经济社会发展及与现代职业教育体系的关系，试图分析中等职业教育与普通高中教育、高等职业教育和普通高等教育的关系；从功能层面入手，从就业、升学、育人的视角，分析中等职业教育的多元功能和中等职业教育发展定位的应然选择。这是一个从价值确立，到结构变迁，最终实现其效用的一个闭合通道，是一个循环的、螺旋式上升的过程。

第二，对中等职业教育功能的研究，格外关注中等职业教育功能的实际问题。因此，除了对中等职业教育功能进行宏观理论研究外，还要对中等职业教育的实际功能取向、功能过程、功能结果进行探究。正如罗伯特·金·默顿所言，在研究的过程中，除了要分析正向功能、显性功能，还应对负向功能、潜在功能进行分析。要关注、审视中等职业教育的负向功能及产生的后果，即当社会结构、教育结构发生变化，导致中等职业教育功能难以满足社会需求及个体需求时，所出现的系统失衡的状态，我们将其称为"功能失调"，这也是本书立足于"功能失调"现实问题来探讨中等职业教育功能定位的初衷。

二、教育病理学及其对本书的启示

教育病理学对教育异常现象的研究及对分析中等职业教育功能失调有一定的借鉴及启示意义，同时，教育病理学从家庭、社会和学校三个维度对教育功能失调的

---

① 谢维和. 教育活动的社会学分析：一种教育社会学的研究［M］. 北京：教育科学出版社，2000.
② 青井和夫. 社会学原理［M］. 刘振英，译. 北京：华夏出版社，2002.

分析，对中等职业教育功能失调的实践表征的分析，提供了具体的分析框架。

（一）教育病理学

教育病理现象是指在教育领域出现的异常现象。社会学家普遍重视对教育病理现象的研究。例如，迪尔凯姆在《社会学研究方法论》中曾指出，人们容易把两种不同的现象混淆在一起，一种是"应该怎么样"；另一种是"现实怎么样"，但是现实并没有呈现出这样的现象，我们将第二种现象称之为病态现象。[①] 迪尔凯姆提出的"社会失范"更是标准的社会病理现象，这种病理现象是由系统内外部的因素引起的。社会病理学理论形成于19世纪末到20世纪初。病理是社会发展过程中客观存在的一种社会现象，同样在教育领域也是如此。教育病理现象是指教育功能失调的现象，是由教育系统内外部的异常因素引起的。教育病理学就是研究教育失调现象和教育失调所产生的病态行为，教育失调的影响因素及教育失调的应对策略，会促进教育系统的调适，是促进教育系统与社会系统处于一个相对平衡的状态的一种理论。教育病理学的代表人物为新崛通也和大桥薰。

新崛通也认为，教育病理是教育过程中表现出来的病理现象，具体表现为教育功能失调，教育病理普遍存在于教育系统中，是教育发展的客观规律。他将教育病理分为两类：一类是教育性病理，是指源于教育的病理，是由于教育结果失调所产生的病理；另一类是病理性教育，是指与教育有关的病理，是由于外部条件的失调而导致教育病理的产生。[②] 他确立了判别教育病理的两个标准：第一个标准是价值性标准，指教育现象偏离一定的理念、规范；第二个标准是统计性标准，指偏离同类现象一般水平的教育现象。他还借鉴塔尔科特·帕森斯的结构功能主义理论，从职能和结构两个层面入手，对教育系统的功能和结构、社会系统职能和结构进行分析，指出职能不同于功能，职能是指促进目标的实现、促进功能的维持，是功能的实现；而功能是指系统结构所表现出来的客观功能，有正向功能和负向功能之分，并且受到内外结构的影响。依此理论对教育系统进行分析，把各个方面的顺机能和逆机能交织在一起构成了教育病理的向度，这是对教育系统内部及教育系统与其他社会子系统不平衡状态的一个描述（表1-2）。[③]

表1-2 教育病理的向度

职能方面	（目标实现） 效率—浪费	（自我维持） 统合—冲突
结构方面	（外部关系） 顺应—之后	（内部结构） 均衡—差异

---

① 爱弥儿·涂尔干. 社会学研究方法论 [M]. 胡伟, 译. 北京: 华夏出版社, 1988.
② 瞿葆奎. 教育与社会发展 [M]. 北京: 人民教育出版社, 1989: 555.
③ 瞿葆奎. 教育与社会发展 [M]. 北京: 人民教育出版社, 1989: 562.

大桥薰认为，教育病理的实质是教育实现过程中存在的异常现象，教育病理产生的原因是教育内外部条件的异常，使教育功能的实现受到阻碍，进一步产生了脱逸的失范行为，具体逻辑结构为教育的内外部异常因素导致的教育功能障碍，并通过失范行为表现出来（图1-1）。

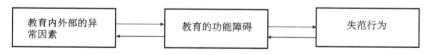

图1-1　教育病理的逻辑结构[①]

教育系统内外部的异常因素包括家庭、学校及工作场所带来的异常因素，从而导致教育功能障碍。教育的功能障碍表现为由于内外部因素的影响，导致教育者及受教育者的活动受到限制，导致教育目标的实现受阻，教育目的难以实现，并通过失范行为表现出来。失范行为是指一种与社会规范相偏离，不符合社会期待的行为。因此，在对教育病理的研究过程中，要在把握内外部影响因素的基础上，对失范行为进行分析，进一步确立教育的功能障碍。教育的功能障碍是在教育现场发生的，即教育实践过程中发生的。因此，大桥薰以教育现场为中心，建立了教育病理的分析框架，包括家庭、学校及社会在内的三大场所，对教育功能失调现象及影响因素进行深入分析。

（二）对本书的启示

1. 正确认识中等职业教育功能失调的性质

新崛通也指出，从某种意义上讲，几乎所有的社会现象都存在这样或那样的病理性质，因此，在一定范围内，存在病理现象是一种很正常的现象。正如人的机体会出现功能失调一样，作为一种社会活动的教育现象，出现病理现象及病理性质是正常的。同样，中等职业教育功能失调是教育病理现象的一种表现形式，是在中等职业教育系统与其他教育系统及社会系统互动中产生的一种病理现象，是客观的，也是不可避免的。自中等职业教育产生以来，我国中等职业教育功能的研究大多从价值层面、从应然状态出发，探究中等职业教育应该具有哪些功能，但缺乏对中等职业教育功能实现状态的关注，缺乏对中等职业教育功能失调的分析。事实上，中等职业教育地位的动摇及其发展中出现的诸多问题，都与中等职业教育功能失调有关，因此，中等职业教育功能失调这一病理事实亟须受到重视。

2. 深入探究中等职业教育功能失调的根源

中等职业教育病理的形成是有原因的，不容易被发现，既要从中等职业教育内部找原因，又要从中等职业教育外部找原因，包括教育结构及整个社会系统对中等职业教育功能的影响。既要从中等职业教育功能的结果中找原因，又要从中

---

① 张人杰. 国外教育社会学基本文选 [M]. 上海：华东师范大学出版社，1989.

等职业教育的功能取向及中等职业教育的功能行动中找原因,教育病理的动态和多重分析方法,对我们研究中等职业教育功能有一定的启示。我们要打破传统对中等职业教育功能单一、静态及应然的考察,从"过程—结构"的角度分析中等职业教育功能的应然状态,即对中等职业教育的功能失调及其结构根源进行分析。

三、职业教育民生思想及其对本书的启示

对教育与民生的关系有两种不同的理论:第一种理论认为,从存在论角度来看,教育即民生。随着经济社会的发展,人们生活水平不断提升,人们对教育的需求不断增长,全民接受教育、终身接受教育成为人们的教育需求。教育同就业等其他要素一样,本身就是民生的基本构成要素,具有民生的内涵和属性,教育通过在实际教学过程中通过传递教学内容,实现培养人、促进个体发展的目标,这本身就是民生实现的一种形式。第二种理论则认为,从目的论的角度来看,教育是民生之基,教育通过培养人,能实现人的就业、生活等基本需求,并促进人的全面自由发展,这是当前教育的基本向度。职业教育是与民生联系最为紧密的一种教育类型,职业教育本身就是民生的重要组成部分,并且,职业教育通过其就业等多种功能,对民生改善具有基础性作用。① 中等职业教育作为教育系统的重要组成部分,相对于普通教育而言,与经济社会发展的关系更为密切,尤其是与就业的关系更为紧密,这决定了中等职业教育本身就是民生的重要内容。并且,中等职业教育本身就具有民生功能。

(一)职业教育民生思想

1. 民生的内涵

《辞海》把民生解释为人民的生计。② 在西方没有民生一词,民生是我国特有的一种表述。孙中山把民生作为近代中国资产阶级三大纲领之一,并提出了三民主义的思想,他指出"民生就是人们的生活及生产活动。"③ 吴忠民教授认为,民生有广义民生概念和狭义民生概念之分。广义上的民生概念是指凡是同民生有关的事情都属于民生范围内的事情;狭义上的民生概念主要是指广大平民的生存状态及生活状态,以及广大平民的发展机会、发展能力、基本权益等状况。④ 在社会发展的新阶段,中国民生问题是指在特定历史阶段,也就是经济社会转型期,广大人民群众最关心的问题,包括收入问题、就业问题、社保问题、住房问

---

① 蔡新职,王梓林. 中国职业教育民生溯源与创新 [J]. 职教通讯,2018 (07):6.
② 李金奇,袁小鹏. 教育民生论 [M]. 北京:教育科学出版社,2015.
③ 孙中山选集 [M]. 北京:人民出版社,1981.
④ 李晓宏. 走向民生新时代:访中共中央党校社会学教研室主任吴忠民 [N]. 人民日报,2009 (09):07.

题、医疗问题、教育问题这六大问题。① 要理解民生的概念首先需对"民"这个概念有清晰的认知。民生中所提及的"民",包含两方面意义,一方面,"民"是指广义的人民大众,即指所有的人民;另一方面,"民"是指狭义的人民,这里"民"是指与"官"相对应的被统治的人,具体指以有生计之忧的社会弱势群体为重点的广大普通民众,但是并非特定的社会群体。② 从这里可以看出,当前在经济社会中所提及的民生概念以及国家政策层面所提及的民生概念,与民生的狭义概念内涵相一致。因此,在本书中,采取狭义的民生概念,将民生界定为,民生是对广大人民基本生活需求的满足,对人们基本社会权益的诉求,民生涉及就业、生活、住房、人民生存和发展等方方面面。

2. 教育民生思想和职业教育民生思想

本书主要对马克思的教育民生思想、我国古代的教育民生思想、孙中山的教育民生思想、民主义教育观、平民主义教育观及中华人民共和国共产党人的教育民生思想进行分析论述,这些都是教育民生思想及职业教育民生思想的基本理论来源与思想基础。

(1) 马克思的教育民生思想

马克思的相关著作中包含其教育民生思想,马克思的教育民生思想是教育民生思想的重要理论基础。马克思主义提出的教育与生存劳动相结合的思想在今天也对教育发展乃至职业教育发展具有重大影响,在提高文化素质的基础上进行劳动技术教育。马克思指出,通过劳动技术教育提高整个民族的思想道德素质、科技文化素质及个体的身心素质。同时,马克思还指出通过教育与生存劳动相结合,培养个体的综合素质是促进人的全面发展的重要途径。马克思的教育民生思想关注现实的人的生存及发展的需求,教育的目的在于促进个体的全面发展,促进民生幸福,为我国中等职业教育的民生思想发展提供了一定的启示和借鉴意义。

(2) 我国古代的教育民生思想

教育从古至今就是民生的重要组成部分。例如,孔子提出的"庶富教",这是对教育民生思想的具体表述,他认为教育对提高国民素质,促进社会发展具有重要意义,孔子还提出"有教无类",认为教育应该面向全体人民,最大限度地体现了教育公平。在孔子之后,孟子、荀子、墨子对民生教育思想进行了论述,墨子重视生产劳动教育和科学技术教育,对中等职业教育民生的发展具有积极的借鉴意义。

(3) 孙中山的教育民生思想

20世纪20年代,孙中山先生对民生的内涵有了新的理解。他将民生思想上

---

① 黄家骅. 民生问题的研究视角与指向 [J]. 中共福建省委党校党报, 2008 (06): 46-51.
② 容庚, 容肇祖, 容媛. 商周秦汉文字(甲骨文编)[M]. 北京: 国学出版社, 1925.

升到民生主义的基本范畴，基于对民主主义的了解和分析，提出了三民主义和新三民主义，都体现了其民生思想。孙中山先生对民生的内涵进行了分析，他指出民生的核心是人民的生存问题和人民的发展问题；他还提出"民生就是社会一切活动中的原动力"。①

（4）民本主义教育观

民本主义教育观是在对民生主义理论进行借鉴的基础上，对其内涵进行一定的超越，所产生的一种教育观。民本主义是民生思想的重要理论源头，对探讨职业教育民生思想具有一定的启示。民本主义教育观坚持以民为本，正是由于民本主义理论的产生催生了中等职业教育，并将中等职业教育作为一种通过促进人民就业，改善人民生计的教育类型。民本主义教育更注重以广大人民为教育活动的主体。民本主义教育的开展以满足广大人民的需求为教育目的和教育开展的前提，通过培养人民的素质，提升人民的知识和技能，满足人民生存的需要和发展的需要。②

（5）平民主义教育观

平民主义教育观坚持教育面向全体人民，教育以关注广大平民的现实需求为基础和前提。平民主义教育观力图打破阶层的限制，以实现人人受教育的目的，保证包括广大弱势群体在内的人人都能享有受教育的机会，是对传统民本主义教育观的进一步发展。平民主义教育观是现代工业革命发展和民主社会主义建设的产物。杜威的平民主义教育观对平民主义教育观影响深远，杜威指出，教育事业应该为全体人民着想，教育应该为平民的教育，而不是少数贵族阶级及具有特殊势力的人的教育。③基于对杜威平民主义教育思想的分析，对平民主义教育观的内涵进行了解。一方面，教育对象面向全体平民，包括弱势群体在内的广大平民；另一方面，教育方式的大众化，这也是平民主义教育观对传统民本主义教育观的发展，通过做学合一的方式，更注重动手能力，强调教、学、做的统一，这种教育方式更适合大众。

（6）中华人民共和国共产党人的教育民生思想

我国共产党人始终坚持全心全意为人民服务的宗旨，教育事业坚持"以人为本"，这是新时期民生建设的要求。2003年12月，在第一次全国人才工作会议上，正式提出"以人为本"的人才观。④"以人为本"是我国教育发展的指导思想，从21世纪产生之初，不断发展，到今天，已经成为我国教育发展的指导思

---

① 孙中山选集［M］. 北京：人民出版社，1981.
② 李金奇. 教育民生论的发生解读［J］. 高等教育研究，2013（11）：21.
③ 单中惠，王凤玉. 杜威在华教育演讲［M］. 北京：教育科学出版社，2007.
④ 胡锦涛在全国人才会议上的讲话［EB/OL］. http：//www. gov. cn/jrzg/2010 - 05/26/content_1614224. htm，2010 - 05 - 27/2019 - 01 - 02.

想。"以人为本"思想在具体实践过程中,通过民生功能体现出来,是民生功能实现的重要指导思想。在党的十七大上,首次将教育纳入民生建设,并把教育列为就业、收入分配、社会保障、公共卫生、社会管理等社会事业和民生要素之首。① 随后,在党的十八大报告中提出,"努力办好人民满意的教育、推动实现更高质量的就业、千方百计增加居民收入、统筹推进城乡社会保障体系建设、提高人民健康水平、加强和创新社会管理"的方针,并将其作为以保障和改善民生为重点的社会建设六大任务,进一步肯定了教育的民生功能。在党的十九大报告中,明确提出党的一切工作必须以广大人民的根本利益为最高标准,要"不断满足人民日益增长的美好生活需要""努力办好让人民满意的教育"②,进一步肯定了教育的民生功能。一方面,教育作为民生的重要组成部分,教育质量的提升,本身就是民生改善的过程;另一方面,教育具有培养人、促进人们就业、改善人们生活水平的作用,通过教育,促进人的全面发展,教育通过人才培养,实现其民生功能。

在探索走中国特色职业教育发展道路的过程中,我国始终坚持"以人为本"的指导思想,坚持全心全意为人民服务的宗旨,肯定职业教育民生思想在经济社会发展中发挥的巨大作用。

(二)职业教育民生思想对本书的启示

1. 中等职业教育是民生功能的重要组成部分

中等职业教育作为与经济社会发展联系最为密切的一种教育类型,本身就是民生功能的重要组成部分,能满足广大人民群众接受教育的需求。普通高中教育作为一种精英教育、选拔教育,其教育面向较为狭窄,其功能有限。中等职业教育的平民性决定了中等职业教育作为普通高中阶段教育的重要组成部分,满足广大人民群众接受高中阶段教育的需求。

2. 民生功能也是现阶段中等职业教育最重要的功能

现阶段,随着产业结构升级转型对高层次技术技能型人才需求的不断提升,中等职业教育的就业功能受到冲击,同时,中等职业教育的升学功能远不及普通高中教育的升学功能。民生功能为中等职业教育的功能定位指明了新的发展方向和思路。中等职业教育的民生功能决定了其面向的群体是广大平民,尤其是社会弱势群体,肩负着促进农村劳动力转移和培养新型职业农民的重任。因此,中等职业教育的对象是广大的"问题学生",在促进社会稳定方面,中等职业教育也起着独特的作用。

---

① 张学文. 教育综合改革应由"教育工具论"向"教育民生论"转型:"十八大"报告"努力办好人民满意的教育"之学理解读 [J]. 清华大学教育研究, 2013 (01):39.

② 习近平. 决胜全面建成小康社会,夺取新时代中国特色社会主义伟大胜利:在中国共产党第十九次全国代表大会上的报告 [N]. 人民日报, 2017-10-28 (01-05).

3. 确立本书的教育价值取向

教育民生思想的提出，为整合中等职业教育的社会功能和育人功能提出了全新的视角，教育民生思想实质上是以人为本思想的重要体现，以中等职业教育的民生功能整合社会功能与育人功能。中等职业教育的功能定位需要以一定的价值取向为指导，本书借鉴教育民生思想，对中等职业教育的民生属性进行探究，在此基础上确立了中等职业教育的民生价值取向。中等职业教育以广大平民为教育对象，中等职业教育要满足广大平民的生存、发展乃至获得幸福生活的需求，促进个体的全面发展和个性化发展。同时，民生教育思想是坚持人本主义价值取向在中等职业教育问题上的具体体现，并将关注和改善包括广大弱势群体在内的普通民众的教育问题作为中等职业教育的战略重点和突破点。

我们在借鉴结构功能主义理论、教育病理学和职业教育民生思想的时候不应该忘记，任何范式大多只能起到理论参考的作用。正如马克斯·韦伯所言："建立起来的规律的确能够发挥某种类似词典的作用，但也仅此而已。"① 因此，上述理论为本研究的开展提供了一定的思路，本书基于上述相关理论，结合我国经济社会发展的特点及现代职业教育体系构建的客观需求，在立足理论框架的本土适应性和现实可行性的基础上构建中等职业教育功能定位的立体、动态分析框架。

第二节 中等职业教育功能定位的基本框架

某一学科在经济社会发展中要发挥巨大作用，首先要彻底摆脱这一学科存在的理论不清的困境，从理论分析入手，对学科进行高度概括、提炼和抽象。② 因此，理论的合理性和抽象性是对实践指导的前提和基础。基于上述对结构功能主义理论、教育病理学及职业教育民生思想的分析，对本书框架的确定提供了思路。首先，明确中等职业教育功能定位的逻辑起点，这是本书理论研究的出发点；其次，选取现代职业教育体系为切入点，对中等职业教育功能定位进行分析，确定本书的思路；再次，基于"结构—过程"分析，确定本书的功能取向、功能行动、功能结果的功能形成过程及功能失调与调适的动态演变过程；最后，基于结构与功能的关系，分析中等职业教育功能失调的结构根源，包括中等职业教育内部结构根源及中等职业教育外部结构根源。在弄清中等职业教育功能现状及结构根源的基础上，分析中等职业教育功能定位的应然样态，并提出实现策略，构建出中等职业教育立体、动态的分析框架。

---

① 马克斯·韦伯. 社会科学方法论 [M]. 韩水法，等译. 北京：中央编译出版社，1999.
② 王健. 教师教育学的逻辑起点探析 [J]. 教师教育论坛，2014 (08)：6.

一、逻辑起点:"整合"

逻辑起点是一种抽象之物,是对任何一门学科进行研究的出发点,① 对理论指导及实践分析都具有重大的意义。

(一) 逻辑起点的概念及内在规定性

"逻辑"一词起源于希腊语"Logos",其原意为思想、概念、理性等,是一个哲学概念。② 严复在其著作《穆勒名学》中,将其首译为"逻辑"。③ 哲学界、教育界对逻辑起点都进行了深入的研究并将其与学科发展相结合。黑格尔在《逻辑学》一书中对逻辑起点提出三条质的规定性。④ 第一条,他认为逻辑起点是一个最简单、最抽象的规定,逻辑起点不以任何事物为前提,也不以任何事物为中介。第二条,逻辑起点是对事物的本质进行研究,是整个体系得以建立的根据和基础,并通过概念的逻辑推演和展开表现出来。第三条,逻辑与历史相统一,逻辑起点同时也与历史上最初的东西相一致,回归事物最原始的规定。总的来说,逻辑起点就是回归事物本质的规定及最原始的关系。

在本书中对逻辑起点的内涵理解如下:

①逻辑起点应该是最简单的概念。

②概念起点应该是最抽象的概念,在逻辑上是思维对象具体化的抽象。

③逻辑起点与历史起点具有一致性,即逻辑和历史是一致的。逻辑开始之处实为真正的哲学史开始之处。⑤

④逻辑的起点与终点是辩证统一的。

(二) 中等职业教育功能定位的逻辑起点:"整合"

英国著名教育家洛克说:"每个人的心理是不同的且具有一定的特色,如同一个人的面孔"。⑥ 中等职业教育功能定位的逻辑起点是中等职业教育的特色所在,中等职业教育功能定位区别于其他类型的教育、其他层次教育的功能定位。探讨中等职业教育功能定位的逻辑起点,实质就是确定中等职业教育的理论出发点及确定中等职业教育最基本的理论前提的过程,从而构建一个按照逻辑顺序展开的和涉及一定范畴的理论体系。借助逻辑科学来探讨中等职业教育功能定位的基本理论问题,是着实必要而且可能的。任何一种理论的形成都是对其逻辑起点的不断丰富和完善,只有基于此基本理论框架才得以搭建起来。逻辑起点作为中

---

① 刘旭东. 也谈教育学体系的逻辑起点:兼与刘晖、王箭同志商榷 [J]. 教育理论与实践, 1988 (01): 55.
② 王健. 教师教育学的逻辑起点探析 [J]. 教师教育论坛, 2014 (08): 6.
③ 马君. 职业教育学导询 [M]. 北京: 中国人民大学出版社, 2014.
④ 王健. 教师教育学的逻辑起点探析 [J]. 教师教育论坛, 2014 (08): 6.
⑤ 黑格尔. 小逻辑 [M]. 贺麟, 译. 北京: 商务印书馆, 1980.
⑥ 约翰·洛克. 教育漫话 [M]. 傅任敢, 译. 北京: 教育科学出版社, 1999.

等职业教育功能基本理论框架得以搭建完成的最初的规定与出发点。

对我国中等职业教育功能定位的逻辑起点进行探究，不可避免地烙上中国教育实践逻辑的印记。中等职业教育的功能定位，对其通俗的理解是客观的中等职业教育对教育主体的作用，表现为主体对客体的需要及客体对主体的满足。

1. "整合"的内涵

（1）从哲学意义分析

客体对主体的满足即表现为价值，是个体对主体的需要而促使主客体之间形成的一种关系。因此，中等职业教育的价值由主体及其需要所决定，中等职业教育的功能主体包括社会和人，中等职业教育的功能定位于满足社会发展的需求和个体的需求。在此基础上，形成了两种功能逻辑，社会功能逻辑和育人功能逻辑。本书采取"整合"的思路，"整合"这两种职业实践发展逻辑，其实质是整合社会发展需求和个体发展需求。所谓"整合"，就是将不同的事物通过一定的方式，进行重新组合，从而构成一个新的系统，这个新的系统不同于原有的系统，它具有全新的功能。中等职业教育功能定位要"整合"社会需求和个体需求，"整合"育人功能与社会功能，确立正确的教育价值取向，这是中等职业教育功能定位的起点。

（2）从教育层面分析

"整合"具有两方面的意义，将职业教育与普通教育"整合"。之所以提出"整合"这个概念，是因为还存在着"未整合"这个概念，现阶段我国教育体系与普通教育体系处于互补沟通的"两轨"，亟须"整合"，以此来促进二者的沟通，实现职业教育与普通教育的等值。中等职业教育具有教育性与职业性，并不断分化出多种功能，"整合"就是将中等职业教育的教育性与职业性"整合"，实质就是将中等职业教育的升学功能与就业功能"整合"，使之形成符合社会发展和个体需求的中等职业教育功能定位。

（3）从社会学角度分析

"整合"是职业教育功能定位研究的思维方式，对中等职业教育功能的研究，其实就是一个"整合"的思维过程，"整合"多元主体的多样价值取向。"整合"中等职业教育的功能与其内外结构，使中等职业教育的功能与内外结构处于一个相对平衡的动态状态，从而促进功能的实现，确保中等职业教育系统内部的平衡，以及中等职业教育系统与社会系统的动态平衡，同时，结构也在不断趋于完善，促进现代职业教育体系的构建，促进社会的动态平衡。

2. "整合"既是中等职业教育功能定位的"起点"也是"终点"

逻辑起点的内在规定性要求起点和终点要辩证统一，中等职业教育的起点是培养人，终点是促进人的全面发展，这就需要对中等职业教育的社会功能与育人功能进行"整合"，回归中等职业教育的育人本质。中等职业教育产生之初，将促进人的实践技能发展、促进就业，作为中等职业教育功能的首要目标。随着经济社会的发展，人们需求的不断提升，中等职业教育促进人的智力发展的要求也逐步体现。其具体表现在，中等职业教育的升学功能不断发展，人本主义思想逐渐成为教育发展的主导思想，中等职业教育的价值取向开始由关注社会转向关注作为生命个体的人，民生功能也不断发展。随着社会的发展，中等职业教育"整合"社会功能、育人功能、就业功能、升学功能，最终目的就是使促进人的全面发展的功能凸显，这也是当代意义上促进人的发展的含义，即促进人的全面发展，这正体现了起点与终点的辩证统一。

综上所述，人和社会作为中等职业教育功能的双重主体，二者对中等职业教育的需求满足程度即中等职业教育的价值取向，形成中等职业教育价值观，不同的中等职业教育价值观又外显为不同的中等职业教育功能。因此，我们认为中等职业教育的功能应该是育人功能和社会功能。然而，从社会学的视角看，我们需要对中等职业教育的价值取向进行"整合"，确立中等职业教育的功能观。

（三）"整合"社会功能与育人功能：确立民生价值取向

中等职业教育的双重功能主体决定了中等职业教育的基本功能——育人功能和社会功能，以期对二者进行"整合"，既能满足个体全面发展的需求，又能满足经济社会发展的需求。从根本上来说，二者是可以实现一体化发展的，无论是促进经济社会发展，还是促进个体的全面发展，都要借助发展的人这一中介来实现。并且，当经济社会发展到一定阶段，经济社会的发展需求和个体全面的发展需求就会走向统一。因此，中等职业教育的个体功能和社会发展功能在层次和地位上具有差异，中等职业教育的育人功能是本体功能，居于主体地位，中等职业教育的社会功能是衍生功能。但是，中等职业教育的育人功能是一个长期过程，其最终目的是促进人的全面发展，育人功能需要借助社会功能来实现，同时，中等职业教育的社会功能是育人功能的外在体现。因此，没必要将中等职业教育的社会功能和育人功能看成两个相对矛盾的概念。社会功能是从中等职业教育特性的角度分析中等职业教育对经济社会发展的作用；而育人功能则是从教育的本体功能分析了育人是中等职业教育的最终目的。基于此，我们对中等职业教育的社会功能与育人功能进行"整合"，回归中等职业教育功能定位的逻辑起点，进一步明确中等职业教育的价值取向。

本书秉持的教育价值取向是本书立论的前提假设。本书在教育的社会功能中离析出教育的民生功能，也正是希望能更好地认识与解决这个问题，促进中等职业教育育人功能的落实。首先，本书认为，中等职业教育有多种功能，在实践中应使中等职业教育的各种功能充分发挥，各种功能在中等职业教育实践中也有着不同的地位和作用。但是，中等职业教育的各个功能之间有一定的限度，各功能要在各自的限度及范围内发挥作用，一旦超越这种边界和限度，就会使中等职业教育的功能失调，导致各功能之间的关系混淆。其次，本书认为，中等职业教育的诸多功能总的来说可以分为两大类，一类是满足个人利益的需求；另一类是满足国家经济社会发展的需求。毋庸置疑，育人功能是中等职业教育的首要目标和基本功能，这是教育本质属性的体现。如何平衡国家经济社会发展的需求和个人利益的满足，促进二者利益的实现，是中等职业教育发展面临的重要方向性问题。最后，本书认为，中等职业教育的基本功能是促进人的全面发展和可持续发展，需要借助促进国家经济社会发展和促进个人利益来实现。因此，中等职业教育需要统筹国家经济社会发展的需求和个人需求，在制定相关制度时要向满足个人需求发展的方向倾斜，尤其是向广大人民群众的利益方面倾斜，满足广大人民群众获得公平教育和基本生存条件的需求，力图实现个人发展需求同国家发展需求的统一。

确立中等职业教育民生价值取向，体现了中等职业教育为服务社会发展与服务个体发展相结合的目标。中等职业教育的育人功能受到重视，民生功能的兴起就是育人功能在中等职业教育功能发展中占据主导地位的重要体现，中等职业教育更关注广大人民群众的需要，同时民生功能也是育人功能与社会功能"整合"的桥梁，是育人功能在新时代的一种重要表现形式。然而，在"整合"中等职业教育的社会功能与育人功能的基础上，提出了民生功能的价值取向，对中等职业教育的社会功能、育人功能及民生功能有了一定的了解。但是，从社会学角度来看，这种划分未能全面反映中等职业教育的实际功能，同时，这种功能只是对中等职业教育功能静态和横断式的分析。要整体了解中等职业教育的功能及价值取向，进一步明确功能是"怎么形成"和"怎样释放"的，还必须对中等职业教育功能的演变进行动态的分析。吴康宁教授关于教育功能的研究对此有极大的启发意义。

二、分析思路：以构建现代职业教育体系为依托

前文对中等职业教育功能定位的逻辑起点进行了分析，进一步"整合"了中等职业教育的社会功能与个体功能，是中等职业教育功能定位的逻辑起点，功能的"整合"，必然要依托一定的结构。现阶段，我国正处于经济社会转型期，中等职业教育作为一种"断头教育"，已经难以满足经济社会发展及个体发展的需求。这一时期，现代职业教育随着经济社会转型产生，同时，催生现代职业教育体系的构建与完善，以期选取现代职业教育体系为研究的切入点，对中等职业教育的功能进行分析，确定本书的研究思路，对现代职业教育体系为切入点的可行性和必然性进行分析，以及对现代职业教育体系与中等职业教育的耦合性进行分析。

（一）以现代职业教育体系为研究视角的可行性与必然性分析

现代职业教育体系为本书的研究视角，是社会结构和教育结构变革的必然选择，同时，为"整合"中等职业教育的宏观教育理论与微观教育实践提供了新的思路。

1. 社会结构变革和教育结构变革的必然选择

从社会系统来看，经济社会转型催生了现代职业教育体系的不断完善和发展。教育总是处在一定的社会结构中，对中等职业教育功能的研究要基于一定的教育结构及社会结构。事实上，现代职业教育体系的产生与不断完善是伴随工业化生产而来的，因此，现代职业教育体系是中等职业教育功能定位分析的重要依据。从教育系统来看，中等职业教育是现代职业教育体系的重要组成部分，二者互为结构与功能。选取现代职业教育体系为本书的研究视角，基于现代职业教育体系与中等职业教育功能之间的关系，对中等职业教育的功能定位进行具体分析。

现代职业教育体系与中等职业教育的功能定位具有耦合性，基于结构功能理论两对基本的概念范畴：价值与功能、结构与功能的分析。一方面，二者具有相同的价值取向，均追求社会功能与个人功能的整合；另一方面，二者互为结构与功能，现代职业教育体系的多样特征，其性质多样，结构也具有多样化的特征，促进中等职业教育多元功能的实现。同时，现代职业教育体系多样化的实现也需要借助中等职业教育功能多元化来实现，现代职业教育体系内部的衔接与普通教育的互通，与劳动力市场的沟通需要借助中等职业教育实现，二者互为结构和功能。因此，社会结构变革催生教育结构变革，社会结构、教育结构的变革，决定了应选取现代职业教育体系为切入点，对中等职业教育功能定位进行深入分析。

2. 有利于整合宏观教育理论与微观教育实践

对中等职业教育功能定位的研究，从宏观理论层面探究得比较多，微观实证研究比较少。借鉴莫顿的中层理论，整合宏观理论探究与微观实证研究的鸿沟，以期从中观层面探究中等职业教育功能定位的问题。

中等职业教育在现代职业教育体系中处于基础地位。现代职业教育体系的内涵即普职互通、中高职衔接和终身教育理念。普职互通、中高职衔接都离不开中等职业教育，中等职业教育的功能定位决定了普职互通、中高职衔接的可能性。

首先，普职互通的实现离不开中等职业教育。普职互通包括中等职业教育与普通高中教育的互通，尤其是以中等职业教育与普通高中教育的互通为重点。在高中阶段，学生还未定性，可能学生在接受普通教育或者接受职业教育后，会进一步改变自己的想法，这时，普职互通就显得尤为重要，中等职业教育的功能定位在体现职业性的同时，还要注重加强学生的理论知识，为普职互通提供可能。

其次，中高职衔接离不开中等职业教育。中等职业教育的功能定位直接决定普职互通的可能性，因此，中等职业教育的功能定位要注重中等职业教育的升学功能与职业基础教育的功能，尤其是在其培养目标的定位上，既要培养学生的知识学习能力，使其继续进行升学教育成为可能，又要注重学生专业知识的培养，注重课程建设、专业设置与高等职业教育的衔接。

最后，终身教育的实现离不开中等职业教育，现代职业教育体系体现终身教育理念，中等职业教育不仅要定位于一种就业教育，还要定位于满足人的职业生涯发展的需求和终身发展的需求，实现中等职业教育功能定位的多元化。

借助现代职业教育体系，尤其是对现实层面中等职业教育功能失调进行探究，从中等职业教育的内外结构入手，对中等职业教育功能失调的结构根源进行分析。中等职业教育功能的调适及功能定位的实现，最重要的就是构建一个结构完整、内外部衔接沟通和体现终身教育理念的现代职业教育体系，这是中等职业教育功能实现的重要依托和保障，现代职业教育体系的构建有利于促进职业教育与普通教育的等值，推动"三百六十行，行行出状元"观念的实现，扭转人们追求普通教育的观念，这是中等职业教育功能定位实现的前提和基础。

（二）现代职业教育体系与中等职业教育功能的耦合性分析

从结构功能理论的角度，分析现代职业教育体系的构建离不开相应的结构。同样，中等职业教育功能的实现也离不开其结构，离不开现代职业教育体系，现代职业教育体系下中等职业教育功能是多元的。所谓耦合性，是指在系统中，不同事物之间的依赖程度，通常通过对内聚性来分析一个事物与另一个事物的耦合性。现代职业教育体系与中等职业教育功能具有耦合性，具体体现在：第一，中等职业教育作为现代职业教育体系的一部分，二者互为结构与功能；第二，现代职业教育体系的多样性与中等职业教育功能多元化的耦合。

1. 现代职业教育体系特征多样

现代职业教育体系特征多样。现代职业教育体系具有开放性、完备性、发展性、灵活性四个特征。

（1）开放性

现代职业教育体系的开放性主要是指系统内部与系统外部环境的沟通。首先，对经济社会系统的开放，现代职业教育体系适应经济社会转型对技术技能型人才的需求，满足经济社会发展的需求；其次，对受教育者的开放性，现代职业教育体系面向人人，要实现人人成才，多样化成长的目标；最后，职业教育作为一种类型教育，现代职业教育体系对其他类型教育开放，推动职业教育与普通教育、职业教育与职业培训的互动，实现全日制教育与非全日制教育、学历教育与非学历教育的一体化发展。

（2）完备性

建立从初等职业教育、中等职业教育到高等职业教育健全的职业教育层次体系。同时，高等职业教育体系不断完善，包括专业层次、本科层次、研究生层次乃至博士层次的贯通，并建立相应的学历制度体系。基于此，要完善从初级工、中级工、高级工、技师、高级技师到卓越工程师的职业资格体系，促进职业教育学历制度体系与资格制度体系的互通，打通人才成长的立交桥。

（3）发展性

职业教育体系随着经济社会的发展，其体系结构及类型结构不断完善，包含职业预备教育、职前教育、职后培训的贯通。并且，现代职业教育体系理念不断更新，终身教育理念逐渐成为现代职业教育体系的指导思想。

（4）灵活性

国家职业资格框架不断完善，招生就业制度不断变革，人们可以随时进入现代职业教育体系学习，并基于国家职业资格框架，实现在职业教育轨道与普通教育轨道之间的自由切换。同时，职业教育体系内部的衔接也更加顺畅，职业教育体系的功能更加多元化，满足个体多样化的教育需求及终身学习的需求。

2. 人的需求呈现多样性

我国正处于经济社会转型期，生产力不断发展，这使人的价值取向发生变化，需求呈现多样性。其主要表现在：人的需求由生存需求转为发展需求和对幸福生活及自我实现的追求。由于经济社会转型在我国的特殊性与复杂性，区域发展的差异性及经济社会发展的不平衡性，导致不同区域生产力发展差异巨大，不同区域人的需求也不同。在广大欠发达地区，人们对生存的需求占据主导地位，对接受高中阶段教育和对能够习得技能、顺利就业、基本为生存性需求。在广大发达地区，中等职业教育具有就业功能、升学功能、职业培训功能等多种功能，人们希望通过接受职业教育实现转岗的需求，实现个体生涯发展的需求，实现个体终身发展的需求。然而，在现实层面，中等职业教育作为"断头教育"，难以满足人们生存、发展乃至幸福生活的需求。因此，基于现代职业教育体系的构建，中等职业教育多元化功能的实现成为可能。

3. 耦合性分析

一方面，中等职业教育多元化功能的实现需要借助现代职业教育体系。以往中等职业教育注重其单一的教育功能，具体体现在，中等职业教育在建立之初，注重其就业功能，将中等职业教育等同于就业教育。但随着高等职业教育的发展，高等教育的大众化，受教育者对高层次教育的需求，中等职业教育的功能定位更趋向于升学教育。中等职业教育无论是定位于就业教育，还是定位于升学教育，单一的功能定位都不利于中等职业教育的发展，也不利于人终身发展的需求，尤其是在社会转型期，中等职业教育功能定位呈现多元化的趋势，人们逐渐认识到需要统筹国家经济社会发展的需求和人的多元化的需求。中等职业教育功能多元化的实现需要借助现代职业教育体系，现代职业教育体系具有开放性、完备性、发展性、灵活性，打通了中等职业教育与高等职业教育之间的通道，促进了职业教育与普通教育之间的互通。

因此，我们旨在将结构功能主义理论引入中等职业教育的功能分析框架中，以逐步建构起现代职业教育体系下中等职业教育结构变迁与功能转型的分析框架。在确立以现代职业教育体系为研究的切入点和重要依托后，对中等职业教育功能进行动态分析，对中等职业教育功能进行动态分析，是中等职业教育功能定位实现的基础。

三、动态分析：功能的过程分析

吴康宁教授在关于教育功能的研究中，提出了教育功能的动态分析框架，为中等职业教育功能的动态分析提供了思路，值得借鉴。他认为教育功能的形成是一个动态的过程，包括教育功能取向确立、教育功能行动发生、教育功能结果产生。吴康宁教授指出，教育社会功能的形成受到教育和社会两方面因素的制约，教育结构因素和社会结构因素影响教育功能取向，进一步影响教育行动，最终导致教育结果的产生，教育结果可能是正向功能，也可能是负向功能。这实际上揭示了两个事实：第一，教育功能结果是客观存在的，可能是正向功能，也可能是负向功能，教育产生负向功能的可能性存在于教育社会功能形成的整个过程中；第二，教育社会功能的形成过程的展开是有一定的顺序的。[①] 虽然吴康宁教授论述的是教育社会功能的实现过程，但对中等职业教育功能的研究依然具有普适性指导意义。我们将中等职业教育功能的实现过程分为三个环节，即确立功能取向、采取功能行动和实现功能结果。首先，中等职业教育功能主体包括社会和个体的"双主体"，整合社会需求和个体需求是中等职业教育功能研究的逻辑起点，确立本书的中等职业教育价值观，不同的中等职业教育价值观外显为不同的中等职业教育功能取向；其次，中等职业教育功能取向的具体表现及功能结果的实现需要借助一定的实践活动，将其称为中等职业教育功能行动；最后，中等职业教育功能在现实的发挥情况称为功能结果（图1-2）。

图1-2 中等职业教育功能的形成过程

（一）功能取向

中等职业教育的功能取向，即功能的价值取向，不同的中等职业教育具有不同的功能主体，不同功能主体在中等职业教育活动中存在不同的价值选择及价值追求。由于中等职业教育功能主体的不同，包括社会和个体双重功能主体，具体到功能取向，可以表现为个体取向和社会取向。

社会价值取向以满足经济社会发展需求作为中等职业教育的唯一价值，缺乏对人的自我价值的关照。然而，社会价值取向会导致中等职业教育的片面和工具化发展，将其促进就业功能作为唯一功能，容易使受教育者成为片面发展的人，产生"劳动异化"，这不符合人的全面发展的需求。因此，中等职业教育不能以促进技术技能培养为主要活动，不能以就业作为唯一功能。在我国，中等职业教

---

① 吴康宁. 教育社会学 [M]. 北京：人民教育出版社，1998.

育的社会功能处于主导地位,而中等职业教育的育人功能却总是处于依附地位,出现社会功能对育人功能的僭越。我们可以清晰地认识到,以社会需求来认识与定位教育功能取向,是现阶段我国中等职业教育功能发展的主导功能观,不同时期立足于整体利益的社会发展一直都是教育主体,在特定的历史发展时期具有重要的意义,然而现阶段也要特别关注教育的社会功能,这是中等职业教育功能的重要方面。

人本主义价值取向是把个人的自由个性发展作为中等职业教育的出发点和落脚点。育人功能是人本主义价值取向的体现,从根本上来讲,就是要促进个体全面而自由地发展。教育的育人功能着重从整个人类发展的层面出发,面向整个人类提出笼统、宏观的教育价值取向。这种宏大的教育价值取向难以落地,在实际执行中,缺乏具体执行的步骤和方式,且缺乏对人作为一个生命个体的关照,人作为一个生命个体,必然会有需求,人的需求也是需要重视和不断关照的。尤其是在经济社会迅速发展的今天,人的需求呈现多样化、复杂化的趋势,中等职业教育要对弱势群体的需求给予特别关注。

综上所述,随着经济社会的不断发展,虽然人本主义价值取向日益突出,但相较社会本位价值取向而言仍处于劣势地位。中等职业教育价值取向与功能密切联系,在某个时期和某种社会环境下,某个人或群体会比较偏重某种取向,重视某种功能,这是正常的。而如果价值取向过于片面或只强调某个方面或某种功能而忽视甚至贬抑其他功能,就会出现功能偏差。民生价值取向的出现为整合社会价值取向和个体价值取向提供了可能。

(二) 功能行动

功能实现是一种过程,我们将在中等职业教育实践中,对中等职业教育功能结果有重要影响的活动称为功能行动,包括教育制度、教育结构的确立、教育模式、招生、升学、就业等。教学是中等职业教育系统最基本的活动过程,中等职业教育不同于普通教育的办学模式、课程内容及教学活动,这决定了中等职业教育功能的特殊性,体现了技术技能的传授及职业发展的相关内容。另外,从社会学角度来看,招生、就业、文凭及资格证书对中等职业教育功能的发挥也具有深远影响。首先,通过招生决定学生是接受中等职业教育,还是接受普通高中教育,将学生分流到不同类型的学校。其次,文凭和职业资格证书是中等职业教育功能结果的重要物质载体。在我国,学生拥有不同的文凭决定了其毕业后从事不同的职业,从而决定了其获取不同的社会资源及地位。正因为如此,文化资源即学历,对社会选拔和社会分层具有重要作用。再次就业是中等职业教育功能实现的重要一环,这也是中等职业教育最重要的功能,不仅是初次就业功能,还有促进整个职业生涯发展的功能。最后,升学功能是中等职业教育功能的重要组成部分，中等职业教育作为高中阶段教育的重要组成部分，还承担着升学功能，并且升学功能不断出现分化，包括职业教育体系内的升学和转向普通教育体系的升学，升学功能的实现进一步提升了中等职业教育的吸引力，满足了个体多样化的教育需求。但是，随着经济社会发展对高层次技术技能型人才的需求，升学功能占据越来越重要的位置。

（三）功能结果

中等职业教育的功能结果是指经过中等职业教育活动表现出来的对中等职业教育功能主体的实际效应和作用。传统的教育社会学通常从功能对主体的需求满足程度出发，将中等职业教育的功能结果分为个体功能和社会功能两类。随着经济社会的发展和中等职业教育功能的不断丰富，中等职业教育的社会功能和个体功能进一步分化和整合。

个体功能可以分为社会化功能和个性化功能。中等职业教育促进个体社会化功能是指中等职业教育促进个体价值观念的形成，通过对个体价值观的形成产生一定的影响，从而规范其行为，使个体成为合格的社会成员；中等职业教育促进个体个性化的功能是指中等职业教育通过技术技能的培养和专业知识的培养，为不同个体提供适合的教育，从而促进个体全面、个性化发展。

社会功能可以分为社会整体功能和社会部分功能。中等职业教育的社会部分功能是指中等职业教育对政治、经济、文化等社会子系统的效用，包括政治功能、文化功能、经济功能等。中等职业教育的社会整体功能是指中等职业教育对社会所发挥的整体效用，具体可以分为社会整合功能和社会分化功能。社会整合功能是指中等职业教育能够促进社会系统的动态、核心发展，使社会系统维持在一个相对平衡的状态；社会分化功能是指中等职业教育对学生进行分层，让学生接受不同类型的教育，并通过就业的形式，将学生分配到不同的岗业。社会分化功能也包括社会选拔功能、社会分配功能等。基于对中等职业教育功能的具体分析，本书构建了中等职业教育功能的动态、全面的分析框架（表1-3）。

表1-3 中等职业教育功能实现机理分析

功能取向	功能行动	个体功能	功能结果 社会部分功能	社会功能 社会整体功能
1. 个体取向 2. 社会取向	1. 招生 2. 教学 3. 学历及职业资格 4. 就业 5. 升学	1. 社会化功能 2. 个性化功能	1. 政治功能 2. 经济功能 3. 文化功能等	1. 社会整合功能 2. 社会分化功能

中等职业教育功能实现的各个环节与其所处内外结构之间的关系塑造了中等职业教育功能的实际状态。若结构与功能适应，则中等职业教育系统及社会系统处于相对和谐状态，中等职业教育功能处于相对平衡状态；若结构与功能不适应，则中等职业教育功能处于失调境地，中等职业教育系统及社会系统处于相对失衡的状态。

四、功能演变：功能的失调与调适

中等职业教育功能的发展是一个动态的、不断变化的过程。基于本书对教育功能的动态界定，教育功能包括功能取向、功能行动和功能结果的动态过程。在不同的社会发展阶段、不同的社会结构和教育结构下，由于社会需求及个体需求的变化，不同主体产生了多元的教育价值取向，导致中等职业教育功能取向和功能行动出现了矛盾和问题，并最终表现为中等职业教育功能结构偏移、窄化等失调现象，若不及时调适，会导致中等职业教育产生发展危机和生存危机。基于结构与功能的关系，对中等职业教育功能失调进一步分析，中等职业教育功能失调还会引起结构失调，影响现代职业教育体系的构建及社会经济健康的有序发展。

（一）中等职业教育功能失调的内涵及种类

本书对中等职业教育功能失调的内涵及种类进行了具体分析。

1. 中等职业教育功能失调的内涵

在《现代汉语词典》中，"失调"解释为"失去平衡、调配不当"。① 在社会学中，功能失调的概念出自结构功能主义的观点。塔尔科特·帕森斯认为，在社会系统中，当活动无法维持这个社会系统时，这个社会系统就处于功能失调的状态。② 默顿基于对反功能的具体论述，对功能失调进行了解释。所谓功能失调，是指在社会系统中，某种功能从最初有益于社会行为、社会结构的功能，转变为有害于社会行动、社会结构的功能的一个动态过程。据此，我们可以给中等职业教育的功能失调做如下界定：中等职业教育功能失调是指在特定的社会背景下，在中等职业教育功能实现机制中，中等职业教育功能取向、功能行动、功能结果出现的偏差和矛盾，这可能是中等职业教育功能实现的某个环节，也可能是贯穿于中等职业教育功能全过程的失调。中等职业教育的功能失调，既可以指中等职业教育功能实现过程的全方面失调，也可以指功能实现过程中某一具体环节的失调，例如，中等职业教育功能取向失调、中等职业教育功能行动失调，或是中等职业教育功能结果失调。

在本书中，中等职业教育之所以失调，一是因为社会正处于经济社会转型期，中等职业教育作为社会子系统与社会发展形式与要求之间的协调与适应出现了偏差，导致中等职业教育功能失调。二是社会经济转型催生了现代职业教育体

---

① 中国社会科学院语言研究所词典编辑室. 现代教育词典 [M]. 北京：商务印书馆，2005.
② 马和民. 新编教育社会学 [M]. 上海：华东师范大学出版社，2002.

系，现代职业教育体系的构建、高等教育的发展，都对中等职业教育功能提出了新的要求，同时高等职业教育及普通高等教育替代了一部分中等职业教育的功能，导致中等职业教育功能失调。三是中等职业教育内部结构的变革，导致中等职业教育功能失调。

2. 中等职业教育功能失调的种类

基于中等职业教育功能的内涵，可对中等职业教育的功能失调类型进行分类。按照失调的性质，可以分为正常性失调和非正常性失调。正常性失调是指在社会变迁过程中，由于中等职业教育功能变迁的保守性、滞后性，不能对社会变迁带来的新的社会需求和个体需求及时做出回应，因而出现功能缺失、功能偏移等现象。非正常功能失调是指在某一时期，中等职业教育功能演变受到社会因素的冲击，尤其是政治因素的干预，使功能偏离了正常的轨道。按照失调的指向，可以分为外适功能失调、个适功能失调和自适功能失调，外适功能失调是指中等职业教育过分依附社会需求，过分放大社会功能，导致育人功能的弱化；个适功能失调是指中等职业教育忽视学生发展的需求，导致育人功能的缺失；自适功能失调是指中等职业教育忽视自身发展规律，过分依赖社会需求，不能处理好改革、发展、稳定的关系，例如，过分注重规模扩张，忽视质量提升。按照失调的实际表现，且基于吴康宁教授对教育功能的分析框架，功能失调还可以分为功能取向失调、功能行动失调和功能结果失调。功能取向失调是指中等职业教育不能很好地处理好社会需求与个体需求的关系；功能行动失调是指中等职业教育在招生、就业、教学等方面出现行为偏移的现象；功能结果失调是指中等职业教育过分注重某一方面功能而忽视其他方面功能的失调现象。

(二) 中等职业教育功能调适的内涵

所谓功能调适，是指在社会系统中，主体对其价值取向、行为进行调适，促使主体的价值取向、功能适应环境变化的一个动态过程。① 在社会学中，"调适"一词包括系统内部的调适和系统外部的调适，调适还包括对社会环境的适应和对社会环境的超越。因此，对中等职业教育功能的调适，不仅包括对中等职业教育自身的调适，而且包括对中等职业教育系统外部因素的调适。换言之，中等职业教育功能的调适是指通过对中等职业教育内外部影响因素，以及教育功能取向、教育功能行动、教育功能结果的调整，从而促进各环节的协调与平衡，使中等职业教育发挥其应有的教育功能。其实质是教育的实然功能向应然功能的转向过程。中等职业教育功能的调适只能是一种相对的功能调适，而不是绝对的功能调适。

(三) 中等职业教育功能变迁：功能的失调与调适

中等职业教育功能的失调与调适，是中等职业教育与社会发展之间张力平衡

---

① 董泽芳，沈百福. 百川归海：教育分流研究与国民教育分流意向调查 [M]. 武汉：华中师范大学出版社，1999.

周期性运动的必然结果,正是由于失调与调适,推动中等职业教育不断前进。首先,当中等职业教育的发展与社会、个体的需求相一致的时候,中等职业教育及社会结构是相对稳定的,此时中等职业教育处于协调状态。其次,当社会环境、人的需求和教育价值取向发生变化时,中等职业教育供给与需求、中等职业教育功能应然状态与实然状态不一致的时候,就会出现中等职业教育功能的失调;反过来,这又会推动整个教育结构、社会结构发生变化。一种情况表现为,经济社会极大发展,中等职业教育落后于经济社会发展的脚步,难以满足人的需求及经济社会发展的需求,出现了中等职业教育供给与需求、应然与实然直接不一致的状况;另一种情况表现为,中等职业教育过分屈从于某一功能主体的需求,丧失了自身的主体地位,忽视了自身供给的合理性。最后,当张力再次趋于平衡的时候,中等职业教育满足社会发展需求和个体发展需求,中等职业教育的功能回到平衡,也就是其实然功能与应然功能走向一致,整个教育系统、社会也回到了稳定发展的状态。另外,中等职业教育功能的失调、调适与社会变迁的性质与速度密切相关。社会变迁对中等职业教育产生重大影响,中等职业教育功能演变是社会变迁的结果。当社会变迁,中等职业教育由于滞后性,其变革跟不上社会变迁的步伐时,就会出现功能失调。

由上述分析可以发现,中等职业教育功能的失调与调适是中等职业教育功能的基本演变方式。正是在功能的不断失调与调适中,中等职业教育实现了与经济社会发展的需求和人的需求的协调与契合。探究经济社会转型背景下中等职业教育的功能定位,实质上就是对中等职业教育功能失调的调适,在促进社会结构、教育结构与中等职业教育的互动中,整合社会需求和个体需求,回归中等职业教育功能定位的应然样态。

系统由要素构成,在本书中,我们从结构性要素和过程性要素两个方面入手,采用静态与动态相结合的方式,对中等职业教育功能进行把握。只有从功能的实现过程及其影响因素两个方面出发,才能全面把握中等职业教育的功能演变。

五、内外结构:功能失调与调适的根源

功能与结构是对应的,结构是功能的基础,功能是结构的表现,[①] 结构功能理论旨在将研究对象比作系统概念,从而可以分析不同系统之间的关系,并着重分析内嵌于系统的结构对系统的影响,结构是影响系统功能的重要因素。同时,关注不同系统之间的关系,将结构看作是不同系统连接的重要因素,并通过功能分析,揭示不同系统及结构之间的关系。基于此,对中等职业教育功能失调与调适的根源分析,实质上就是对中等职业教育进行结构分析,包括中等职业教育内

---

① 吴义生.系统科学概论[M].北京:中共中央党校出版社,1998.

部的结构及中等职业教育外部的结构,外部结构包括其所处的教育结构及社会结构。因此,在社会结构变迁和功能重构的社会空间转化的话语框架下,把握现代职业教育体系下中等职业教育结构变革、功能变迁的基本规律和发展趋势。

(一) 结构、功能的概念及其关系

1. 结构与功能的概念

在本书中,对结构与功能的界定,从社会学角度进行具体分析,借鉴结构功能主义的相关观点及研究思路。结构功能主义认为,结构是指社会系统内的一套相对稳定的和模式化的关系;而功能则是指有助于某特定结构或其构成部分适应、调节的任何社会活动的后果。简言之,结构是指一个具有相对持久性的模式化的系统,功能是指结构内部的动态过程。① 功能只有借助结构才能显现出来,根据功能的作用方向,可以将功能分为正向功能和负向功能。

2. 结构与功能的关系

从结构功能主义的观点来看,结构与功能是结构功能理论中的一对基本范畴,系统的结构反映系统中各要素之间的联系方式、组织秩序和时空表现形式,功能则是系统内部相对稳定的联系方式、组织秩序及时空形式的外在表现形式②。功能不是抽象的,功能的实现必须借助结构这一载体,同样,结构的存在必然会产生某种功能,不存在不具有某种功能结构的情况,结构与功能是相伴相生的。结构与功能的相互关系表现在两个方面。

(1) 结构决定功能

结构具有促进事物发展的正向功能和阻碍事物发展的负向功能两种作用,当结构变化到一定程度时,必然会引起功能的变迁。结构的变化体现在两个方面:一是结构内要素数量的变化;二是结构中数量排列组合方式的变化,这两者的变化都会引起功能的变化。性质的差异又会导致它们具有不同的功能。当系统的结构发生变化时,不一定会引起功能的变化时,结构变化必须到一定程度,即结构发生质的变化时,才会使系统产生新的功能,这是一个从量变到质变的过程。

(2) 功能反作用于结构

在自然学科研究领域内,结构决定功能,结构变化必然会引起功能变化。但是在社会科学研究领域,还存在性质这一范畴,政治、经济对功能的实现具有重要的制约作用,要求社会系统内其他子系统的社会活动必须为政治与经济服务。教育作为社会系统中社会活动的一种也不例外,教育结构与功能的联系更为紧密。在社会系统中,当社会系统、教育系统结构发生变化,则会导致教育功能发生变化,同时,教育系统的功能变化,反过来也推动了系统出现新的结构,即对社会结构、教育结构进行优化。当教育发展的外部环境发生变化时,要求教育的

---

① Robert K. Merton Social Theory and Social Structure [M]. New York: The Free Press, 1968.
② 魏宏森,曾国屏. 系统论:系统科学哲学 [M]. 北京:清华大学出版社,1995.

功能及时对外部环境变化做出回应,若教育没有及时对结构变化进行回应,就会产生功能失调现象,即教育的功能不能适应教育结构内部调整的需求,同时也不能适应教育外部结构调整的需求。

(二) 中等职业教育功能与内外结构的关系

中等职业教育功能的失调源于结构的变化,包括中等职业教育内部结构变化、教育结构变化及社会结构的变化。

1. 中等职业教育内部结构与中等职业教育功能的关系

中等职业教育的结构与功能的关系是中等职业教育活动的形式和结果的关系。

(1) 中等职业教育结构决定其功能

中等职业教育结构通过中等职业教育的专业发展、区域布局、类型结构等方式表现出来,本书对中等职业教育教学结构不做具体分析。不同的中等职业教育区域布局结构在很大程度上导致了政治、经济、文化及个体发展在区域上的差异;不同的中等职业教育的专业设置决定了培养不同产业发展所需的人才;不同类型中等职业教育的招生方式、教学模式、课程设置等决定了中等职业教育的功能。

(2) 中等职业教育的功能能够能动地反作用于其结构

社会结构变迁及教育结构变革,会催生新的功能,在多种新功能的期待下,中等职业教育必须审时度势,不断调整结构,以适应和满足经济社会发展需求及个体全面发展和终身发展的需求。[①]

2. 现代职业教育体系与中等职业教育功能的关系

中等职业教育作为现代职业教育的重要组成部分,其功能的发挥需要依托现代职业教育体系,这是由社会结构的变迁决定的。中华人民共和国成立初期,我国职业教育的主体为中等职业教育,这时,中等职业教育承担着促进社会流动和促进个体就业等多种功能。随着经济社会转型、经济体制变革及社会工业化的不断推进,我国的社会结构发生了巨大变化,对人才的需求层次不断上升。中等职业教育作为中、初级技术技能型人才的培养基地,尤其是作为"断头教育"的一种类型,已经难以满足经济社会发展对高层次技术技能型人才的需求及个体多样化的教育需求。现代职业教育体系应运而生,高等职业教育体系不断丰富和完善。基于此,高等职业教育不断发展,推动了现代职业教育体系的构建和完善,为中等职业教育功能的实现提供了重要的依托,中等职业教育原有的就业功能失调,同时,其升学功能尚不能与普通高中相比。通过构建现代职业教育体系,打通了中等职业教育上升的通道。在现阶段,中等职业教育的就业功能已经不适应经济社会结构变迁对中等职业教育的需求,只有在现代职业教育体系中,中等职业教育才能实现其多元功能。同时,只有依托构建现代职业教育体系,才能从观念层面扭转人们对职业教育的态度,促进职业教育与普通教育的等值。

---

① 张家祥,钱景舫. 职业技术教育学 [M]. 上海:华东师范大学出版社,2001.

3. 社会结构与中等职业教育功能的关系

对中等职业教育功能的分析，离不开现代职业教育体系，同时也离不开具体的社会结构。尤其是我国正处于经济社会转型期，面临工业化及市场化的双重转型，社会的流动机制发生变化，个体的价值取向及需求也发生巨大变革。中等职业教育面临的环境发生巨大变化。

一方面，社会结构发生巨大变化，产业结构升级转型对高层次技术技能型人才的需求不断提升，催生现代职业教育体系的构建和高等职业教育体系的不断完善。中等职业教育功能定位于就业，培养的中、初级技术人才及高素质劳动者难以适应产业结构升级转型对高层次技术技能型人才的需求，社会结构变迁导致中等职业教育功能失调。

另一方面，经济社会发展推动个体生活水平的提升，随着人们生活水平的不断提高，人们对教育的需求也在不断提升。在这一时期，高中阶段教育和高等教育的普及使人们接受普通高中教育、普通高等教育的机会增多。然而，由于职业教育体系自身的缺陷，职业教育作为一种"断头教育"，其吸引力自然下降。尤其是中等职业教育作为高中阶段教育的组成部分，其升学功能难以与普通高中教育相提并论，中等职业教育的升学功能缺失，尚不能满足个体对高层次教育的需求，导致中等职业教育的功能失调。因此，社会结构变迁，对中等职业教育的需求发生了变化，中等职业教育原有的功能难以适应经济社会发展的需求。中等职业教育的功能失调，亟须在新的社会结构下调适中等职业教育功能，明确中等职业教育在经济社会中的发展定位。

因此，基于结构功能主义理论、教育病理学及职业教育民生思想，我们构建了现代职业教育体系下中等职业教育功能定位的分析框架。该分析框架包含一个价值取向、两个主体、三个层面的"结构—过程"动态和立体分析框架（图1-3）。

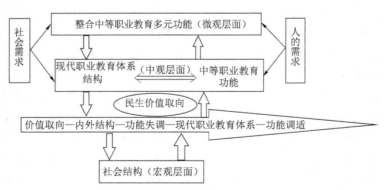

图1-3 现代职业教育体系下中等职业教育功能定位的基本框架

第一，基于中等职业教育功能定位的逻辑起点，整合中等职业教育的社会功能与个体功能，确立中等职业教育功能定位的民生价值取向，这是中等职业教育功能定位的前提。

第二，基于民生价值取向，确立中等职业教育功能定位的研究思路。基于结构功能主义理论的相关分析，功能的实现必须依托一定的结构，加之现代职业教育体系是现阶段职业教育的重要表现形式，是随着经济社会转型而产生的，也是教育结构调整的必然产物。因此，选取现代职业教育体系为切入点，以期整合宏观社会需求与微观个体需求，从中观层面对中等职业教育的功能定位进行分析，实现中等职业教育的民生价值取向，回归中等职业教育功能定位的起点。现代职业教育体系是中等职业教育功能定位分析的重要依托。

第三，不仅要对中等职业教育的功能进行静态分析，还要对中等职业教育的功能进行动态分析，借鉴吴康宁教授关于教育功能的动态分析过程，基于现代职业教育体系对中等职业教育的功能进行动态分析，中等职业教育功能包括功能取向、功能行动、功能结果几个方面。

第四，中等职业教育功能的演变过程实质上是在不同的社会结构下，由于社会需求及个体需求的变化，中等职业教育功能不断失调并调适的过程。分析经济社会转型背景下和现代职业教育体系下，中等职业教育功能失调的具体表现：功能取向、功能行动、功能结果整个过程的失调。

第五，基于结构与功能的关系，分析中等职业教育功能失调的结构根源。中等职业教育的内外结构包括中等职业教育的自身结构、教育系统的结构、社会系统的结构。因此，中等职业教育失调的结构根源包括内部结构根源、教育结构根源和社会结构根源。同时，基于现代职业教育体系，提出中等职业教育功能定位的应然样态，促进中等职业教育功能由实然层面向应然层面的转变，并通过结构调整，提出中等职业教育功能的实现策略。

第二章
中等职业教育功能变迁的历史及内在逻辑

教育作为一种培养人的活动,是一个永恒的概念,而中等职业教育则是一个历史的概念。中等职业教育功能的历史性在于,在不同的时间阶段,中等职业教育的功能会呈现不同的发展特点,随着中等职业教育的结构变化、现代职业教育体系的构建及社会结构的变迁而不断发生变化。如何研究中等职业教育功能的历史演变?黑格尔指出,对历史的研究方法分为三种:第一种是原始的方法;第二种是反思的方法;第三种是哲学的方法。黑格尔分析指出,原始的方法、反思的方法对历史研究有其自身的局限性,只有哲学的方法,即历史与逻辑相统一的方法,才是最适合历史的研究方法,是历史研究方法发展的最高阶段,也是最完善的一种研究方法。① 同样,沃勒斯坦也认为,所有的科学都必须是历史的,即在某一特定时间点上,所有的现实都是在先前时间点上发生事情的逻辑结果。② 因此,要遵循历史与逻辑相统一的原则,对中等职业教育功能变迁的历史进行分析,从而把握中等职业教育功能变迁历史的内在逻辑,明确中等职业教育功能变迁的内在逻辑,为进一步分析中等职业教育功能的现实表征提供分析思路与具体分析框架。

近代意义上的职业教育产生于西方第一次工业革命,并在第三次工业革命后趋于成熟,成为西方教育体系中的重要组成部分。③ 一般认为,现代职业教育是大工业生产的产物,在那以前职业教育的主要形态为学徒制。对我国真正开始走向工业化发展的阶段进行划分,已有的研究存在争议,有学者认为中国真正意义上的工业化是从 1949 年开始的,④ 也有研究指出,在半殖民地半封建的中国是不可能实现工业化的,在论述中国工业化道路时,可以将中华人民共和国成立以来到改革开放这段历史省略。⑤ 本书选取第一种观点,以中华人民共和国成立作为我国工业化大生产的起点,遵循历史与逻辑相统一的原则。因此,以中华人民共

---

① 侯鸿勋. 论黑格尔的历史哲学 [M]. 上海:上海人民出版社,1982.
② 伊曼钮尔·莫里斯·沃勒斯坦. 书写历史 [M]. 上海:上海三联书店,2004.
③ 马学军. 转型时期中等职业教育的"异化":对一个县级职业高中历史和现实的考察 [J]. 社会发展研究,2014 (01):148.
④ 汪海波,刘立峰. 中国工业化道路的回顾与前瞻:为庆祝中华人民共和国成立 60 周年而作 [J]. 经济研究参考,2009 (38):2-22.
⑤ 宋正. 中国工业化历史经验研究 [D]. 大连:东北财经大学,2010:13.

和国成立为现代意义上中等职业教育功能历史演变的起点。中等职业教育在不同的历史阶段，呈现不同的特点，同时，现代职业教育体系是随着经济社会结构转型升级而建立发展起来的。因此，以经济社会转型作为中等职业教育功能变迁的社会结构背景，现代职业教育体系作为中等职业教育功能变迁的教育结构背景，对中等职业教育功能变迁进行梳理。中等职业教育随着社会的变迁，其功能不断演变，从失调到调适，是一个周期变化，并通过中等职业教育功能的价值取向、功能行动和功能结果表现出来。同时，中等职业教育功能的演变又是努力探索中等职业教育发展适应经济社会转型发展及现代职业教育建构的过程。因此，在不同的社会背景下，基于现代职业教育体系构建，我们对我国中等职业教育发展的历史进行分析，厘清中等职业教育功能变迁的内在逻辑。

第一节　中等职业教育功能变迁的阶段梳理

中华人民共和国成立以来，尤其是改革开放以来，随着经济社会的转型发展，我国现代职业教育体系不断完善。同时，中等职业教育也实现了规模发展，成为高中阶段教育的重要组成部分，为经济社会发展培养了大量的高素质劳动者和中、初级技术人才。中等职业教育由学校职业教育和职业培训构成，学校职业教育具体包括普通中等专业学校、技工学校、职业高中、成人中等专业学校等四类办学机构。当前，我国步入经济社会转型发展的关键期，产业结构升级转型及城镇化对中等职业教育提出了新的需求，亟须从历史层面对中等职业教育功能变迁进行分析。马克思将历史过程分为"自然次序"和"历史发展的次序"两个次序[①]。同样，中等职业教育的发展历程，也存在这两个次序，所谓"自然次序"，是指中等职业教育发展历史上发生的各种教育事件及教育思想；所谓"历史发展的次序"，是指经过抽象思维与理论概括后的一种中等职业教育的发展次序，体现了中等职业教育在历史演变中由低级到高级，由不成熟、不完善到成熟、完善的一个过程。这两个次序有时是一致的，有时是不一致的。因此，我们以中等职业教育实践为主要历史依据，同时结合社会形态、现代职业教育体系构建等外部因素变迁，将中华人民共和国成立以来，我国中等职业教育的发展分为了三个周期性发展阶段。现阶段我国的中等职业教育正处于第三个发展周期的下行阶段。本书对这三个发展周期的经济社会发展、现代职业教育体系及中等职业教育功能进行了梳理，总结了中等职业教育功能演变的内在逻辑。

一、第一个发展周期（1949—1979 年）

1949 年中华人民共和国成立，中华民族百废待兴，经济社会的重建成为国

---

① 马克思恩格斯全集 [M]．北京：人民出版社，1979．

家的首要任务，中华人民共和国的建设及经济的恢复急需一批具有专业技能的技术工人，中等职业教育成为完成这种任务的重要手段。

（一）中等职业教育发展阶段分析

1. 高峰阶段

1949年，中华人民共和国召开第一次教育大会，明确了新时期教育的目的，提出对原有职业学校进行改造。在这次大会上，我国明确提出了应大力发展中等职业教育，这是我国发展职业教育的开端，中等职业教育是这一时期职业教育发展的重要内容及形式。这一时期，我国处于计划经济体制，国家对经济发展享有绝对的权利，同样，国家对包括中等职业教育在内的教育发展也享有绝对的权利，中等职业教育的社会功能，即服务国家经济社会发展的功能占据主要地位。其具体体现在，国家实施中等职业教育毕业生统一分配政策，这一时期的中等职业教育是精英教育的主要组成部分，学生毕业后能够获得较好的职业，拥有较高的社会地位，在满足国家经济社会发展需求的同时，个体利益的需求也能得到满足，因此，中等职业教育快速发展，实现了规模扩张。到1965年，中等职业教育在校生累计为142.34万人，中等教育阶段职业学校在校生占52.3%，中等职业教育的规模及数量达到了第一次峰值。① 由于计划经济体制是这一时期经济社会发展的大背景，中等职业教育的发展依赖国家宏观政策调控，我国整体职业教育发展处于一个相对薄弱的阶段。这一时期，中等职业教育的功能为服务国家经济社会发展，中等职业教育的功能较能满足社会需求与个体需求，中等职业教育发展与整个社会发展呈现动态平衡的状态。

2. 低谷阶段

从1966年开始，职业教育遭到了毁灭性的打击。这一时期，中等职业教育基本全军覆没，呈现单一发展普通教育的态势。到1979年，中等职业教育在校生数量仅占高中阶段的4%。② 因此，这一时期，我国出现了中等职业教育发展的第一个低谷，中等职业教育功能全面失调，完全成为国家政治发展的工具，忽视了国家经济社会发展的需求，违背了教育发展规律，尚不能满足国家和个体教育需求，这必然会导致中等职业教育的发展危机，乃至生存危机，表现为中等职业教育遭遇毁灭性的打击。

（二）现代职业教育体系的萌芽阶段

1949年中华人民共和国成立，无论是经济，还是教育，我国都处于恢复发展阶段。自中华人民共和国成立以来，我国大力发展中等职业教育，积极促进教育结构调整，通过大力发展中等职业教育，促进高中阶段教育结构优化。中华人

---

① 中国教育年鉴编辑部．中国教育年鉴（1949—1981年）[M]．北京：人民教育出版社，1984.
② 陈颖．我国中等职业教育发展的脉络和现实困境[J]．教育经济评论，2018：97.

民共和国成立初期，我国初步建立起以初等、中等职业教育为主体的职业教育体系，但是，我国职业教育体系尚未提出，只是正处于职业教育体系的萌芽阶段。我国的教育体系主要是通过学习苏联逐步发展起来的，同样，我国的职业教育也效仿苏联，逐步建立以中等职业教育为主体的职业教育体系。我国出台了一系列政策，推动中等职业教育发展。1952年，我国开始着手对中等技术学校进行整顿，到1953年基本完成了对中等技术学校的改造，形成了中等专业学校。中等专业学校作为一种学历教育，并不是真正意义上的职业教育，中等专业学校具有较高的社会地位，同时也具有较大的吸引力。随着中等专业学校的大力发展，我国中等职业教育进入发展阶段，推动现代职业教育体系的萌芽。1958年中等职业学校数量剧增，完全忽视了经济社会发展对人才的需求，不顾中等职业教育的内部发展规律，盲目扩大中等职业学校的规模，导致了中等职业教育发展的危机，中等职业教育数量扩张，相关资源及制度建设跟不上，导致中等职业教育的质量低下。1961年，我国开始对经济进行调整，并对高中阶段教育的规模和结构进行调整，中等职业教育迎来良好的发展机遇。中等职业教育进入稳定发展期，然而，1966—1976年中等职业教育受到了严重冲击，几乎被完全取缔，中等专业学校、技工学校所剩无几。在这一时期，我国尚未建立职业教育体系，中等职业教育发展几乎遭到毁灭性打击。

从中华人民共和国成立到改革开放前，我国的职业教育体系仍处于萌芽阶段，尚未提出职业教育体系的概念，初等职业教育和中等职业教育是这一时期职业教育的主要构成部分，高等职业教育尚未建立。因此，这一时期并未形成完善的职业教育体系结构。

（三）中等职业教育功能的失调与调适

中华人民共和国成立时，我国经济社会发展尚处于初级阶段——计划经济体制阶段，中等职业教育的发展依附国家宏观政策的调控。中等职业教育发展初期，较能满足国家经济发展和个体发展的需求，中等职业教育功能与经济社会发展处于相对平衡状态。然而，由于政策层面的失误，国家相关政策出台没有顾及个体发展的需求和教育发展的规律，可以说中等职业教育完全以社会功能为主导，导致中等职业教育功能出现全面失调现象，具体表现是沦为政治发展的工具，导致中等职业教育规模的缩减，遭受毁灭性灾难。

1. 功能取向

这一时期，我国在马克思主义思想的指导下，在国家层面重视"技术教育"，中等专业学校和技工学校大力发展，培养了经济社会发展需要的高素质劳动者，为中华人民共和国建设培养了大量的技术人才。1963年周恩来发表了《关于中小学和职业教育问题》的讲话，提出接受中等职业教育可以免除学费、获得国家补助、毕业后统一分配，人们对中等职业教育表现出了极大的热情。这一时期的中等职业教育不是真正意义上的职业教育，而是精英教育的重要组成部分，具体表现为，并不是人人都可以接受中等职业教育，只有一部分的成绩优异的学生通过选拔性考试，才有机会接受中等职业教育。毕业后，国家对这部分学生进行就业分配，他们所从事的职业具有较高的社会地位，且受人尊重，因此，中等职业教育具有较高的社会地位。这一时期，中等职业教育完全依靠自上而下的行政干预，较少顾及个体的教育需求，体现了中等职业教育的社会功能取向。

2. 功能行动

1951年我国颁布了《关于改革学制的决定》，明确了进行中等职业教育的机构有中等专科学校（包括中等技术学校、中等师范学校）、技工学校、职业中学和农业中学等。① 在计划经济时期，中等职业教育的招生对象为高中毕业生，毕业后"统招分配"，学生就业出口良好，可以说人人都可以就业，不存在就业问题。在计划经济体制背景下，中等职业院校没有招生自主权，国家收归招生自主权。这一时期，中等职业教育明确人才的培养目标为初、中级技术人才。1954年4月，劳动部颁发的《关于技工学校暂行办法草案》中规定，"技工学校以培养四五级技工为主"。1955年3月21日至31日，中国共产党全国代表大会在北京举行，会议一致通过了《关于中华人民共和国发展国民经济的第一个五年计划草案的决议》，对中等专业学校和技工学校的招生人数和毕业人数进行全面规划，"五年内，中等专业教育的重点是培养工业的技术干部和管理干部，加强科学研究"，中等职业教育主要是由中专和技校这两类学校组成。中专学校的目标是，培养立志为社会主义服务，为人民服务，具有相当于高中阶段文化程度，并掌握本专业所需要的基础理论、专业知识和实际技能的中级技术和管理人员，也就是为培养干部服务的；技工学校的目标是，培养具有社会主义觉悟、必要技术理论和知识、全面的专业操作技能和身体健康的技术工人。这一时期，中等职业教育的功能符合国家发展的需求和个体发展的需求，因此，中等职业教育与经济社会发展处于相对平衡的状态。1958年我国大规模发展教育，导致中等职业教育功能失调。1961年后，我国放慢了发展脚步，对教育结构进行调整，依据国家发展需求对中等职业教育功能进行调适，中等职业教育与经济社会发展又处于相对平衡的状态，但1966年中等职业教育功能全面失调，中等职业教育遭到了毁灭性的打击。

3. 功能结果

中华人民共和国成立，我国进入了崭新的社会发展阶段，尽管1949年中等职业教育一度遭到了毁灭性的打击，但是不可否认，中等职业教育自中华人民共和国成立以来，对社会经济、政治等方面都产生了重要影响，培养了大量的技术技能人才，促进了经济社会的发展。从整体功能来看，中等职业教育对社会稳定

---

① 中国大百科全书总编辑委员会. 中国大百科全书（教育）[M]. 上海：中国大百科全书出版社，1994.

发挥了重要作用；从部分功能来看，中等职业教育的经济功能和政治功能受到了高度重视；从个体功能来看，中等职业教育在个体职业培养，尤其是在个体升迁获得社会地位等社会化方面起了一定的作用。这一时期，我国中等职业教育的功能主要体现在以下几个方面：调整中等教育结构、服务中华人民共和国建设和为中华人民共和国建设培养技术技能人才。因此，这一时期中等职业教育的政治功能具有重要地位。但是，这一时期的中等职业教育并不是完全意义上的职业教育。

二、第二个发展周期（1980—2004 年）

1978 年，党的十一届三中全会召开，我国进入建设社会主义新时期，改革开放拉开了我国经济社会转型发展的序幕，随着经济社会发展对技术技能型人才需求的提升，国家层面将发展中等职业教育提上日程。同时，随着教育结构调整的需要，这一时期构建职业教育体系也提上日程，并确立其法律地位，现代职业教育体系以中等职业教育为主体。中等职业教育主要体现国家意志，其社会功能占据主导地位，以满足国家经济社会发展需求为目的，为国家培养"产品性"人才。

（一）中等职业教育发展阶段的分析

1. 高峰阶段

改革开放以后，我国开始进行经济体制改革，生产力发展水平不断提升，同时产业结构发生巨大变化，工业化进程不断推进，急需大量的技术技能型人才。1980 年国务院批转《关于中等教育结构改革的报告》，要求将部分高中改办为职业学校，各行各业开始举办各种职业技术学校。1986 年召开的全国职业技术教育工作会议提出，到 1990 年，我国要实现高中阶段职业学校的招生人数与普通高中的招生人数大体相当，这促进了中等职业教育极大的发展。1996 年《职业教育法》颁布，在法律方面上保障了职业教育的重要地位，一系列政策推动了中等职业教育的发展，到 20 世纪 90 年代后期，中等职业教育迎来了第二次发展高峰。据统计，1998 年，中等职业教育阶段招生为 442.26 万人，占高中阶段招生人数的 55.16%；在校生为 11 467.87 万人，占高中阶段在校生人数的 60.02%，中等职业教育的招生数量和在校生数量都再次达到高峰。① 中等职业教育进入稳定发展阶段。

2. 低谷阶段

1997 年亚洲大范围内爆发金融危机，我国受到一定影响，及时采取扩大内需的政策，对教育进行市场化变革，同样，对中等职业教育也实施市场化变革，由计划经济体制转型为市场经济体制。具有竞争性的市场经济取代了计划经济，

---

① 陈颖. 我国中等职业教育发展的历史脉络与现实困境 [J]. 经济评论，2018：98.

中等职业教育的统招分配政策受到冲击，具体表现为对中等职业教育学生采取统一缴费、不包分配的政策。1998年，高等教育开始扩招，对中等职业教育的发展也形成了一定的冲击，受我国传统文化的影响，普通民众对普通教育表现出了极大的热情和追求，大量的学生选择普通高中，进一步接受高等教育。这时，中等职业教育发展的社会环境十分不利，加之中等职业教育发展的政策环境乏力，国家的意愿、政策的导向和民众的选择，都使中等职业教育沦为"次等教育"。中等职业教育规模急剧下滑，2004年中等职业教育规模跌至谷底。

（二）职业教育体系的提出及法律地位的确立

随着国家经济社会发展和对技术技能型人才需求的不断提升，人才需求结构发生了巨大变化，技术技能型人才的需求层次及需求数量不断提升。同时，这一时期，调整教育结构势在必行，构建职业教育体系开始提上日程。1980年《关于中等教育结构改革的报告》提出，将部分高中改办为职业高中，中等职业教育的类型更加丰富，规模进一步扩大。另外，国家将一部分中专学校升格为大专，并通过"三改一补"的方式，促进了高等职业教育的发展。我国最早提出体系建设是在1985年的《中共中央关于教育体制改革的决定》，该决定提出要建立职业技术教育体系，这是我国第一个提到要建立职业教育体系的文件，并对职业教育体系进行了初步构想。1991年10月，国务院颁布《关于大力发展职业技术教育的决定》，提出要建立起有中国特色的职业技术教育体系的基本框架。1994年，我国召开全国教育工作会议，提出用"三改一补"的政策来发展高等职业教育。1996年《职业教育法》出台，明确要将我国的职业学校分为初等、中等和高等职业学校，确立了职业教育体系的法律地位。2002年《国务院关于大力推进职业教育改革与发展的决定》提出，要加强中等职业教育与高等职业教育，职业教育与普通教育、成人教育的衔接与沟通，建立人才成长"立交桥"的要求，还提出要适度发展五年制的高等职业教育，允许中职生参加普通高考。中等职业教育的升学功能逐步凸显，同时推动了中高职衔接，对构建现代职业教育体系具有重大意义。

然而，这一时期职业教育体系并不完善。一方面，由于"二元论"的存在，大部分人认为职业教育服务于就业，普通教育服务于升学，完全将中等职业教育与普通高中教育割裂开来，使职业教育体系与普通教育体系缺乏沟通；另一方面，中等职业教育为职业教育体系的主体，高等职业教育层次缺失，中等职业教育缺乏向上的通道，影响中等职业教育功能的实现。

（三）中等职业教育功能的失调与调适

1. 功能取向

自改革开放以来，我国将推动经济发展作为国家的主要任务。这一时期，中等职业教育作为国家经济社会发展的工具，必须要同国家经济社会发展的需求相适应。中等职业教育政策制定多围绕效率展开，这导致中等职业教育政策制定中存在明显的"国家本位"和"工具本位"倾向。① 1985年颁布的《中共中央关于教育体制改革的决定》明确了大力发展职业教育在实现教育服务社会主义建设中的重要地位。我国注重中等职业教育的社会价值取向，在这一价值理念的指导下，国家制定教育政策的指导思想基本上都是为社会发展和经济建设服务的。在对职业教育的相关政策分析中发现，这一时期的政策，"职业教育是为……服务""职业教育是建设……的基本要求""职业教育是推动……的重要力量"等表述大量出现，实质上是中等职业教育社会价值取向的一种表现，将中等职业教育作为促进经济社会发展的工具，以满足经济社会发展为中等职业教育的唯一功能，将中等职业教育培养的人看作是提升国家经济实力的"工具人"。

2. 功能行动

我国中等职业教育由职业高中、中等专业学校、技工学校和成人中专构成，培养目标因为学校类型的不同而不同，随着经济社会的发展，这四类学校的培养目标逐步走向统一，都是以培养高素质劳动者和技术技能型人才为目标。在改革开放初期，国家经济社会发展需要大量的初、中级技术人才，随着我国经济体制改革、劳动密集型产业和国家经济社会的发展，国家需要大量的中初级人才。因此，在改革开放初期，中等职业教育服务就业，培养大量的高素质劳动者和技术技能型人才以满足经济社会发展的需求。1985年，政府颁布了《中共中央教育体制改革的决定》，进一步阐述了职业教育的定位以及职业教育的发展路径，指出要调整中等教育结构，大力发展职业教育。1987年颁布的《技工学校工作条例》中规定，技工学校在完成培养中级技术工人任务的前提下，应当根据需要和可能，积极承担培训任务，提出中等职业教育的职业培训功能。1993年劳动部颁发的《关于深化技工学校教育改革的决定》对技工学校教育任务提出了新的要求，"技工学校要按劳动力市场的要求，拓展培训领域，服务于社会，在以培养中级技术工人为主要目标的基础上，有条件的也可以培养高级技术工人、企业管理人员或社会急需的其他各类人员"。不同的中等职业学校培养的目标也存在差异，中等专业学校培养专业人才，技工学校培养技术工人，在当时来看，中等职业教育的功能主要是就业功能，且满足人的就业需求及经济社会发展的需求。并且，在当时，中专毕业可以直接分配工作，到企业成为管理人员，具有较高的社会地位。这一时期，职业教育作为一种类型教育，与普通高中教育具有同等的社会地位，甚至社会地位还高于普通高中教育。因此，中等职业教育的功能定位与社会经济发展相吻合，能够满足人发展的需求和经济社会发展的需求，此时中等职业教育的功能与经济社会发展处于动态平衡状态。

---

① 祁占勇，王佳昕，安莹莹. 我国职业教育政策的变迁逻辑与未来走向[J]. 华东师范大学学报（教育科学版），2018（1）：104.

然而，随着我国经济体制改革的推进，尤其是 1993 年开始由计划经济体制向社会经济体制转型，再加上金融危机的爆发，中等职业教育面临新的变革，中等职业教育统招分配的格局被打破，中等职业教育的毕业生不再统一分配，逐渐向自主就业推进，中等职业教育的就业功能明显弱化。1999 年，我国高等教育开始扩招，引起了一大波"普高热"。相对于普通教育完善的体系，职业教育体系还不够完善，升学功能受阻，总的职业教育为"断头教育"，导致中等职业教育单一的就业功能难以满足个体追求高层次教育的需求，中等职业教育功能失调。

3. 功能结果

改革开放以来，中等职业教育呈现明显的工具主义价值取向，导致中等职业教育的功能行动完全以国家经济社会发展需求为导向。这一时期，中等职业教育的社会功能占据主导地位，育人功能式微，出现社会功能对育人功能的僭越；中等职业教育的经济功能占据主导地位，文化功能、政治功能相对较弱；中等职业教育注重社会分化功能，忽视了社会整合功能。中等职业教育将不同的人分入不同的轨道接受教育，导致接受不同类型教育的人能获得不同的职业，同时也具有不同的社会地位。这一时期，随着高等教育的发展，人们开始追求高学历，然而，由于现代职业教育体系尚未完善，中等职业教育毕业生缺乏向上流动的通道，导致中等职业教育的升学功能尚未实现。中等职业教育作为一种"次等教育"，其促进社会流动的功能受阻，但是，这一时期，中等职业教育承担着兜底作用，大量的"问题学生"进入中等职业院校，避免其流入社会，中等职业教育发挥了促进社会稳定的功能。

三、第三个发展周期（2005 年以后）

2003 年，党的十六届三中全会提出"科学发展观"，随着人本主义价值取向的出现，中等职业教育的育人功能开始进入人们的视野。"二元论"开始受到批判，职业教育与普通教育开始沟通，中等职业教育的升学功能逐步凸显，并与中等职业教育的就业功能不断博弈。这一时期，以个体需求为主导的升学功能与以社会需求为主导的就业功能的矛盾占据主导地位，这推动了高中阶段教育结构的调整及现代职业教育体系的完善。

（一）中等职业教育发展阶段分析

1. 高峰阶段

为了扭转 20 世纪末中等职业教育发展的不利局面，国务院于 2002 年、2005 年先后召开了全国职业教育工作会议，并出台《关于大力推进职业教育改革和发展的决定》和《关于大力发展职业教育的决定》，促进中等职业教育发展，推动中等职业教育进入高速发展阶段，随着 2005 年以来中等职业教育的大力发展，中等职业教育进入发展的第三次高峰。2010 年中等职业教育的规模达到顶峰，中等职业教育招生人数占高中阶段教育招生总人数的50.94%，中等职业教育在校生人数占高中阶段教育在校生总人数的40.78%，① 基本达到了职普比例大体相当。

2. 下行阶段

2011年以后，中等职业教育的招生规模迅速下滑，职普比例不断下降，至今尚未呈现回升的趋势。从2011年起中等职业教育的招生人数占高中阶段招生总人数的48.89%，下跌到2017年中等职业教育招生人数占高中阶段招生总人数的42.13%，② 职普比例为4:6。因此，现阶段我国中等职业教育处于中等职业教育发展第三个周期的下行阶段。这次下行主要源自民众的理性思考与权衡，国家层面虽然从政策方面大力推进发展中等职业教育，但是并不能阻挡中等职业教育规模的缩减。

（二）现代职业教育体系的发展与完善

中等职业教育的发展离不开完善的现代职业教育体系的构建。我国步入经济社会转型发展的关键期，社会结构发生变化，职业教育作为社会系统的一个子系统，职业教育体系亦需要改革自身，从社会发展需求方面重新定位职业教育的功能。这一时期，现代职业教育体系的建立，不同于以往的职业教育体系，其最大的特点体现在其"现代性"上，"现代性"是现代职业教育体系的特色与关键。"现代"不仅指的是实践概念，还有更深层次的含义，体现了在新的社会背景下，职业教育体系的特殊含义，现代职业教育代表了一种特殊的"类"。职业教育是一种类型教育，而不是一种层次教育，与普通教育具有同等重要的地位，代表着现代职业教育体系的完善。

这一时期，经济社会转型的速度加快，产业结构升级转型对人的教育水平年限提升，迫切要求技术技能型人才的类型和层次变革。同时，随着高等教育的扩招，人们对高层次教育的追求，对构建现代职业教育体系也提出了新的需求。2005年，我国召开了第三次职业教育工作会议，各地积极探索中职毕业生"注册入学""技能高考"，以期直接升入高职院校，高职院校按照一定比例招收中职毕业生，促进中高职衔接。2010年《中等职业教育改革创新行动计划（2010—2012年）》指出，"构建中等职业学校学生成长发展的立交桥，完善体制机制，促进中职与高职教育、继续教育的沟通与衔接"。2010年，《国家中长期教育改革和发展规划纲要（2010—2020年）》提出，"到2020年，形成适应经济发展方式转变和产业结构调整的要求，体现终身教育理念，中等和高等职业教

---

① 国家数据：中华人民共和国统计局 [EB/OL]. http//data. stats. gov. cn/easyquery. htm? cn = C01&zb = A0M0202&sj = 2017. 2017 - 11 - 03/2018 - 06 - 12.

② 国家数据：中华人民共和国统计局 [EB/OL]. http//data. stats. gov. cn/easyquery. htm? cn = C01&zb = A0M0202&sj = 2017. 2017 - 11 - 03/2018 - 06 - 12.

协调发展的现代职业教育体系"。我国现代职业教育体系基本建成，内涵也较为明确，中等职业教育作为现代职业教育体系的重要组成部分，现代职业教育体系的构建决定着中等职业教育的基础地位及其多元化功能的实现。2013 年，党的十八届三中全会提出深化考试招生制度改革。2014 年颁布的《现代职业教育体系建设规划（2014—2020 年）》提出，"拓宽高等职业学校招收中等职业学校毕业生、应用技术类型高等学校招收职业院校毕业生通道，打开职业院校学生的成长空间"。2017 年，党的十九大报告中提出了要完善职业教育和培训体系，进一步指明了两个体系相互融合的目标。

从仅有的中等职业教育层次的"断头教育"发展到包含中等职业教育、高等职业教育相互衔接，又与普通教育融通的完整体系，在现代职业教育体系下中等职业教育的功能也发生了巨大变化。但是，现代职业教育体系虽然已经建成，但是还存在一系列的问题，尚未达到成为一种类型教育与普通教育的等值。具体表现为职业教育体系内部衔接不畅，职业教育与普通教育及劳动力市场沟通不够，导致中等职业教育成为"断头教育""次等教育"，阻碍了中等职业教育多元化功能的实现。

（三）中等职业教育功能的失调与调适

1. 功能取向

我国在经济社会转型初期过分强调以经济建设为中心，基于市场经济体制，过分追求效率，忽视了对社会平等的诉求，造成了所谓"市场与再分配双重主导"的社会不平等[①]。随着人本主义价值取向的发展，中等职业教育开始关注个体需求及个体发展。

21 世纪初期，中等职业教育功能失调，具体体现在中等职业教育注重单一技术技能培养，缺失升学功能、育人功能。国家通过出台相关政策，对中等职业教育的功能进行调适。2005 年《关于加快发展中等职业教育的意见》强调，"坚持育人为本，德育为先，切实加强学生思想道德教育，努力提高学生的综合职业素质"。以期将中等职业教育单一的工具取向转向人的发展，人本主义价值取向开始进入人们的视野。但是，尽管如此，受传统"二元论"思想的限制，加上这一时期我国现代职业教育体系尚未完善，体系内部衔接、沟通不畅，导致中等职业教育上升渠道不畅。中等职业教育的升学功能出现异化，促使中等职业教育办学呈现普通化趋势，出现了在中等职业学校内办普通高中的现象。因此，无论是就业功能，还是升学功能，从其本质上来讲，都是功利主义价值取向。因此，尽管人本主义进入人们的视野，我国中等职业教育的功能取向仍是功利主义价值占据主导地位。

随着社会的发展与进步，中等职业教育从注重经济社会发展开始转向更加注

---

① 刘玉照. 社会转型与结构变迁 [M]. 上海：上海人民出版社，2007.

重满足人民群众的需要，使中等职业教育惠及各级各类群体，办好人民满意的教育。这一时期，国家高度重视个体发展，将人民的需求作为党和政府发展的重要依据，中等职业教育的人本主义价值取向得到了极大的发展。2010 年后，实用主义哲学呈现复归的趋势，实用主义哲学从社会发展的全方位视角出发，不仅关注经济社会的发展，也关注人类本体的诉求。2012 年以来，新时代中国特色社会主义思想不断得到孕育和发展，并在 2017 年十九大报告中得以确立。习近平新时代中国特色社会主义思想以"人民对美好生活的向往"为奋斗目标，对国家未来的发展做了全方位规划。党的十八大将"办人民满意的教育"列为民生之首。据统计，在党的十九大报告中，"人民"一词出现了 203 次，彰显出新时期党对广大人民的关照。[①] 这一时期中等职业教育的育人功能开始落地，中等职业教育功能从满足个体整体发展的需求转向以满足个体的全面、可持续和终身发展为价值取向，回归对教育个体生命的关注，中等职业教育的育人功能尤其体现在对民生问题和弱势群体的关注。

2. 功能行动

从 2004 年起，全国大范围出现了"技工荒"的现象，这是一种人才结构性短缺，作为培养高素质劳动者和中、初级技术人才的中等职业教育受到了极大的重视。为了凸显中等职业教育的就业功能，应对"技工荒"，我国政府出台了相关政策。2004 年 2 月 10 日，教育部颁布《2003—2007 年教育振兴行动计划》，提出"以就业为导向，大力推动职业教育转变办学模式"。2005 年，《国务院关于大力发展职业教育的决定》明确提出，"在 2010 年前，不允许中职升高职或并入高等学校，不允许专科高职升本科"，这从侧面体现了稳定职业教育，充分发挥职业教育"以就业为导向"的就业优势。《国家教育事业发展"十一五"规划纲要（2006—2010 年）》中，也把职业教育作为教育工作的三个战略重点（农村九年义务教育、职业教育和高等教育）。发展职业教育的具体举措：一是政府财政加大对职业教育的投入，为贫困学生特别是中西部地区农村学生提供资助；二是中等职业学校百万扩招，每年扩招 100 万人；三是为了应对"技工荒"，中职学校招生范围逐步扩大，除招收应届毕业生外，开始招收未升学高中毕业生、下岗失业工人、进城务工人员、在职人员和农村剩余劳动力。2007 年《教育部关于进一步做好高等学校各类招生管理工作的通知》明确指出"专升本招生计划不超过当年高职高专毕业生的 5%，五年制高职招生不超过当年高职高专招生计划的 5%，高校对口招收'三校生'比例不超过当年中职毕业生的 5%"，这阻碍了中等职业教育毕业生的向上流动。但可以肯定的是，这一时期中等职业教育的就业功能仍占据主导地位。

---

① 陈鹏，Carsten Schmidtke. 中国职业教育哲学：嬗变、规律与展望 [J]. 职教论坛，2018 (02)：9.

（1）招生情况

中等职业教育的招生仍以中考为标准，这导致中等职业教育功能的失调，难以依据不同个体发展的需求提供合适的教育，只是根据成绩高低，将成绩好的学生分配到普通高中，将成绩差的学生分配到中等职业学校，难以实现中等职业教育为不同智力类型的学生提供合适教育的选择功能。

（2）课程设置

这一时期，中等职业教育的课程设置由注重单一技能培养开始向学生能力培养转变。开始注重文化基础课程和相关课程，促进学生职业素质的提升及综合素质的提升，中等职业教育在课程设置上注重与普通高中教育课程的融通。但这只是学校的设想，在具体实施过程中，还存在一定的难度。具体表现在课程设置普职割裂性明显，并且中等职业教育的课程设置与高等职业教育的课程设置缺乏一定的衔接性。

（3）职业资格证书与学历证书缺乏互通

中等职业教育的职业资格证书与普通高中教育的学历证书缺乏互认制度，难以实现职业资格证书与学历证书的等值。现代职业教育的缺失导致普职缺乏沟通，中高职衔接不畅，难以满足个体向上流动的需求，直接导致中等职业教育出现生源困境。

（4）就业质量不高且稳定性差

中等职业教育毕业生就业率高，但就业质量不高且稳定性较差。加之中等职业教育毕业生的薪资待遇较低，社会地位也相对较低，导致学生和家长基于"理性经纪人"的考虑，更倾向于选择能够继续升学的普通高中教育。

3. 功能结果

随着经济社会的发展，人们生活水平的提升，同时这一时期的高等教育开始扩招，人们开始追求升学教育，这导致中等职业教育功能发生变化，升学功能不断发展，并与就业功能进行博弈。过分关注中等职业教育的功利价值，导致升学功能出现异化，大量的中等职业教育办成了升学教育，出现中等职业教育功能失调。于是，国家出台相关政策，坚持中等职业教育就业功能不动摇。我国仍是发展中国家，现阶段的基本国情决定了我国仍需要大量的初中级技术人才。国家层面高度重视中等职业教育的就业功能，但是，这并不意味着就业功能是中等职业教育的唯一功能。中等职业教育的升学功能和就业功能的争论，从中等职业教育诞生之日起就从未停歇。这个时期，中等职业教育的功能是以国家需要为主导的就业功能与个体需求为主导的升学功能的博弈过程。这两者之间，并不是与生俱来就存在冲突，升学可以在职业教育体系内升学，就业后仍可再"回炉"读书，其关键问题在于我国尚未建成现代职业教育体系，这就导致中等职业教育是一种"断头教育""次等教育"，是以一种层次教育存在，而不是以类型教育存在。在职业教育体系内升学无望，向普通教育转轨也无望，从而导致中等职业教育功能失调，使中等职业教育沦为"次等教育"。就教育的价值取向而言，中等职业教育的升学功能与就业功能并不是对立的。客观来说，所有的学术教育所培养的人，最终都会进入实践领域，也可以说所有的教育其最终的归宿都是就业教育。

兼顾社会功能与育人功能。2012年开始，农村家庭子女可以享受免费上中职的待遇，这在某种程度上降低了社会矛盾，避免将农村家庭子女过早地推向社会，同时也为中国的经济产业积蓄力量。2012年党的十八大指出要加强职业技能培训，这就对中等职业教育的职业培训功能提出了要求，不仅要好就业，更要就好业。2014年《国务院关于加快发展现代职业教育的决定》进一步提出，职业教育要坚持"以立德树人为根本，以服务发展为宗旨，以促进就业为导向""加强文化基础教育，实现就业有能力、升学有基础"，这是对中等职业教育育人功能的进一步强化。

第二节　中等职业教育功能变迁的内在逻辑

基于历史与逻辑相统一的观点，现代职业教育是工业化的产物，我国真正意义上的工业化始于中华人民共和国成立。因此，从宏观层面对中华人民共和国成立以来我国中等职业教育的功能进行历史梳理，在不同社会发展阶段，从政策层面对现代职业教育体系构建及中等职业教育功能进行梳理，现代职业教育体系是经济社会转型的必然产物，同时也是中等职业教育功能变迁的重要依托。社会结构变迁推动了现代职业教育体系的不断完善，中等职业教育功能失调是历史发展的必然结果。我们通过对现代职业教育体系的构建及相关制度的完善，对中等职业教育功能不断调适，促使中等职业教育功能定位应然样态的实现。一直以来，中等职业教育功能受国家政策的影响巨大，中等职业教育的社会功能占据主导地位。随着人本主义价值取向的发展，中等职业教育逐步开始关注民生发展，其育人功能也在不断发展。社会结构、现代职业教育体系、教育价值取向、个体需求、国家需求与中等职业教育功能之间的互动关系是本书的基本假设，也是研究者刻画中等职业教育功能变迁，探求中等职业功能定位的逻辑基础。

一、社会结构变革：功能变迁的环境基础

对我国中等职业教育的功能变迁进行梳理，我们可以清晰地认识到，社会结构变革是中等职业教育功能变迁的环境基础。中华人民共和国成立以来，在计划经济体制下，中等职业教育的功能呈现一定的特点，职业教育统招统分，这一时期的中等职业教育并不是真正意义上的职业教育。随着改革开放的推进，经济社会的转型，我国由农业社会向工业社会转变，由计划经济体制向市场经济体制转变。社会结构的变革，对人才需求提出了新的要求，催生了现代职业教育体系的构建及中等职业教育功能的变迁。社会结构变革所产生的一系列连锁反应是中等

职业教育功能变迁的环境基础，包括现代职业教育体系构建、国家需求及人的需求变化和教育价值取向的变革等。对我国中等职业教育功能变迁进行梳理可以发现，以国家主体或者社会本位的立场来认识与定位教育功能，无疑是推动我国教育体系改革与发展的主流观念。值得注意的是，在我国，经济社会发展需求一直是中等职业教育功能变迁的主要依据，尤其是国家政策导向一直是中等职业教育功能变迁的重要依据，政府通过出台相关政策，对中等职业教育的功能定位进行方向引领。21世纪以来，政府相继出台了一系列政策和制度，为中等职业教育的发展创造了各种条件，然而，在我国，由于体制沟通及教育体系尚未健全等问题，还存在市场企业人才需求与中等职业教育人才供给失衡的现象。因此，中等职业教育的功能定位尚未完全满足国家经济社会发展的需求。政府语境下对中等职业教育培养目标、办学功能的认识本质上是一种功利主义的价值取向。随着经济社会的发展，以及人们对职业教育功能认识的深入，中等职业教育的功能内涵不断丰富，在肯定其社会价值的同时，中等职业教育的人本主义价值受到了极大关注。同时，现代职业教育体系不断完善，为中等职业教育功能多元化的实现提供了重要依托。

二、现代职业教育体系构建：功能变迁的重要依托

社会转型发展，对人才层次、类型的需求发生变化，这直接推动了现代职业教育体系的确立及不断完善。具体表现为现代职业教育体系的结构不断完善，由以往的层次教育，转向包括初等职业教育、中等职业教育、高等职业教育在内的类型教育。同时，在现代职业教育体系内部，中、高等职业教育衔接；在现代职业教育体系外部，职业教育与普通教育互通，并与劳动力市场实现沟通。一方面，现代职业教育体系的完善，为中等职业教育功能多元化提供了条件，促进了中等职业教育功能的实现，中等职业教育功能的实现需要依托现代职业教育体系的构建，以现代职业教育体系为载体；另一方面，中等职业教育功能的多元化也促进了现代职业教育体系的不断完善与发展，二者互为结构与功能。然而，现阶段我国实行"双轨制"教育体制，普通教育与职业教育处于不同的两轨，由于现代职业教育体系不完善及其功能的缺失，导致普通教育体系与职业教育体系缺乏互通，中等职业教育成为"次等教育"，阻碍了中等职业教育多元化功能的实现。我们现在亟须构建现代职业教育体系，打通中等职业教育向上的通道，沟通中等职业教育与普通高中教育，并促进二者的一体化发展。

三、需求变化：功能变迁的直接动力

社会结构变迁，使社会需求及个体需求不断变化。社会需求及个体多样化需求是推动中等职业教育功能变迁的重要因素。以"理性人假设"为基础，即作为决策主体的人都是理性的，他们既不会感情用事，也不会盲从，是否就读中等

职业学校是基于对个人利益得失的综合衡量的结果。在不同的历史时期，中等职业教育给学生个体带来的收益不同，导致学生对中等职业教育的态度和行为也有所不同。中等职业教育给学生个体带来的收益，既有中等职业学校可直接获得的经济利益，即能顺利就业，也有间接的社会收益。20世纪五六十年代到20世纪80年代初期，人们基于利益的获得，渴望获得职业，获得更高的社会地位，而中等职业教育恰好能满足人们这方面的需求，这时，国家经济社会发展对中等职业教育的需求与个人对中等职业教育的需求一致，所以在这一时期，中等职业教育得到快速发展。然而，到了20世纪末，国家就业制度和就业环境发生变化，毕业生不再包分配，需要企业和学校之间进行双向选择，加之，国有企业深化改革，导致大量工人下岗，企业吸纳中职生的名额十分有限，经就业形势研究，就读中等职业教育的经济利益大幅缩减，就读中等职业学校的直接利益缩减，从间接社会收益来看，中职生荣誉感不复存在，社会地位下降。

第一，高校扩招激发了人们就读高等职业教育的热情，大学生的社会地位远远超过中职生，中职招生规模下滑，录取分数线呈断崖式下滑，中等职业教育甚至被贴上了"差生教育"的标签；第二，中等职业教育是"断头教育"，中等职业教育以就业为主要功能，只有不超过5%的学生能升到高职院校继续就读，在人们崇尚高学历的社会氛围下，中等职业教育的社会地位式微。尤其是2010年以来，中等职业教育的下滑趋势更加明显，国家一再重视中等职业教育发展，提出了职普比例应大体相当，但为何中等职业教育规模仍旧不断下滑，并尚未呈现回升的态势？究其原因是中等职业教育功能定位难以满足个体多样化的需求。因此，亟须在分析人多元化需求的基础上，对中等职业教育的功能进行整合和优化。

四、功能演变：功能失调与调适

结构功能主义认为，社会由各个要素构成，各个要素之间相互作用，推动整个社会的发展，如果要素之间存在矛盾，那么社会系统就会处于失调的状态。不得不说，中等职业教育功能变迁的过程实质上是在社会结构、教育结构变迁的基础上，由国家生存心态及人的需求推动的，中等职业教育功能的变化过程是从失调到不断调适的周期性变化过程。中等职业教育功能失调是中等职业教育发展的必然阶段，中等职业教育功能的发展是一个动态过程，即使达到平衡，也是一个动态的、相对的平衡。中华人民共和国成立以后，我国仍处于计划经济时期，中等职业教育实施统招分配政策，中等职业教育并不是完全意义上的职业教育。学生接受中等职业教育，毕业后可以找到较好的工作，并且拥有较高的社会地位，这能满足个体向上流动的需求及这一时期经济社会发展的需求。因此，在这一时期，中等职业教育功能处于相对平衡状态。改革开放以来，随着我国经济体制改革，我国由计划经济体制步入市场经济体制，对技术技能型人才的需求不断提升,同时,统招分配政策改革,中等职业教育作为促进经济社会发展的工具存在,其经济功能凸显。由于社会结构的变化、教育结构的不断完善和教育层次的提升,中等职业教育原有的功能难以适应经济社会发展的需求,中等职业教育功能失调,单一的就业功能难以满足人们追求更高层次教育的需求,同时由于相关制度的限制,导致中等职业教育升学渠道不畅,其升学功能难以充分发挥。国家通过出台政策,对中等职业教育功能失调进行调适。通过构建现代职业教育体系,改革高等职业教育招生制度,打通中等职业教育向上的通道,促进中等职业教育升学功能的实现。随着经济社会转型的不断推进,中等职业教育的功能呈现多元化的趋势,并从满足经济社会发展转向关注人的发展上来,将中等职业教育功能落到关注民生发展上来。

  这种既复杂又变化多端的关系,不同国家、不同的历史条件会受到不同因素的影响。因此,中等职业教育需要着眼未来的社会变革与职业演变,制定灵活多样的中等职业教育功能定位。不可否定,中等职业教育功能定位应然样态的确立需要依据国家经济社会发展的需求。但是,完全依附经济社会发展的需求,不顾教育发展规律及人的需求,这种工具导向的中等职业教育功能定位取向,是难以维系的。要兼顾中等职业教育的育人功能,关注民生发展,使中等职业教育回归育人本质。我国中等职业教育是外发形成的,从产生之初就存在适应性问题,加上我国处于经济社会发展转型的关键时期,经济社会发展面临新的形式,亟须在新形势下统筹国家经济社会发展需求、个人发展需求和教育发展的规律。只有基于构建现代职业教育体系,实现中等职业教育的多元化功能,才能促进我国经济社会发展,满足人们多样化的需求。

第三章
中等职业教育功能失调的实践表征

　　基于上述理论分析及对中等职业教育功能的历史梳理，中等职业教育功能的演变实质上是一个从不断失调到调适的周期性发展过程。那么中等职业教育功能失调的实践样态是怎样的呢？具体而言，本章要呈现的是经济社会转型期中等职业教育功能失调的实践表征，具体通过现代职业教育体系构建与中等职业教育功能的关系进行分析。现代职业教育体系随着经济社会转型而产生并不断发展，是时代的产物。现代职业教育的产生和发展为中等职业教育功能的变迁提供了重要的依托。任何研究都要朝向事情本身，要厘清研究的问题实质，首先要做的就是直面研究对象本身，去听、去看、去感觉问题的本真样态。因此，我们通过访谈的质的研究方法对中等职业教育功能失调的现状进行分析，深入中等职业教育的教学实践，对中等职业教育功能取向、功能行动、功能结果进行全面分析。

　　对具体研究方法、研究过程、资料的编码方式及研究信度和效度进行分析，这是进行研究的基础和前提。研究方法的选择要适合研究的本体，进一步而言，研究对象的选择要有一定的代表性。在确定研究方法及研究对象的基础上，开展访谈研究，并对收集的资料进行分析、编码，在具体研究开展过程中，研究对象的选择、研究数据的收集和分析应确保规范性，这是研究信度和效度的重要保证。对研究方法、研究对象、研究过程、资料编码及研究的信度和效度进行介绍，并初步得出研究结论。

一、研究方法的选择

　　陈向明教授认为在质性研究中，研究人员应当从当事人的立场出发去了解他们的看法，并关注当事人的心理状态及意义建构，从而对意义进行解释性理解。[①] 在本书中，由于中等职业教育功能的复杂性及难以量化，本书选择了质性研究方法，深入中等职业教育的教学实践，了解教育行动者的实践和经历，并赋予其一定的内涵与意义。因此，质性研究侧重对意义的理解和关注。对研究者收集的资料进行概念建立，分析概念与假设或理论之间的关系，发现质性研究的过

---

① 陈向明. 质的研究方法与社会科学研究方法 [M]. 北京：教育科学出版社，2000.

程是一种自上而下的归纳性过程。① 因此，本书通过质性研究方法，对中等职业教育功能失调的实践表征进行描述，对中等职业教育功能取向、中等职业教育功能行动及中等职业教育功能结果进行描述。

我们在这里选取访谈研究法，对研究问题进行深入分析。访谈研究法是指基于一定的目的和规则，研究者通过谈话的方式与被研究者进行互动，从而进行资料收集的一种研究方法。访谈法根据研究者对访谈的不同的控制程度，分为结构性访谈、非结构性访谈和半结构性访谈。结构性访谈又称为标准化访谈，需要对访谈过程高度控制，由于中等职业教育功能的复杂性，采用结构性访谈有一定的难度，非结构性访谈在本书中也很难实现。因此，针对本书研究问题的特点，我们采用半结构性访谈，即按照一个组线条式的访谈提纲，对访谈者进行访谈，访谈者在具体的访谈过程中可以根据实际情况做出必要的调整，半结构性访谈具有灵活性、可操作性等特点。基于对已有文献梳理的基础上，吸取职业教育专业领域研究者的建议，设计访谈问题。

二、受访者的选择

基于大桥薰关于教育病理学的分析，教育功能障碍是在教育现场发生的，大桥薰以教育现场为中心，建立了教育病理的分析框架，这个分析框架包括家庭、学校及企业。基于此，本书借鉴大桥熏教育病理学的分析框架，从社会、学校、家庭三个维度入手，对中等职业教育功能失调进行分析。从当事人的视角来理解他们的行为意义以及他们对中等职业教育功能的看法，主要是通过教育行动者的需求及教育行动者的教育选择体现出来的。本书对受访者的选择基于以下几点。

（一）地区的选择

本书的受访者主要是来自山东省淄博市、济南市、青岛市、菏泽市四个城市的中等职业院校的校长、教师、在校生、毕业生及这四个城市的企业一线工人及农民。之所以选择山东省，主要是因为山东省地处山东半岛，尽管省域内经济较为发达，尤其是沿海城市，经济较为发达，但是中西部地区经济社会发展不平衡，这能够为本书提供具有典型意义的基础条件。同时，山东省中等职业学校之间的发展存在较大的差距，能够为本书提供良好的样本条件。另外，研究者在山东省济南市某中等职业学校进行了为期半年的实习，对山东省内的中等职业教育学校比较了解，为访谈的顺利展开提供了可能和有利条件。

（二）学校的选择

学校是中等职业教育教学实施的主要场所，中等职业教育的学校包括职业高

---

① Sharan B. Merriam. Qualitative Researoh: A Guide to Design and Implementation [M]. San Francisco: Jossey - Bass, 2009.

中、中等专业学校、技工学校及成人中等专业学校，为了最大限度地获取多样化的资料，本书共选取了 8 所中等职业学校，包括中等专业学校 4 所（国家级示范校 2 所、非国家级示范校 2 所）、职业高中 2 所、技工学校 2 所。

（三）访谈对象的选择

选择这 8 所中等职业学校的 8 名校长、8 名教师（4 名理论课教师、4 名实践课教师）、16 名学生（来自 4 个不同专业）和来自山东省淄博市、青岛市、济南市、菏泽市四个企业的 4 名一线工人及 4 位农民。

三、进行访谈，并对访谈资料进行编码分析

开展访谈，在正式访谈之前，确定受访者、访谈时间、访谈地点和设计访谈提纲，在访谈开始之前与访谈者进行沟通。首先，在访谈开始前，要与访谈者进行沟通，并确定访谈时间、访谈地点、访谈次数，每次访谈时间约为 30 分钟；其次，与访谈者建立良好关系，告诉其此次访谈的意义及保密原则，并将访谈提纲于访谈开始前 2~3 天发送给受访者；最后，应在愉快、轻松的气氛下开展访谈，并通过录音的形式记录访谈内容。整个访谈在一个月内完成，济南、淄博的样本采用面对面的方式进行访谈，青岛、菏泽的样本采取电话访谈和网络访谈的方式进行。

接着对访谈的资料进行编码分析。所谓"资料编码"，是指对收集的原始资料进行编码，然后用逐级提炼和深化的方式，将资料呈现出来，并对资料进行意义解释。[1] 具体而言，第一，把访谈的资料由录音转换成文字，并对资料进行搜集，找到有意义的概念，并进行一级编码；第二，基于一级编码的零散性和随意性，进一步进行二级编码，确定主题关键词，包括经济社会、个体需求、价值取向、功能、升学、就业等；第三，在此基础上，对相关概念进行梳理的过程中发现，经济社会变革、个体需求变化是影响中等职业教育功能变迁的重要驱动力。

我们将范畴化的概念进行归纳整理，到与功能取向、功能行动和功能结构的功能分析框架有高度的一致性为止。相关概念主要指向六个方面的基本类属：一是经济社会；二是个体需求；三是现代职业教育体系；四是功能取向；五是功能行动；六是功能结果，并对其进行三级编码。正是由于经济社会的结构变化，现代职业教育体系的构建，社会需求和个体需求不断发生变化，中等职业教育功能难以满足社会需求及个体需求，从而导致中等职业教育功能失调现象的产生，并通过功能取向、功能行动和功能结构表现出来。

四、研究的信度和效度

所谓"效度"，是指研究结果的有效程度，是否能够真实反映研究对象的实际情况。所谓"信度"，是指研究结果的可信度，是否能够重复验证。在本书

---

[1] 陈向明. 质的研究方法与社会科学研究 [M]. 北京：教育科学出版社，2000.

中，我们采用访谈法对山东省四地的中等职业院校校长、教师、学生及企业员工和农民进行资料收集，尽可能全面地收集研究资料，不同地域、不同类型学校的访谈者具有一定的差异性，有助于研究结果的可靠性，并且笔者参与到中等职业教育教学实践中，进一步确保了研究结果的可靠性和有效性。

五、研究结果分析

通过访谈，对研究结果进行初步分析：第一，社会结构变化，现代职业教育体系不断完善，在中等职业教育实践中，中等职业教育与社会需求和个体需求之间存在矛盾，导致中等职业教育功能失调；第二，中等职业教育功能失调具体表现为功能取向、功能过程、功能结果整个功能过程的失调；第三，中等职业教育功能失调表现为育人功能对社会功能的僭越。

第一节 中等职业教育功能取向偏颇

功能取向即功能价值取向。功能价值取向的确立，即中等职业教育系统在对社会所赋予功能期待进行理解、分析、比较与判断的基础上决定是否以及怎样回应这些期待，从而确立自身功能取向的过程，[①] 其主体部分是中等职业教育对国家赋予的功能期待及个体的功能期待加以选择。基于中等职业教育功能主体的不同，中等职业教育的功能取向主要有个体取向和社会取向两类。因此，中等职业教育功能取向实质在中等职业教育实践中，表现为中等职业教育的价值取向。中等职业教育的价值取向与功能密切联系，在某个时期、某种社会环境下，某个人或群体比较偏重某种取向，重视某种功能，这是正常的，如果价值取向过于片面或只强调某个方面或某种功能而忽视甚至贬抑其他功能，就会出现偏差。

一、社会取向对育人取向的僭越

从中等职业教育的功能主体来分析，中等职业教育的功能主体包括社会和人，中等职业教育功能要以能满足社会需求和个体需求为目的，社会和人是中等职业教育功能实现的双重主体，以往的研究基本都肯定中等职业教育功能的"双重主体说"，即肯定中等职业教育的社会功能与育人功能。但是在中等职业教育的实践过程中，出现了社会取向过重、育人取向弱化的现象，具体表现为中等职业教育完全依据社会的需求发展中等职业教育，中等职业教育功能取向呈现升学取向和就业取向的功利化价值取向，忽视对人本身的关注。

一直以来，我国中等职业教育的社会功能取向占据主导地位。社会功能取向的强势遮蔽，使育人取向在当前中等职业教育中逐渐弱化，并沦为社会功能的附

---

① 张国强. 高等职业教育功能的失调与调适 [D]. 武汉：华中师范大学，2008：54.

庸。人们片面强调中等职业教育的实用性功能，当前在经济社会转型的大潮中，市场化的社会环境与高等职业教育大众化相互作用，衍生出中等职业教育功利化、标准化、产业化、普通化的不良倾向。唯社会需求和市场导向，把社会需求作为中等职业教育的出发点和落脚点，中等职业教育促进个体个性化发展、开发人的潜能、提升人的生命价值等功能被忽视。

中等职业教育重"就业率""升学率"，轻"成人教育"，只是教给学生基本的技术技能，只是注重学生成绩的好坏，而忽视学生的终身职业生涯发展，忽视学生生命价值的实现。学生的职业训练有成，但德行修养不够，学生的具体技能学习到位，但终身发展的能力掌握不足。在经济社会转型发展、人工智能冲击的今天，显然已经不足以在当今社会实现个体终身发展和自我价值的实现。本书对教师进行访谈，在"你期望中等职业教育的功能"这一项问题中，多数教师认为育人功能应该是学校最主要的功能。然而，在"学校的办学思想和实践中最主要的取向是什么"这一项问题中，大部分教师认为社会取向是其所在中等职业学校的办学思想和实践的主导取向，这体现了我国中等职业教育的社会价值取向。当前中等职业教育的发展，尤其是功能定位恰恰与育人功能相背离，更多地依赖经济社会发展的需求和个体的需求，进行专业建设、培养目标制定及课程设置，说明在中等职业教育教学实现过程中，存在对中等职业教育的期望与中等职业教育现实的反差，呈现出当前中等职业教育社会功能对育人功能的僭越。

现今社会功利化思想泛滥，大家都追求高学历，现在考研人数越来越多就是个例证。中等职业教育的本质功能是育人功能，但是在这种功利化思想泛滥的时代，学生、家长都追求高学历。尽管我国一再强调职业教育与普通教育具有同等重要的地位，但是不得不承认，社会上依然存在这样的风气，企业用人单位要求高学历，考公务员至少要求专科学历，中等职业教育的育人功能完全被社会功能所僭越，很多家长在选择中等职业学校时，将学校的升学率作为一个重要指标。中等职业学校不得不将办学功能由就业功能转为升学功能，满足学生和家长的需求。不靠升学率吸引学生，生源从哪里来？没有生源，学校的生存就是个问题。(Q-M-A-3)①

我们学校与很多企业签订了订单式人才培养协议。一方面，能确保为企业定向输送技能人才，满足企业发展的需求；另一方面，能确保学生毕业就能就业，提高学校的就业率。但是，这种订单式人才培养模式也存在一定的局限性。中等职业教育作为一种教育类型，其本质功能是促进个体的全面发展及学生职业生涯的发展。然而，订单式人才培养模式，仅仅按照某个企业的需求，为企业量身打

---

① 访谈编码由四个部分组成，所属地区、学校类型、受访者、编号。所属地区包括济南市、青岛市、淄博市、菏泽市，分别用大写字母 J、Q、Z、H 表示；学校类型一共有三种，职业高中、中等专业学校、技工学校，分析用大写字母 L、M、N 表示；受访者有校长、教师、学生、企业员工、农民，分别用 A、B、C、D、E 表示；阿拉伯数字则代表第几名受访者。

造人才，对个体进行单一技能的培养，这样不利于学生职业生涯的发展，中等职业教育就业功能的内涵亟须拓展，我们也在不断思考，怎样才能丰富就业功能的内涵，满足学生职业生涯发展的需求。(J-N-A-2)

在经济社会转型的背景下，社会对中等职业教育功能提出了新的需求，以往中等职业教育作为一种"断头教育"已经难以满足个体追求高层次教育的需求，同时，也难以满足产业结构升级转型对高层次技术技能型人才的需求。中等职业教育尽管以社会需求为价值取向，呈现功利化价值取向，但尚未满足经济社会发展的需求及个体发展的需求。同时，中等职业教育公共定位过分注重社会需求，反而忽视了中等职业教育促进个体全面发展的本体功能，个体需求难以满足，出现招生困难，导致中等职业教育规模缩减和吸引力持续下降。

二、升学取向与就业取向的博弈

基于社会价值取向，中等职业教育的升学功能与就业功能占据中等职业教育功能的主导地位。但是，不难发现，中等职业教育的升学功能与就业功能存在博弈，究其根本，是个体需求与社会需求的矛盾在中等职业教育发展过程中的具体体现。

(一) 完全市场导向化的就业功能

中等职业教育的管理体制决定了中等职业教育与生俱来与社会政府具有强烈的同构性，对社会的回应适应多过超越，工具思想盛过自由理性。我国政府从政策层面肯定了中等职业教育的功能定位，即以就业为导向。然而，中等职业教育以社会和市场需求为导向，这是万万不可取的，把社会需求作为中等职业教育的唯一出发点和落脚点，中等职业教育价值的大小完全取决于与市场及社会需求的契合程度。尤其是一些地方政府管理人员持"唯就业论"的政策理念，将就业率作为评判一个中等职业学校发展的指标，尤其是将初次就业率作为评判中等职业教育发展的重要指标，这未免有失偏颇。尽管我国中等职业教育的初次就业率居高不下，但中等职业教育仍缺乏吸引力，生源仍不足。普通高等教育的初次就业率远不及中等职业教育和高等职业教育，但是，人们却趋之若鹜，这背后的原因值得深思，以就业率作为评判中等职业教育发展的指标是不合理的，是难以维系的。在访谈中，有学生指出，学校为了追求就业率，只对学生进行单一技术技能的培养，难以实现学生的全面发展，这种工具性功能对育人功能的僭越，在中等职业学校比比皆是。

尽管作为中等职业学校的一名在读学生，但坦白来讲，我对中等职业教育并不满意。我们每天就是学习专业知识，很枯燥，大家都说我们学校的就业率高，我们跟以往就业的师哥、师姐也有联系，平时也进行交流。在交流中我们发现所谓的就业率高，仅限于有个工作，很多师姐、师哥对工作其实并不满意。很多工作都是重复性、机械性的工作，工作环境及待遇远不及本科生，由于专业知识、技能的缺失，想换工作非常困难。学校整天对我们宣传就业率多高多高，可是就业质量并不高啊。学校单纯为了就业率，而定向培养人，培养学生的单一技能，不顾我们学生的职业发展需求，其实是害了我们学生啊！(H-N-C-1)

随着我国社会工业化程度的不断加深，第四次工业革命以人工智能的兴起和运用为标志。进入人工智能时代，机器的智能化水平不断提升，以往机械性、简单性、重复性的工作将会被机器所替代，这进一步导致相关工作岗位的减少，对中、初级技能人才的需求也呈现递减的趋势，单一技能人才已经不符合时代发展的需求，人工智能时代需要的是有学习能力和专业知识广泛的人。

(二) 趋同于普通高中的升学教育

升学取向过重。随着高中阶段教育的普及，高等教育大众化，对中等职业教育个体而言，基于功利化的价值取向，个体追求高学历，渴望接受高层次教育。因此，个体期望中等职业教育也具有升学功能，导致部分职业院校在学校内办起升学班，与普通高中无异，完全按照普通高中的课程设置及办学模式，这就导致中等职业教育育人的式微及特色的弱化。在访谈过程中我们发现，许多学生就读中等职业学校是无奈之举，单纯为了毕业后能找到工作，或把中职作为升学的跳板。在走访中我们发现，许多学生就读中等职业学校的目的是继续升学，并没有接受职业教育的意愿，通过中等职业学校，接受普通教育，为高考做准备。山东省多数中等专业学校都设置了综合班，也就是升学班，这部分学生接受与普通高中学生相同的课程，为高考做准备。这实质上反映了学生家长作为教育行动者，其功能取向的偏差，一味为了追求高学历，不管自己的孩子是否适合接受普通教育，这进一步导致了中等职业教育追求升学功能的功利化价值取向，同时弱化了中等职业教育促进学生生涯发展的功能，弱化了中等职业教育的就业功能。

中等职业教育的功能应该是育人和促进学生的全面发展。但是，现在为了迎合学生和家长对高层次教育的需求，中等职业教育的升学功能占据越来越重要的位置。我们教师也很为难，一方面，想通过开展合适的教育，实现学生的全面、个性发展；另一方面，很多家长送孩子来上中职，更多的是孩子没考上普通高中的无奈之举，尽管来上中职，但是家长更希望学生通过中职这个跳板，继续升学，追求更高层次的教育和学历。但有些学生并不适合升学，其兴趣不在那里，反而更适合学习一定的技能，毕竟不同的学生，智力类型不同，适合的教育类型也不同，但是家长并不这么认为，我们作为教师也很无奈。(J-L-B-2)

毋庸置疑，我们应当重视中等职业教育的升学功能。随着人们生活水平的提升，自然会对教育产生更高层次的需求，产生从接受教育到接受更高层次、更高质量教育的转变。因此，中等职业教育在功能定位时也要兼顾中等职业教育的升学功能，但是，无论个体需求如何发展，都不能超越中等职业教育的本体功能，即中等职业教育的育人功能。同时，也不能忽视中等职业教育的职业特色，一旦抛弃了中等职业教育的就业功能，中等职业教育就会沦为普通高中教育的附庸，其特色就会缺失，在升学方面与普通高中相比又无竞争力，必然会阻碍中等职业教育的可持续发展，更重要的是阻碍技术技能人才的培养，限制经济社会的发展。

社会和个体作为中等职业教育功能的"双重主体"，过分注重一方的需求，而忽视另一方的需求，都会导致中等职业教育功能的失调。正如有学者所言："在特定的条件下，一些冲突还具有强烈的排斥性和教育价值取向上的两难性与难以调和性，不是什么冲突都可以用'教育既要适应和促进社会的发展，又要适应和促进人的发展'这种简单、轻松的思维方式和折中主义式的庸俗辩证法就可以迎刃而解的。"①

第二节　中等职业教育功能行动偏差

功能实现是一种过程，同时也是客观活动的结果。中等职业教育功能主体的期待必须要通过中等职业的教育活动来实现，中等职业教育功能结果的实现必须通过中等职业教育实践来完成。将中等职业教育实践中产生的对中等职业教育功能结果的实现有重要影响的若干活动称为功能行动。在不同的功能取向指导下，中等职业教育的功能行动呈现不同的特点。吴康宁教授认为功能行动是指产生一定教育功能结果的行动，通过招生就业制度、培养目标设定和教育内容选择等方面具体表现出来。② 中等职业教育的功能发挥需要通过具体的教育活动来实现，具体表现在招生、教学、实习、就业等多项活动中。教学是中等职业教育最基本的活动过程，实习有助于更好地进行技术技能型人才培养，是中等职业教育不同于普通高中教育最大的特色所在。同样，招生、就业等活动同时对中等职业教育功能的发挥有重要影响。中等职业教育功能的发挥需要通过具体的中等职业教育活动来实现，而中等职业教育领域招生、教学、就业等活动的偏差和失效直接导致了中等职业教育功能失调。

一、招生行为不适且不公

招生工作是中等职业教育的基础环节，在初中毕业生规模不断减少的背景下，确保中等职业教育的生源数量及质量关系着中等职业教育的地位及可持续发展。通过招生进行的高中阶段入学机会的分配同时也称为影响社会流动与分层的重要因素，公平、合适的招生行为可以促进和维持正常的社会流动，倘若招生制度不合适，就会导致阶级固化，影响中等职业教育的地位及功能发挥。现阶段，一方面，由于我国现代职业教育体系的不完善，主要以学校职业教育为主，缺乏

---

① 扈中平. 教育目的论 [M]. 武汉：湖北教育出版社，2004.
② 吴康宁. 教育社会学 [M]. 北京：人民教育出版社，1998.

职业培训，导致中等职业教育招生面向狭窄，同时，现代职业教育体系不健全，高等职业教育缺乏，影响学生向上流动，也在一定程度上影响中等职业教育的招生。另一方面，我国的考试制度不健全，限制中等职业教育功能的发挥，中等职业教育招生行为存在不合适且不公平的现象。

（一）招生面向狭窄

一方面，随着我国人口生育率的下降，我国初中毕业生数量不断减少，而中等职业教育的生源主要来自初中毕业生，这进一步导致了中等职业教育的生源危机；另一方面，我国中等职业教育面向初中毕业生，招生对象狭窄。一直以来，我国的现代职业教育体系以学校职业教育体系为主，缺乏职业培训，同样，中等职业教育以学生职业教育为主，职业培训功能缺失，我们应认识到中等职业学校的任务不仅是进行职业教育，还要提供职业培训。并且，随着我国经济社会转型的推进，尤其是"制造业2025战略"的实施，"乡村振兴战略"的推进，中等职业教育的职业培训任务更加凸显。中等职业教育是一种面向广大平民的教育，这种面向平民的教育仅仅依靠学校职业教育难以实现。因此，中等职业教育的服务面向应该是广大人民群众，加之，中等职业教育作为农村职业教育的重要组成部分，其服务面向有其特殊性，不同于普通高中是一种精英教育，中等职业教育是一种面向人人的教育。因此在促进农村劳动力向城市转移，培养新型职业农民方面中等职业教育肩负重任，同时，在促进下岗工人再就业等方面，也具有重大作用。然而，现阶段中等职业教育的招生面向狭窄，阻碍了中等职业教育民生功能的实现。在对济南市某中等职业学校的调研中发现，该校95%以上的学生是应届初中毕业生。学校也开展职业培训，但多采用合作的形式，企业统一送员工来学校培训，合作的企业并不多，学校并没有开展针对个人的教育培训。不仅山东省如此，深圳市教育局发布了《深圳市教育局关于中等职业教育学校2018年自主招生工作的批复》，明确提出自主招生的对象为具有深圳市学籍的初三毕业班学生。中等职业教育招生面向狭窄，严重阻碍了中等职业教育多元化功能的发挥。

我在企业工作5年了，其实我也想学点其他的技术，换个工作。但是不知道去哪学，也不知道学校还接收我吗？其实我们厂里也有很多人像我一样，想重新回到学校学习技术或者提升学历，但是不知道具体的途径，还有就是我们能不能边工作边学习，利用业余时间进行学习？（Z-D-1）

我们县也有县级职教中心，虽然天天宣传让我们农民去职教中心学习农业技术，但是，具体怎么去学技术，我们都不了解，本来我们就没有什么文化，怕去了跟不上，对职业培训就更不了解了。其实我们平时在种植果树的过程中，会有很多的困惑，但是也不知道怎么解决，我们只能凭着经验摸索，如果能有机会学习相关技术，那就太好了！我还想把我的苹果放到网上去卖，我们村好多大学生回村创业，都在做淘宝，要是有机会能学一学就太好了！（H-E-2）

（二）招生考试制度不健全

中等职业教育招生同普通高中一样，通过中考，根据分数的高低对学生进行分流，分数高的初中毕业生进入普通高中，分数低的初中毕业生则进入中等职业学校，这就使大量的"问题学生"进入中等职业学校。这些学生进入中等职业学校后，由于本身基础差，再加上外部因素，导致这部分学生毕业后大多从事重复、机械性工作。现有的招生制度，并没有根据学生的需求和智能类型为学生提供合适的教育，招生制度反而成为促进社会流动的工具，大量的"问题学生"进入中等职业学校，导致中等职业教育功能出现偏颇，体现在中等职业教育的托底功能被污化。在访谈调查中我们发现，在"是否对所就读的学校满意"这项问题中，许多学生都是迫于无奈而接受中等职业教育的，他们根本就不想就读中等职业学校，因此，更谈不上对中等职业学校感到满意了。成绩优秀的学生进入普通高中，继续升学，大学毕业后，成为社会精英；"问题学生"进入中等职业学校，由于现代职业教育体系缺失等一系列原因，中等职业教育毕业生走向社会，只能从事重复、机械性的工作，从而导致中等职业教育陷入恶性循环，基于考试的招生制度反而固化了原有的社会阶层，进一步使中等职业教育沦为"次等教育"，成为普通高中教育的附庸。尽管自主招生在某些地区、某些学校已经开始试点，但是并没有大范围普及，而且自主招生的比例比较少，主要在部分发达地区。例如，深圳市教育局发布的《深圳市教育局关于中等职业教育学校2018年自主招生工作的批复》中，共有20所中等职业学校开展了自主招生，自主招生原则上不超过本校招生计划的30%。① 并且，由于现代职业教育体系的不健全，职业教育难以实现与普通教育的等值，导致自主招生本身缺乏吸引力。

很多家长让孩子来中等职业学校读书也是没有办法，孩子学习成绩不好，中考成绩出来，上不了普通高中，上中等职业学校是无奈之举。我们学校的学生基本都是考不上普通高中才来这里学习的。通过中考不同的学生进入不同的学习轨道，一部分学生接受普通教育，另一部分学生接受职业教育，这种基于中考的招生制度，本身就存在问题。中考只是对学生知识的考察，而不是对学生能力的考察，仅仅依靠学生成绩的高低，让其进入不同的轨道进行学习，本身就是不合适的，难以实现根据学生的智力类型差异来提供合适的教育（H-L-B-3）。

（三）招生阶层不公平

对山东省中等职业院校的生源进行调研发现，中等职业学校60%的学生来自农村，其余40%来自城市的学生均是低收入家庭的子女，其父母多为工人、个体经营者、技术人员等。同样，这个现象在全国范围内普遍存在，接受中等职

---

① 深圳市教育局关于中等职业教育学校2018年自主招生工作的批复[EB/OL]．www.51agov.cn，2018-05-08/2018-12-04．

业教育的学生多为低收入家庭子女。由于中等职业教育的功能狭窄，主要是传授低层次技术技能，且现代职业教育体系缺失，不像普通教育制度，拥有完整的学历制度体系和上升通道，而中等职业教育毕业生缺乏向上流动的通道。高收入家庭普遍不希望自己的子女接受中等职业教育，更倾向于让自己的子女接受拥有完整的学历制度体系和上升通道的普通教育，这就导致了中等职业教育的生源多为"问题学生"，这部分学生毕业后，又流向生产线成为生产线工人，反而加剧了阶层固化，难以实现中等职业教育促进社会阶层流动的功能。

我们的学生基本一半以上都是来自农村的，相对于普通高中，中等职业学校的学生家庭条件相对较差。很多家长让学生接受中等职业教育与中等职业教育免收学费有很大的关系。上普通高中，考大学无望，这就是所谓的"问题学生"，相对于普通高中的学生而言，这部分学生的基础较差，管理起来也存在一定的困难。但是孩子走向社会又太小，家长索性将孩子送到中等职业学校，所以也没对孩子抱有太大的期望，只要孩子不干出格的事情，能不能学到技术都无所谓，这也是一部分家长的心态。因此，教师更注重对学生的管理，教学任务就显得不那么重要了，加上这部分孩子基础差，管理起来比较困难，我们需要花费更多的时间和精力在学生的管理上，而不是教学上。（Q-L-A-1）

招生行为不适且不公，直接导致中等职业教育功能的缺失，在经济社会转型期，我国尚未完全步入工业社会，还有大量的农村人口存在，还有大量的贫困人口存在，中等职业教育作为与民生关系最为密切的一种教育类型，中等职业教育的生源现状，决定了中等职业教育功能的复杂性与特殊性。中等职业教育面对包括弱势群体在内的广大平民，其精准扶贫功能、社会托底功能等功能的实现，有助于促进社会稳定。然而，中等职业教育招生面向狭窄且招生制度的不适合，限制了中等职业教育多元化功能的实现。

二、教学行为偏差与低效

教学是发挥中等职业教育育人功能及社会功能的重要途径，中等职业教育的职业性决定了中等职业教学的特色，但是中等职业教育实际教学过程中出现的行为偏差与低效，直接影响了中等职业教育失衡功能及育人功能的实现。其具体表现为重视知识教学，轻视实践教学；重视单一技能培养，轻视学生职业生涯发展需求。

（一）重视知识教学，轻视实践教学

中等职业教育的职业性，决定了校企合作作为中等职业教育开展的重要依托，学生既要在学校中学习专业知识，又要到企业中进行实践锻炼。然而，由于实践基地的有限及相关条件的限制，在中等职业学校的教学实践中，存在重视知识灌输、轻视技能培训和精神培养的现状，将学生的全面发展降格为学生的片面发展。其具体体现在以下两个方面：第一，职业教育具有服务"经济发展、促进

就业、改善民生"的根本宗旨和价值追求，为经济社会转型背景下，探究中等职业教育功能提供了新的视角，中等职业教育作为一种教育类型，其本质是促进人的全面个性发展，回归中等职业教育的育人本质，具体通过中等职业教育的民生功能实现，以促进包括广大弱势群体在内的广大平民为对象，是一种面向人人的教育。但是，中等职业教育在发展过程中，存在重视知识教学，轻视实践教学的现象，导致其就业功能和民生功能难以实现。

其具体表现在以下两个方面：第一，重视学校职业教育，轻视职业培训，学校职业教育更注重专业系统知识的学习，轻视实践教学的开展，而职业培训功能的缺失，导致了中等职业教育技能培养功能的缺失，大量的工人、农民难以回炉接受技能培训，进一步限制了其就业；第二，由于现代职业教育体系尚未完善及校企合作的深入程度不够，在广大的西部地区，尤其是西部贫困地区，由于实习、实训基地的限制，中等职业教育在实际教学过程中，只重视知识教学，而轻视实践教学，将职业教育等同于普通教育，更注重理论知识的学习，轻视技术技能的培养，限制了这部分人才的流动。

我们在学校，主要就是学习专业知识，课程设置以专业课为主，主要是通过课堂上教师的讲解，进行专业理论知识的学习。我们学校的实践基地少，学生多。因此，不可能每个学生都能够到实践基地动手体验技术操作过程，我觉得虽然我明白了理论，但是真正让我操作起来，我也不知道自己能不能行。(H-N-C-4)

（二）重视单一技能培养，忽视学生职业生涯发展需求

注重技术技能的培养，忽视人格的构建和终身发展。将学生的发展降格为片面的发展，在"你所在学校的教学内容"这项问题中，大部分学生提出习得技术技能是其在学校学习的主要内容。但在实际的调研中发现，中等职业院校，尤其是技工学校，注重技术技能的获得，甚至把学生获得技术技能作为唯一的教学目标，忽视了学生生涯发展、相关知识的学习及人格的培养，培养的是简单工人。学生走向社会以后，单一的技术技能难以适应岗位需求的变化，忽视了对学生职业精神的培养。加之，学生学习能力的缺乏，自然不能很好地适应工作岗位。实习以机械性重复训练为主，实习是中等职业教育的一大特色，也是高中教育与中等职业教育的不同之处。通过校企合作的形式，学生在完成两年的专业知识学习后，进入企业进行实习。实习包括认知实习、跟岗实习和顶岗实习等多种形式。在对山东省中等职业学校进行调研后发现，实习的主要形式为顶岗实习，一般由学校与单位签订协议，学生在结束两年的专业知识学习后，进入企业实习，但学生也可以自己选择实习单位。虽然相关文件规定中等职业学校学生的实习时间不得少于一年，但是很多中等职业学校的学生实习都是做一些简单重复的工作，并没有什么技术含量，而且有些实习专业根本就不对口，更不用说对学生创新精神的培养及职业精神的培养了，这导致了中等职业教育育人功能的缺失。

我们去企业实习了，但是我感觉实习对我来说意义不大，我们学的是计算机软件开发，但是我们实习去的是电子厂，根本没有机会接触计算机软件开发。在实习过程中，我感觉就是进行重复、机械性的工作，这种工作对我能力的拓展和专业技能的提升并没有什么用处。(J-N-C-5)

三、毕业生出口不畅

中等职业教育毕业生的出口主要有两个，一个是就业，另一个是升学。一方面，中等职业教育毕业生的初次就业率高，但是就业质量低，且就业稳定性差，导致了中等职业教育就业功能的失调；另一方面，由于现代职业教育体系的不健全，导致了中等职业教育的升学通道受阻，限制了中等职业教育升学功能的实现。

（一）就业质量低且稳定性差

我国中等职业院校的初次就业率高，2017年，全国中等职业学校（不含技工学校）毕业生就业率为96.38%，对口就业率为72.95%。① 但是，就业质量并不是只是由初次就业率决定的，还由就业的稳定性等因素构成。

1. 就业稳定性差

通过对山东省多所中等职业院校走访和对毕业生毕业一年回访发现，大约有50%的毕业生换了工作，大部分毕业生认为毕业时的工作单位并不适合自身的发展，并且对其工作满意度不高，这说明我国中等职业教育的就业功能尚未完全实现，就业稳定性差。

2. 就业质量低

现阶段，我国处于经济社会转型期，结构性失业现象严重，一方面，大学毕业生就业困难；另一方面，技术技能型人才奇缺，造成了巨大的教育资源浪费。中等职业教育作为中、初级技术技能型人才的培养基地，同时也肩负着为高等职业教育提供生源的重任。摒弃中等职业教育，必然会进一步引起技术技能型人才的缺失，导致严重的社会问题。

就业功能是中等职业教育的一大重要功能，就业质量的高低直接决定着中等职业教育就业功能的实现及中等职业教育的可持续发展。在我国，职业资格证书难以实现与学历证书的等值，尽管在2017年，全国中等职业学校（不含技工学校）毕业生中获得职业资格证书的占79%，② 但是，在现代社会文凭已经成为全民性的生存符号资本，学历作为个人实现社会分层和流动的首要条件下，导致了人们对高学历和高文凭的追逐，直接限制了中等职业教育功能的发挥。中等职业

---

① 王扬南，刘宝民．中国中等职业教育质量年度报告2018 [M]．北京：高等教育出版社，2018：33．
② 王扬南，刘宝民．中国中等职业教育质量年度报告2018 [M]．北京：高等教育出版社，2018：10．

教育作为一种类型教育，属于职业教育，肩负着服务就业的使命，然而其属于高中阶段教育，毕业生的文凭为中专文凭或者是获得职业资格证书，和本科文凭和研究生文凭相比较，中专文凭本身就是一个"次等"文凭，加之，职业资格证书在我国没有实现与学历证书的互通和等值，这就导致了在就业过程中，用人单位只看文凭不看职业资格证书的现象，导致了中等职业学校毕业生就业的尴尬局面。

学生的就业率比较高。但是，就业方面还存在一定的问题，就业的稳定性差，这也是中等职业学校中普遍存在的问题。我们的学生虽然很多都在毕业时找到了工作，但是一走向工作岗位，很多学生工作了一段时间后就觉得工作不合适，换成了其他的工作。我们学校也对毕业的学生做过调查，对毕业的学生进行电话访问，但是结果并不理想。我们作为教师面对这种情况也觉得很着急。（J-N-B-6）

（二）升学渠道不畅

虽然，我国中高职衔接采取了"3+2""2+3"、五年一贯制、高等职业院校对口招生等多种入学途径，但是中等职业教育进入高等职业教育乃至本科院校的升学渠道仍然不畅通。由于现代职业教育体系的缺失，尤其是高等职业教育层次不完善、中高职衔接不畅，直接导致了中等职业教育毕业生升学渠道不畅，影响了中等职业教育升学功能的实现，进一步引发了中等职业教育的发展危机。具体表现在：第一，高等职业教育体系不完善，导致中等职业教育升学缺乏途径，阻碍了中等职业教育毕业生向上流动；第二，由于高等职业教育招生制度的限制，中等职业教育毕业生对口升入高等职业教育受到限制，导致了中等职业教育毕业生升学通道受阻；第三，职业教育作为一种类型教育，培养的人才为技术技能型人才，单靠文凭是无法对其所掌握的技术技能进行衡量的。因此，职业资格证书显得尤为重要，然而由于我国职业资格制度的缺失，导致文凭与证书难以实现等值，学历制度与资格制度难以实现互通，阻碍了中等职业教育多元功能的发挥，使中等职业教育沦为"次等教育"。

虽然为了满足学生及家长对高层次教育的需求及对高学历的追求，学校也设立了升学班，但是由于中等职业教育对口升高职的渠道不畅，中等职业教育毕业生升入高等职业教育的比例还有待于进一步提升。同时，由于中等职业教育的学生多为"问题学生"，其知识及能力远不及普通高中学生，导致了中等职业教育升入普通本科的概率更小和中等职业教育升学渠道的不畅通。现代职业教育体系不健全且内外部沟通不畅，是限制中等职业教育升学功能实现的一个重要因素。（Q-M-B-3）

第三节　中等职业教育功能结果失调

中等职业教育的功能结果是指在中等职业教育价值取向的指导下，经过中等职业教育功能行动而表现出来的中等职业教育主体的实际效应和作用。中等职业教育功能结果是对中等职业教育进行功能分析的关键指标。传统的教育社会学从功能对主体的需要满足出发，将教育功能分为社会功能和个体功能两类。现阶段，我们不仅要关注中等职业教育功能对主体需要的满足程度，而且要关注功能产生的结果。

功能结果可以分为不同的层次：将社会功能分为社会整体功能和社会部分功能，社会整体功能是指中等职业教育对社会所发挥的整体效益，社会部分功能是指中等职业教育对文化、政治、经济等社会子系统的作用；将社会功能分为社会整合功能和社会分化功能，社会整合功能包括社会维持、社会再生产功能，社会分化功能又可以进一步分为社会选拔功能、社会流动功能和社会分层功能等具体功能；个体功能又可分为促进个体社会化功能和促进个体个性化功能。然而，由于现代职业教育体系的不健全，现代职业教育体系下中等职业教育功能取向的偏颇和中等职业教育功能行动的偏差，进一步导致了在现代职业教育体系下中等职业教育功能结果存在失调的现象，具体表现在以下四个方面。

一、重社会适应功能，轻社会引领功能

中等职业教育对社会发展的整体功能，更多地表现为中等职业教育适应经济社会发展的功能，较少的表现为中等职业教育引领经济社会发展的功能。具体到中等职业教育实践过程中，可以表现为工具思想胜过自由理性。在对教师及校长的访谈中发现，他们多次提及中等职业教育发展要适应区域经济社会发展的需求，凸显中等职业教育的就业功能。在访谈调研中我们发现，大家一致认为中等职业教育的发展及布局，尤其是专业设置、课程建设有必要适应区域经济社会发展的需求，依据区域经济社会发展对人才需求的类型和规模发展中等职业教育。但是，由于当前信息不及时和人才培养的滞后性，中等职业教育与市场化社会环境的相互作用，导致了中等职业教育出现功利化、产业化、标准化的不良倾向，具体体现为人才的结构性失业。倘若中等职业教育完全由经济发展"牵着鼻子走"，中等职业教育本身人才的培养就存在滞后性，中等职业教育作为一种类型教育，更注重其育人功能。现阶段，中等职业教育注重其适应功能，轻视其引领功能，导致了中等职业教育专业设置的滞后性，具体表现为中等职业教育专业设置过分依赖经济社会发展需求，缺乏动态调整机制。

我国处于第四次工业革命时期，人工智能兴起，产业结构转型升级速度加快，职业岗位不断变迁，岗位技术含量不断提升，中等职业教育在适应经济发展

需求的同时，其专业设置、课程建设实质上已经落后于经济社会发展的需求，导致了人才培养的供需失衡。中等职业教育促进并引领区域经济社会发展的功能难以实现，育人功能尚不能实现。

中等职业教育的社会适应功能是中等职业教育功能实现的必然结果，中等职业教育在适应区域经济社会化发展的同时，更要适当引领区域经济社会发展。然而，由于现代职业教育体系的不健全，职业教育与区域经济社会发展的沟通障碍，进一步导致了人才的供需失衡，中等职业教育适应、引领区域经济社会发展的功能难以实现。

山东青岛某中等职业学校校长谈到，中等职业教育学校的毕业生所学的技术都比较狭窄，再加上人才培养的滞后性、我国处于产业转型升级期，尤其是沿海地区经济较为发达的城市，企业的技术技能升级快，机器的智能化程度高，很多毕业生难以适应岗位的需求。因此，很多毕业生到了企业后，企业还要重新对他们进行重新培训，这就要耗费大量的人力和财力，因此，我们学校通过对口培养和定位培养的方式，培养符合企业需求的人才，同时注重学生的职业生涯发展，而不是单一的技术技能培养，但是，这种方式具体实施起来有一定的困难。(Q-M-A-4)

二、重社会分化功能，轻社会整合功能

中等职业教育从产生之初就以社会需求为主导，并呈现出明显的社会分化功能。一方面，通过中考，依据成绩将不同的学生分配到不同类型的学校中进行学习，成绩较好的学生进入普通高中进行学习，接受更高层次教育，从而获取相对较好的职业和较高的社会地位。但中考成绩较差的学生毕业后，流向了产线成为产线工人，从而加剧了阶层固化，难以实现中等职业教育促进社会阶层流动的功能，受教育者通过接受不同类型的教育实现了社会的分化功能。另一方面，接受中等职业教育的子女多为农民或工人的子女，而职业教育体系的不完善及不畅通，导致了接受中等职业教育的个体享有高等教育的机会和获得就业的机会不均等，进一步限制了底层人群向上流动的机会，固化了现有的社会分层。在一定程度上出现了布迪厄所提出的"文化再生产"现象，也就是所谓的"问题学生"，这部分学生直接流入社会，必然会引发社会问题。但是，不可否认的是中等职业教育承担了一部分托底功能，这部分"问题学生"进入中等职业学校后，能够掌握一定的技能，毕业后可以选择获得工作，也可以选择继续升学，可以满足其生产及发展的需求。中等职业教育的社会稳定功能及社会整合功能还需要进一步发挥。因此，中等职业教育在促进社会稳定方面肩负着重要责任，尤其在促进农村劳动力向城市转移、培养新型职业农民和促进社会整合的功能方面还有待于进一步提高。

在对中等职业教育促进社会整体发展的作用中，我们更多地要从中等职业教

育促进个体技术技能中获得，为不同智力类型的个体提供适合的教育，从而促进大量的群体就业，还要从促进一部分弱势群体获取工作的层面来分析。由于现阶段就业制度、招生考试制度等相关因素的限制，影响了中等职业教育功能的发挥，使中等职业教育功能出现失调，但应该肯定中等职业教育的社会整合功能。

有企业员工谈到，我们本来就是产线工人，本身工资不高，待遇也不好，现在经济形势不太好，哪天企业没有了，我们就失业了，生活都是问题。让学生接受中等职业教育也是无奈之举，高中没考上，上民办高中又没有那么多钱，上大学又是一大笔开支，中等职业学校免学费，并且学校承诺毕业后给安排工作。因此，我们就给孩子选择了中等职业学校，孩子毕业后到工厂工作，对孩子未来的发展也许就是最好的选择，但也是无奈之举。（Z - N - D - 3）

三、重经济、政治功能，轻文化功能

我国中等职业教育在发展过程中，比较重视其经济功能、政治功能，轻视其文化功能。中等职业教育无论是过分注重哪一种功能，还是轻视另一种功能，都会引起功能失调现象的产生。

经济功能一直是我国中等职业教育的核心追求，中等职业教育的培养目标为高素质劳动者和技术技能型人才，注重中等职业教育的就业功能，促进经济发展。中等职业教育本身就具有很强的经济功能，片面追求和强调中等职业教育的经济效益和功能，忽视教育的文化功能，在一定程度上会影响中等职业教育功能的全面发挥，具体表现在中等职业教育注重职业技能的传授，忽视职业精神的培养，尤其是忽视工匠精神的培养，导致培养缺乏创新精神的"工具人"和"只见工具不见人"的现象产生。中等职业教育首先是一种教育类型，需要体现其育人的本体功能，其次才是中等职业教育的职业性，通过技术技能传授，促进人的全面发展，不仅包括其动手能力的发展，更包括知识的获得及品德的培养和价值观的养成。忽视中等职业教育的文化功能，过分注重中等职业教育的经济功能，必然会导致中等职业教育功能失调，具体表现为现阶段中等职业教育功能功利化价值取向导致中等职业教育的发展危机及生存危机，阻碍经济社会发展，以及个体全面、个性的发展。

政治功能作为中等职业教育功能的组成部分，同样具有重要地位，但是仅注重中等职业教育的政治功能，忽视其经济功能及文化功能，同样会导致中等职业教育功能失调。党的十八大后首次把"立德树人"作为教育的根本任务，习近平总书记反复强调"立德树人"，培养中国特色社会主义事业的建设者和可靠接班人。

中等职业教育对经济功能和政治功能的过分强调，严重影响中等职业教育功能的全面发挥。中等职业教育沦为经济社会发展的工具，忘记其根本任务是培养人，中等职业教育的文化功能萎缩，中等职业教育功能结果存在偏离的现象。

有校长谈到，中等职业教育学校不是"批量生产"，而是要注重对学生品德的培养和精神的塑造，做到"技德并重"。中等职业教育的本体功能仍然是育人功能，对中等职业教育的经济功能、政治功能和文化功能等，都要各有关照，不能因重视其某一种功能，而忽视另一种功能。在中等职业教育教学实践中，不仅要培养学生的技术技能，让学生毕业后能够就业，还要培养学生的工匠精神，让学生热爱自己的工作并具有敬业精神、创新精神，能够踏踏实实、一丝不苟地工作，这也是学生自我实现的重要思想动力。中等职业教育尽管致力于培养学生的技术技能，但是其塑造人和培养人的功能也不能忽视，"立德树人"仍然是中等职业教育的重要功能。（H-N-A-6）

四、重社会化功能，轻个性化功能

中等职业教育作为与经济社会发展联系最为密切的一种教育类型，其社会功能不可否认，塔尔科特·帕森斯将教育过程看作是人习得社会规范、获得社会生存技能的社会化过程，然而，中等职业教育作为一种培养人的活动，若长期重视其社会化功能，忽视育人功能，将会引发各种问题，影响人的个性化发展，导致中等职业教育的可持续发展。现阶段，我国中等职业教育重视社会化功能的具体表现有以下几点：

第一，重视就业率、升学率，忽视成人教育。许多学生尽管已经升学、就业，但是成为具有知识技能和高深知识的片面人，导致育人功能的缺失，阻碍学生的自由发展及生命价值的实现。第二，重视社会发展需求，忽视个体成长需求。中等职业教育承担了太多的外在目的，为了塑造适合经济社会发展的人，忽视了人的个性化发展和内在发展的需求，将经济社会发展需要的技术技能作为主要目标，将人的道德、价值、情感体验及生命价值排除在中等职业教育的视野之外。第三，将中等职业教育的功能简单分为就业功能和升学功能，忽视对就业功能及升学功能的整合，导致人才培养的片面化。

对山东省烟台市某所中等职业学校进行走访，我们发现其班级设置分为两种类型，包括"综合高中部"和"职业中专部"。"综合高中部"的课程设置与普通高中的课程设置非常类似，培养模式也与普通高中基本相同。综合高中部的学生毕业后通过全省学业水平考试，颁发"山东省普通高中毕业证书"，可以参加全国夏季高考。"职业中专部"主要是以某种专业技能的学习为主，忽视学生职业生涯的发展和综合素质的培养。职业中专部的办学定位是升学与就业教育并重，对2015年的毕业生走向进行调研，发现其毕业生升高职及普通高等院校所占的比例为2015级应届毕业生的30%，但是这些学生多升入高等职业院校，升入普通高等院校的比例在5%左右。另外，对山东省某所技工学校走访发现，技工学校的就业功能占据主导地位，学校与企业签订对口培养协议。技工学校的学生在学校进行为期一年的理论学习后，到学校对口企业进行实习，毕业后可直接就业。这有助于依据企业需求进行人才培养,确保人才培养的适应性。但不可否认的是这种培养模式也存在一定的局限性及缺陷,毕业生全部实行"双证制",颁发山东省劳动和社会保障厅验证的"毕业证书"及相关专业的"国家职业资格证书"。

中等职业教育的社会化功能与个体化功能都是中等职业教育功能的重要组成部分,中等职业教育的"双重主体"决定了中等职业教育的功能兼顾社会化功能与个体化功能。随着经济社会的发展、现代职业教育体系构建以及现代职业教育体系的健全,中等职业教育应满足个体接受高层次教育的需求,满足个体个性化发展的需求,同时,满足经济社会发展对各层次、各类型人才的需求,促进了社会化功能与个体化功能走向整合。

有教师谈到,我们学校分为升学班和就业班,升学班学生接受的教育与普通高中无异,就业班的学生则进行技能培训,其功能定位为服务就业,服务经济社会发展的需求。这种简单地将中等职业教育的功能分为就业功能和升学功能的方式,功利主义取向明显,缺乏对学生生命体的关照,培养出的学生升学困难,就业也难以满足其终身职业发展的需求,中等职业教育必然缺乏吸引力,也不利于学生终身发展的需求。究其根本还是由现代职业教育体系不健全导致的,个体在职业教育体系内上升通道不畅,同时,职业教育体系的缺失,导致职业教育难以实现与普通教育的等值,个体的需求难以满足,同样,社会对人才的需求也难以得到满足。(Q-M-B-5)

第四章
中等职业教育功能失调的结构根源

教育作为一种社会制度,没有消亡的一个重要原因,在于教育不断依据环境的变化进行自身的调适。同样,中等职业教育作为与经济社会发展最为密切的一种教育类型,决定了其在社会结构变迁中,在教育结构调整下必须不断做出回应,调整其自身结构和功能,才能适应外部环境的变化。根据结构功能主义理论及教育病理学理论,中等职业教育功能失调的影响因素要从内外两方面入手进行分析。在第三章对中等职业教育功能失调进行事实呈现和判断的基础上,基于结构与功能之间的关系,我们对中等职业教育功能失调的根源进行分析。现代职业教育体系是中等职业教育功能失调与调适的重要依托。因此,本章更注重从现代职业教育体系与中等职业教育功能关系的角度与中等职业教育功能失调的结构进行分析。现代职业教育体系是随着经济社会转型产生和发展的,同时,现代职业教育体系是社会系统的重要组成部分,对现代职业教育体系下中等职业教育功能失调根源的分析,必然离不开对经济社会转型的全面分析。基于此,我们对现代职业教育体系下中等职业教育功能失调的内部结构根源、教育结构根源和社会结构根源进行分析。

第一节　中等职业教育功能失调的内部结构根源

中等职业教育的内部结构失调是造成中等职业教育功能失调的直接原因。中华人民共和国成立以来,我国中等教育的结构不断调整,中等职业教育结构状况必然反映在中等职业教育的形式、专业、区域以及职业学校的人员、专业、课程、机构等要素间的组合方式上,职业教育结构是以这些要素的配置方式为基础的。不同的配置方式决定了不同的结构形态,而这种结构的多样性决定了职业教育功能的多样化,使不同形式、人员组合和活动方式的职业教育活动具有不同的功能倾向。中等职业教育的内部结构失衡现象严重,直接制约中等职业教育功能的发挥,阻碍中等职业教育的转型发展。

一、中等职业教育区域结构失衡

由于我国幅员辽阔,加之我国处于经济社会转型期,区域经济发展差距巨大,城乡经济发展差距巨大,导致不同地区、城乡之间中等职业教育结构失衡,结构失衡进一步限制中等职业教育功能的实现，导致中等职业教育功能失调。

（一）不同地区中等职业教育结构失衡

从不同区域中等职业教育学校的分布及发展情况来看，东部、中部和西部中等职业教育发展失衡，具体表现为中部地区中等职业学校较多，西部地区中等职业教育受限，东部发达地区中等职业教育的规模呈缩减的趋势。不可否认，随着产业结构转型升级，中、初级技术技能型人才已难以满足产业发展的需求，东部发达地区居民生活水平不断提升，对教育的需求层次也不断提升，高等职业教育的大力发展及普通高等教育的发展，替代了中等职业教育的一部分功能，必然会导致中等职业教育规模的萎缩。但是，我们亟须认识到，产业结构转型升级所需要的高层次技术技能型人才，仅仅依靠高等职业教育难以实现，还需要依托现代职业教育体系，包括中等职业教育、高等职业教育在内的职业教育体系，促进高层次技术技能型人才培养链的完善。因此，在东部发达地区，一味地缩减中等职业教育规模，技术型技能型的积累性及人才培养的长期性决定了仅注重高等职业教育，忽视中等职业教育，难以培养高层次技术技能型人才；西部地区由于经济发展水平的限制，企业对技术技能型人才的需求量低，再加上受资金、设施等的限制，中等职业教育发展水平普遍较低。但是，我们亟须认识到，在广大西部地区及贫困地区，中等职业教育肩负着实现教育公平和促进西部贫困地区精准脱贫及普及高中阶段教育的重任。然而，西部地区由于中等职业教育学校数量不足，中等职业教育质量不高，难以满足农村劳动力转移、培养新型职业农民及普及高中阶段教育，结构的失衡必然会导致其功能的缺失。

从行政区域划分来看，全国各地中等职业学校的数量差距较大，河南省为中等职业学校最多的省份，有640所，其次是河北省，有609所；中等职业教育较少的有西藏、宁夏、青海、海南等省份和天津、北京等市，都在100所以内。同时，各地中等职业教育的发展规模差异较大，中等职业教育招生规模较大的地区集中在河南、广东、四川、山东、安徽等省份。[①] 中等职业教育作为与经济社会发展联系最为密切的一种教育类型，其中等职业教育数量、专业设置等必然要依托产业结构调整，以满足区域经济社会发展需求为重要发展方向。然而，由于中等职业教育管理层面的缺失及信息接收不灵，导致中等职业教育结构失衡，难以满足区域经济社会发展的需求，必然会限制其经济功能的发挥。

（二）城乡中等职业教育结构失衡

我国城乡二元结构的存在是我国现阶段的基本国情，尽管在国家层面先后提出了一系列发展战略，促进城乡一体化发展，例如，精准扶贫战略、乡村振兴战略等，但城乡二元结构仍然存在，城乡经济社会发展差距巨大，城乡二元结构进

---

① 王扬南，刘宝民. 中国中等职业教育质量年度报告2018 [M]. 北京：高等教育出版社，2018.

一步导致了教育不公平。一方面，中等职业教育作为农村职业教育的重要组成部分，肩负着促进教育公平，推动精准扶贫等众多功能，因此，农村更应该大力发展中等职业教育。在部分农村地区，尤其是贫困地区经济发展水平限制了中等职业教育的发展，具体表现为中等职业教育规模小，中等职业教育师资队伍、教学资源、实践基地缺乏，难以适应农村经济发展对新型农民的需求，同时，难以满足农村劳动力向城市转移对技能的需求，进一步限制了农村经济的发展，阻碍了城镇化的进程。另一方面，由于城市经济发展水平较高，尤其是发达地区，中等职业教育资源丰富，但由于相关制度限制，城乡之间的中等职业教育难以实现互助发展，造成了城市中等职业教育资源的浪费和农村中等职业教育的缺失，难以实现教育公平，阻碍了中等职业教育在精准扶贫和促进教育公平等方面功能的实现。

同时，我们也要认识到，并不是所有的贫困地区都应大力发展中等职业教育，也并不是所有的经济发达地区更倾向于发展培养高层次技术技能型人才的高等职业教育。要因地制宜，根据不同地区发展的需求，不同区域、不同类型中等职业教育分类发展，满足贫困地区农村劳动力转移及普及高中阶段教育的需求，满足发达地区个体转岗转业对职业培训的需求。

二、中等职业教育类型结构失衡

我国中等职业教育从其功能类型上来看，包括学校职业教育和职业培训；从其办学主体来看，包括公办职业教育和民办职业教育；从具体办学形式上看，包括职业高中、中等专业学校、技工学校和成人中等专业学校四种类型。由于历史及制度层面的原因，我国中等职业教育仍存在类型结构失衡的现象。

（一）中等职业教育职业培训缺失

我国的中等职业教育以学校职业教育为主体，存在职业培训缺失现象。职业培训的缺失，直接限制了中等职业教育功能的发挥。目前，非学历培训主要是以民办非学历机构和民办培训机构办学为主体，并且由高等职业院校和中等职业学校共同参与。中等职业学校并未成为非学历教育培训市场的主力军。[①] 但目前，我国新的经济社会发展形式对中等职业教育的培训功能提出了新的需求。一方面，随着产业结构转型升级的推进，我国进入了第四次工业革命时期，技术的更新使岗位的变更速度加快，不断有旧的岗位消亡，新的岗位产生。基于此，人的一生会进行多次转岗，对职业培训产生了巨大的需求。人们转岗转业需要依托中等职业教育的培训来实现，个体通过接受职业培训获得相关技术技能，满足其职业生涯发展的需求。另一方面，我国经济社会转型发展进入关键时期，仍有部分地区属于贫困地区，新型城镇化尚未实现，农业化社会与工业化社会在我国同时

---

① 钱勇. 中等职业学校开展职业培训的现状与问题研究［D］. 上海：上海师范大学，2010：11.

存在。需要积极推进精准扶贫战略、乡村振兴战略等一系列发展战略，推动城乡一体化发展。中等职业教育作为农村职业教育的重要组成部分，肩负着促进农村劳动力向城市转移，培养新型职业农民的重任，这都需要依托中等职业教育的职业培训功能来实现。然而，由于中等职业教育职业培训功能的缺失，现阶段，我国农民工约有2.88亿人，外出民工约有1.72亿人，但是大约只有33%的农民工接受过农业或非农业职业培训，① 这说明职业培训的覆盖率不高，中等职业教育教育作为职业培训的重要实施机构，尚未发挥其职业培训的功能。因为没有一技之长，许多农民工只能从事流水线工作，收入水平很难得到提升。

（二）民办中等职业教育发展薄弱

根据办学主体不同，中等职业教育可以分为公办中等职业教育和民办中等职业教育，我国以公办中等职业教育为主体，民办中等职业教育发展薄弱，民办中等职业教育在数量及规模上远不及公办中等职业教育。相关数据统计显示，2017年，全国共有民办中等职业学校2 067所（比上年减少46所，下降2.17%），占全国中等职业教育总数的25.29%，招生数量及在校生数量也呈现不同程度的下滑，在校生数量仅占全国中等职业学校在校生总数的15.73%。② 我国中等职业教育主要以公办中等职业教育为主，导致中等职业教育办学缺乏活力，公办中等职业教育由国家行政部门、教育行政部门和劳动行政部门主管，进行专业建设、课程设置等。中等职业教育自身权利受限，导致中等职业教育办学活力缺乏，限制中等职业教育多元化功能的发挥，尤其是限制中等职业教育培训功能的发挥。中等职业教育作为职业培训功能实现的重要机构，应大力发展民办中等职业教育，促进中等职业教育办学体制和办学模式的多样化发展。民办中等职业教育发展薄弱不仅体现在其数量及规模与公办中等职业教育存在较大差异，还体现在民办中等职业教育办学质量不高和缺乏吸引力。我国民办中等职业教育发展薄弱，制度层面的缺失，导致了中等职业教育存在资金不足、办学资源缺乏等一系列问题，民办中等职业教育的办学质量相对较低，进一步限制了民办中等职业教育功能的实现。

（三）中等职业教育办学机构失衡

我国中等职业教育办学机构主要有职业高中、中等专业学校、技工学校及成人中等专业学校，这四种办学机构有一定的差距，其差距具体体现在其管理体制、培养目标和课程设置等方面，但都属于中等职业教育。随着经济社会发展，其培养目标呈现一体化的趋势，即"培养高素质劳动者和技术技能型人才"和"中、初级技术技能型人才"。但是，由于这四种办学机构分属不同的管理部门

---

① 奋进新时代教育：为了明天［EB/OL］. http://sc.people.com.cn/n2/2019/0307/c346334－32715338.html，2019－03－07/2019－03－08.

② 王扬南，刘宝民. 中国中等职业教育质量年度报告2018［M］. 北京：高等教育出版社，2018.

且其发展历程有很大差别，例如，职业高中和中等专业学校归口教育部门，职业高中是由普通高中发展而来的，这就导致了职业高中更加注重其升学功能。技工学校归口劳动部门，技工学校更注重技术技能的培养，由于教育部门和劳动部门的沟通有限，导致在发展过程中，职业高中、中等专业学校、技工学校及成人中等专业学校，培养目标存在一定的混淆和重复，且存在重复办学的现象。不同办学机构的中等职业教育学历证书、职业资格证书之间的关系尚未厘清，制度层面的限制进一步导致中等职业教育不同办学机构之间的功能失调。

第二节　中等职业教育功能失调的教育结构根源

上文对中等职业教育功能失调的内部结构根源进行了分析。中等职业教育作为教育系统的重要组成部分，进一步分析中等职业教育功能失调的教育结构根源，尤其注重对现代职业教育体系的分析，这是中等职业教育功能失调的重要依托，同时，也是统筹中等职业教育结构与社会结构的桥梁。正是由于现代职业教育体系的存在，打通中等职业教育与教育系统、社会系统之间的通道，促进中等职业教育内部结构、外部结构的调整，从而促进中等职业教育功能的实现。中等职业教育内部结构失衡导致了中等职业教育功能失调，中等职业教育的教育结构失衡，进一步加剧了中等职业教育功能失调，表现为"双轨制"学制下的层次化、等级化。学校系统及现代职业教育体系内部衔接不顺、外部沟通不畅是中等职业教育功能失调第二个层面的原因。

我国职业教育体系的发展恰好与我国经济社会转型的进程高度吻合，然而这样的吻合绝非偶然。正是由于我国正在经历的经济转型、社会转型，对技术技能型人才的极大需求及大量的农村劳动力向城市转移，以及个体对高学历的追求，对职业教育提出了新的需求，催生了对高等职业教育培训的迫切需求，现代职业教育体系应运而生，并在实践过程中不断完善。原有的职业教育体系不能应对这一前所未有的局面，原有单一的中等职业教育功能定位也不能适应新时代的需求，这才产生了对中等职业教育功能失调的追问及构建现代职业教育体系的迫切需求。因此，现代职业教育体系是中等职业教育的重要结构，也是其功能实现的重要依托。一方面，"双轨制"学制下层次化、等级化的学校系统是中等职业教育功能失调的静态结构根源；另一方面，现代职业教育体系的衔接、沟通不畅是中等职业教育功能失调的动态结构根源。职业教育作为一种层次教育而存在，而不是一种类型教育而存在，难以实现职业教育与普通教育的等值，难以满足经济社会转型发展的需求，难以满足个体终身发展的需求。中等职业教育在经济社会发展中的基础地位受到质疑，中等职业教育功能失调。

一、"双轨制"学制下的层次化、等级化的学校系统

我国基于"教育二元论"思想，建成了"双轨制"教育体制。"教育二元论"思想可追溯至古希腊哲学家亚里士多德。教育被划分为自由教育与职业教育，自由教育注重知识的传授和学习，是一种精英教育；而职业教育注重技能的传授及动手能力的培养，是一种面向广大平民的平民教育，职业教育产生之初就肩负着促进教育公平的重任，这就是当今普职"双轨制"的源头。"教育二元论"实质上是等级教育发展的结果，人们认为自由人应接受自由教育或者博雅教育，奴隶应接受职业教育来供养自由人。随着社会的更迭，当今"教育二元论"的社会基础已经不复存在，但是"等级意识""教育二元论"的思想基础仍然存在。人们潜意识里将普通教育看作"精英教育"，接受普通教育，获取学历，能够向上流动，获取更高的社会地位；而将职业教育看作"次等教育"，接受职业教育，进入社会底层，接受不同类型的教育意味着进入不同的教育轨道，获得不同的职业，流入不同的社会阶层。

事实上，"双轨制"学制还肩负了教育的选择功能。我国一直以来践行的是"双轨制"学制，职业教育与普通教育分属于两轨，互不沟通，形成了两类人才培养体系，一类是培养知识型人才的普通教育体系；另一类是培养技术技能型人才的职业教育体系。然而，我国尚未形成技术技能型人才培养体系，这就导致了职业教育体系的不健全，加之，这两个系统之间缺乏沟通，不同体系的学生只能在各自体制内上升，需要对不同体系内上升的渠道进一步探究。我国的教育系统主要以学校教育系统为主，在不同的轨道内，学生通过学校教育系统，实现体制内的不断上升，最终进入劳动力市场。

（一）层次化的学校系统

从学校的层次性来看，我国现行的学校系统，是按照一套层次分明的教育制度而建立起来的系统结构，其同时兼具选拔人才和培养人才的双重功能。学生要获取更高的学历，接受更高层次的教育，需要通过考试的层层选拔。我国职业教育也以学校职业教育系统为主，造成人的社会分层和社会职业的不同。在我国现阶段，没有接受系统的基础阶段的学校教育而直接接受更高层次的教育机会是不可能的，也就是人人只有接受基础教育、初中阶段教育、高中阶段教育后，才有可能接受高等阶段教育。然而，由于我国职业教育层次的缺失，尤其是高等职业教育体系的缺失，应用型本科和专业学位研究生缺乏，加之，受到我国"双轨制"学制的限制，职业教育体系与普通教育体系缺乏互通，中等职业教育毕业生难以进入普通教育体系，导致了中等职业教育向上流动的通道受阻。

（二）等级化的学校系统

从学校的等级性来看，初中毕业和高中毕业是学生在整个学校系统学习的两

个重要关口。我国实行两次分流制度，分别是初中后分流和高中后分流。初中后分流，决定学生是上普通高中、中等职业院校还是直接进入社会，主要是通过中考的形式，根据成绩的好坏来分流，成绩好的学生进入普通高中，剩下的学生则进入中等职业学校。高中后分流，是通过高考的形式，按照学生的分数录取，分数高的进入普通高等院校，分数低的则进入高等职业院校或者直接进入社会。由于高等教育资源的有限性和稀缺性，导致学校的选拔功能凸显，普通高中教育的选拔功能一直是其主要功能。同时，这也导致了中等职业教育的功能定位向升学功能倾斜，中等职业教育的特色不明显，中等职业教育的升学功能远远比不上普通高中，特色缺失加上升学功能远不及普通高中，导致中等职业教育的功能失调，成为"次等教育"的代名词。

学生能够进入哪个轨道、哪个层次的学校，直接决定着学生是否能进入高一级学校甚至将来的职业。层次化、等级化的学校教育体制使不同类型、不同层级的学校占有的教育资源不同，这就意味着学生进入不同类型、层次的学校后获得的资源和利益也不相同，这就驱使教育行动者对高层次、普通教育的追求。虽然，我国一直强调职业教育与普通教育具有同等地位，但在事实上，基于层次化、等级化的学校教育系统，加之人趋利避害的本性，学生求学自然倾向于教育资源丰富、发展前途好的普通教育体系，这就导致了职业教育与普通教育的差距不断加大，进一步加剧了我国中等职业教育功能失调。层次化、等级化的学校教育系统是中等职业教育功能失衡的重要静态教育结构根源。

二、现代职业教育体系内部衔接不顺、外部沟通不畅

现代职业教育体系内部衔接不顺、外部沟通不畅是中等职业教育功能失调的动态教育结构根源。一方面，现代职业教育体系在层次上的缺失和制度上的障碍，阻碍学生向上流动及进入普通教育体系，影响学生在不同教育轨道之间的转换，导致中等职业教育的升学功能缺失、转换功能不灵，使教育功能结果出现偏差。过分注重中等职业教育的单一就业功能，缺乏对人终身发展、全面发展的需求关注，中等职业教育的育人功能缺失。尽管我国已经建成了层次较为完善的现代职业教育体系，但是，应用型本科教育、专业研究生教育还有待于进一步丰富和发展，现代职业教育体系还有待于从制度层面进一步确保内部的衔接，另外，职业教育体系与普通教育体系的沟通还有待于进一步推进，这两个因素是确保职业教育与普通教育等值的关键。

（一）现代职业教育体系内部衔接不顺

1. 基于传统招生考试制度形式上的衔接

从目前学制模式上看，中高职是衔接的，但由于高等职业教育招生考试制度不健全，出现"想进进不来，进来不合适"的问题。中等职业教育与高等职业教育尚未实现衔接，体现在中等职业教育及高等职业教育衔接对培养目标、课程

设置等方面的衔接重视不够，且对中高职衔接不能进行统筹安排和整体设计，降低了教学效能，难以满足学生多样化的需求。高等职业教育面向中职生的招生计划非常有限，这样就大大局限了中职的发展，甚至陷于终结性教育的境地。我国中高等职业教育衔接在招生考试制度方面的主要形式有技校、职业高中毕业生（也称为三校生）、对口升学考试、初中起点五年制高职、高职院校单独招生和高职（专科）注册入学制度①。单独招生制度是小范围的，只局限于部分国家示范性高职院校和国家骨干性高职院校的部分招生计划，尚未在高等职业院校发放开展。由于高职院校在家长和学生心目中的地位远不如本科院校，所以单独招生的作用比较有限，本质上仍是由职业教育与普通教育地位不对等导致的。高职（专科）注册入学是现阶段对应生源危机的产物，这种招生就业制度尚未在全国范围内开展，只是在少数发达省份，如广东、江苏实施，因此规模比较有限。

2. 选拔性招生考试制度导致功利化教育价值取向

在我国，中等职业教育学生要升入高一层级的学校，要通过竞争性资源获取机制来实现，即选拔性考试制度。具体而言，在现实中，这种竞争性资源获取机制就是选拔性考试，也就是中考和高考制度。通过高考，学生可以进入普通高等院校、高等职业院校或直接流向社会。显然，这种选拔性考试制度——"一考定终身"的制度并不适合对不同智力类型人才的区分。职业教育的职业性特征，决定了职业教育促进技术技能传授，培养技术技能型人才，促进技术转换等一系列功能。技术水平是实践动手能力的体现，仅仅依靠选拔性考试制度，并不能真正的鉴别学生所具有的技术水平。在当前招生考试制度下，中等职业教育毕业生进入本科院校学习的机会很少，即便是进入本科院校学习，也是进入知名度及影响力相对较弱的本科院校，基本没有机会进入一流高等院校。

因此，选拔性考试制度不仅仅是一种评价技术，还是一种教育选择技术，对社会资源、经济资源与权力资源进行合法化分配。选拔性考试制度具有利益导向功能，直接涉及对教育利益的分配，且与求学者的求职就业及经济社会地位等密切联系，通过考试，可以使一部分人获得稀缺优质的高等教育资源，并将考试失败的人排斥在外。然而，中等职业教育作为一种职业教育，这种基于利益导向的选拔性制度，使人们陷入了功利化教育取向。追求成绩、追求分数，导致中等职业教育功能普通化，中等职业教育功能的特色缺失。

（二）现代职业教育体系外部沟通不畅

我国现代职业教育体系与普通教育体系及人力资源市场之间缺乏沟通机制。职业教育体系与普通教育体系之间没有转换途径，各自呈割裂式的发展关系，直接限制了中等职业教育功能的多元化及人向上流动的途径。同时，我国现代职业

---

① 谭斌，陈祥国，王金光. 中等和高等职业教育衔接的招生考试制度研究 [J]. 当代教育科学，2013（03）：44.

教育体系与市场沟通不灵，职业培训的缺失，导致中等职业教育培训功能缺失，具体表现为从职业教育体系进入市场较为顺畅，但是从市场回到职业教育体系回炉困难，难以满足个体职业生涯发展的需求及终身学习的需求。

1. "双轨制"下的尴尬沟通

我国职业教育体系与普通教育体系分属不同的轨道，呈现互不沟通的状态，这是由我国"双轨制"的教育制度导致的。我国实行"双轨制"的教育制度，普通教育与职业教育分属不同的轨道，普通教育体系的学生进入职业教育体系学习较为容易，但职业教育体系的学生进入普通教育体系学习则非常困难。一方面，由于制度的限制，职业教育体系与普通教育体系之间的沟通衔接体制不畅；另一方面，由于体系内部及学校内部的限制，职业教育与普通教育的课程内容、培养目标差距巨大，可以说是两种完全陌生的教育。我国的学历培养与职业资格认证也属于"两轨"，学历证书与职业资格证书缺乏沟通，学历培养归口教育部门，职业资格归口劳工部门，教育部可以为其管辖的中等职业学校颁发学历证书，而人社部不仅能给其管辖的技工学校颁发学历证书，还可以向所有的职业院校颁发职业资格认证证书。由于管理体制上的障碍，难以实现二者的等值与互通。这两大教育系统之间相互独立自成体系，普通教育体系层次完善，内部衔接顺畅，而职业教育体系缺失，内部衔接不畅，加剧了职业教育的弱势地位，难以实现职业教育与普通教育的等值，中等职业教育地位较低。

尽管我国现存的"专升本"制度为中等职业教育毕业生进入普通教育体系学习提供了可能，但也只是小范围的，中等职业教育毕业生进入普通高等教育体系的比例很小。一方面，现有"专升本"制度对中等职业教育升学比例进行了限制，总数控制在当年高职毕业生总量的5%以内，这决定了绝大多数中等职业教育毕业生通过"专升本"途径实现继续学习非常困难。并且，中等职业教育毕业生通过专升本后由职业教育体系进入普通教育体系，二者由于培养目标、课程内容存在一定的沟通障碍，导致高等职业教育毕业生进入普通本科院校学习存在适应性问题。并且，普通本科教育与高等职业教育巨大的差异性，使许多优秀的高等职业教育毕业生进入普通教育系统学习，阻碍了高层次技术技能型人才的培养，同时，在一定程度上阻碍了高等职业教育的发展。另一方面，现有的"专升本"制度是基于高考制度建立起来的升学通道，中等职业教育毕业生通过考试的方式，依据成绩高低来判断其能否进入普通教育体系，这对中等职业教育毕业生来说是不公平的，在一定程度上弱化了中等职业教育的特色，中等职业教育办成了升学教育，就业功能、职业培训功能缺失。

2. 单向输出下的挣扎回炉

我国中等职业教育招生入口狭窄。以中等职业教育为例，就中等职业教育与人力资源市场之间的转换而言，学生从中等职业学校进入人力资源市场较为容易，多数中等职业学校开展订单式人才培养模式，学生毕业即进入企业工作，我国中等职业教育的初次就业率高。有研究表明，我国中职毕业生就业率已经连续十年保持在95%以上。① 但是，还存在一个重要的问题，就业质量不单要看初次就业率，还要看从业者的工作收入、工作环境、发展前景及对工作的满意度和就业稳定指数等，是一个多维度的概念。相关调查显示，我国中等职业教育的就业率虽然高，但是就业质量还有待于进一步提升。在对山东省某中等职业学校2017级毕业生中的200名毕业生进行回访、调研中发现，毕业生就业情况并不稳定，满意度也不高，60%的学生在毕业后换了工作，70%的学生并不满意现在从事的工作，还有30%的学生有回炉学习的想法。这样，中等职业教育的培训功能就显得尤为重要。

现阶段，就中等职业教育与人力资源市场而言，从中等职业学校走入人力资源市场较为容易，从人力资源市场返回中等职业学校接受继续教育困难。也就是说从学校体系进入工作体系较为畅通，但从工作体系进入学校体系不够通畅。归根到底还是校企合作不够深入，这是由长期以来我国产业和教育行业、学校和企业长期分离导致的。由于相关结构和制度的限制，我国中等职业教育一直以来以学校职业教育为主，职业培训功能受到忽视，导致中等职业教育功能的单一化倾向。职业培训是中等职业教育的重要组成部分，也是中等职业教育的活力所在，中等职业教育的职业培训功能缺乏，导致中等职业教育对人力资源市场的开放程度不够，现阶段停留在中等职业教育向企业的单向输出，缺乏工人从人力资源市场到学校的回流。

因此，"双轨制"学制下层次化、等级化的学校系统是中等职业教育功能失调的静态结构根源，而现代职业教育体系内部的衔接不顺、外部沟通不畅是中等职业教育功能失衡的动态结构根源。

第三节　中等职业教育功能失调的社会结构根源

经济社会结构变化导致职业体系分化和社会分层，由此建立的职业获得及社会流动机制是中等职业教育功能失调的深层次原因。实践理性的逻辑前提"事实"是社会的产物。杜威指出："教育是社会的职能。"② 本书试图寻找导致中等职业教育功能失调的特定社会历史条件，这也是我国"双轨制"教育体制及个体功利化教育思想产生的根源。要解读当前中等职业教育所处的中国社会结构根源，必须从我们直面的问题出发，理解隐居于社会运行之后的内在机制和深层结构。我国最大的社会结构根源就是我国经济社会处于转型期。这种社会结构转型

---

① 报告显示中职毕业生就业率连续10年保持高位［EB/OL］. http://finance.ifeng.com/a/20151203/14106007_0.shtml, 2015 - 12 - 03/2019 - 02 - 01.
② 杜威. 民主主义与教育［M］. 王承绪, 译. 北京: 人民教育出版社, 2001.

主要表现在生产方式的变革、经济体制的改革、以职业分化与资源占有为标准的社会阶层划分、职业获得与社会流动机制的转变四个方面。其中生产方式的变革、经济体制的改革是推动中国社会转型的根本动力,其他两个方面也随之而变,正是这种社会结构转型构成了中等职业教育功能失调的深层社会结构根源。生产方式和经济体制变革,由此产生的分化的职业体系与不断扩大的行业收入差距和以职业分化与资源占有为标准的社会分层是导致中等职业教育功能失调的静态社会结构根源,而职业获得与社会流动机制的转变则是导致中等职业教育功能失调的动态社会结构根源。

一、我国社会转型的解读

我国正经历社会转型,所谓社会转型,是指包括社会结构在内的,人的生活方式、价值观念等社会各个方面的深层次变革。一般认为社会转型范畴来自西方社会学的现代化理论。社会转型一词来源于生物学概念,西方社会学家借助这个概念来描述传统社会向现代社会的转型。① 在我国,社会转型开始于20世纪80年代,我国所进行的这场社会转型就其深度和广度而言,在中国是史无前例的,并且也体现出我国经济社会转型所特有的特点,具体表现为转型深刻、时间久、全面转型,所有的个人、群体组织和规范都卷入了这一社会转型进程中。改革开放对中国社会的影响是有目共睹的,实际上,推动中国社会转型的工业化和市场化在这一特定背景下全面加速,整个社会的各个层面都发生了翻天覆地的变化,以经济体制改革和生产方式变革为其主要表现形式。

(一)生产方式变革:工业化及其影响

中华人民共和国成立以来,我国的生产方式发生了巨大变革。生产方式变革的实质为从农业社会向工业社会转变。改革开放以来,我国不断推动传统农业生产方式向现代工业生产方式转变,工业化进程不断推进给社会带来了两方面的影响:第一,劳动的分工专业化不断细化,并且劳动分工呈现专业化的趋势;第二,课程组织数量上的极大扩张。②

一方面,劳动分工的细化与专业化。劳动分工细化及劳动分工专业化的出现,催生了职业分工体系,职业分工体系是以技术和专业化程度为基础的。其具体表现为在当今社会中,一个人所从事的职业与其收入水平、社会地位、社会声望高度相关。改革开放以来,我国经济社会发展迅速,工业化程度提升,进一步导致了职业分工的出现,技术含量高、专业化程度高的职业,往往能获得较高

---

① 唐林伟,马庆发. 中国社会转型期职业教育功能的嬗变[J]. 河北师范大学学报,2008 (09):129.

② 李春玲. 断裂与碎片:当代中国社会阶层分化实证分析[M]. 北京:社会科学文献出版社,2005.

的经济收入及较高的社会声望,而无技术含量及专业水平较低的体力劳动从业者的收入、社会地位及社会声望则相对较低。

另一方面,科层组织数量的提升。企业组织、政府组织和其他组织大量出现,同时组织的规模也不断变大,管理阶层日益增多,对社会阶层产生了重大影响。在现代工业社会,很大程度上个体权利、地位的获得需要依附资源的获得、职业的获得,而不像以往,一个人的权利获得只需要身份登记或者依附所占有的生产资料。在现代工业社会,最重要的资源往往由组织拥有,而不是由个人拥有,这样就会导致管理层的出现,管理者与非管理者的分离,进而出现了管理者与非管理者经济社会地位的分化。其具体表现为大量的大型企业组织出现,大型企业组织及政府机构中管理者具有较高的权威,且对资源的直接支配权不断强化,处于不同规模企业的收入差距巨大,在同一企业管理岗位与技术岗位的收入和社会地位差距巨大。

生产方式的变革和工业化的生产方式带来的两个后果——劳动分工细化和专业化,以及由此产生的一套系统的以专业化程度为基础的职业分工体系与科层组织,致使处于不同职业、不同的科层组织位置,意味着不同的利益安排。专业化程度越高的职业和科层组织越高的管理位置能为从业者提供的生存、发展和享受的资源与资本越多,拥有这些职业岗位和管理位置就意味着在职业分工和科层组织中占据了社会精英角色位置。而这些职业岗位和管理位置都设置了较高的准入门槛,具体通过学历证书来体现,从而驱使个体为获取高收入、高社会地位的职业岗位,不断博取高学历、高文凭。高学历、高文凭成为获取更高社会地位的敲门砖。也就是说,在当代中国社会,要获取一份经济收入高、社会声望好、专业化程度很高的职业,没有一份高学历、高文凭的教育资格是很困难的。因此,博取以高学历、高文凭的教育资格为标志的文化资本成为获取经济收入和社会声望高、专业化程度高职业的前提条件。对高学历、高文凭教育资格这一具有较高兑换价值的文化资本的博取,导致了中等职业教育功能失调。中等职业教育的地位受到了质疑,中等职业教育呈现"普通化"的趋势,中等职业教育的功能出现偏差,具体表现为过分注重升学功能,功利化价值取向明显,中等职业教育的功能缺失、偏颇共存。同时由于人们对高学历、高文凭的追求,职业教育体系与普通教育体系缺乏互动,高等职业教育体系尚未完善,导致进入职业教育体系的学生难以获取高学历、高文凭,这又反过来制约了中等职业教育的招生,导致中等职业教育面临生存危机。

生产方式变革,使劳动分工细化,劳动分工的专业化程度提升,催生了一套系统的以专业化程度为基础的职业分工体系与科层组织在数量和规模上的扩张,其塑造对高学历、高文凭的追求,是当下社会结构中导致中等职业教育功能失调的第一个深层静态的社会结构根源。

(二) 经济体制改革：市场化及其影响

改革开放以来，我国开始由计划经济体制向社会主义市场经济体制转轨。市场化是经济体制变革的主要目标，而交换、效率与竞争是市场经济的主要特点。就交换而言，市场主体首先要有自己的拥有物才能拿到市场上交换，这就意味着承认了市场主体拥有对商品的所有权，这种对商品所有权的承认调动了人的劳动积极性，同时也调动了人们对资源的占有和支配欲望，这种对资源的占有和支配欲望使效率与竞争成为不可避免的事情。

市场化带来两个影响：第一，私有产权出现；第二，非国有部门出现。私有产权的出现，催生了新的社会关系。随着市场化的推进，大量的资本被不断积累，私有生产不断发展，规模扩大，拥有大量资本的私有者和几乎没有资本的雇佣劳动者在经济和社会地位方面的差距不断被扩大。在这种体制安排和现实面前，如何拥有更多的属于自己的生产资料，进而拥有更多的生存、发展和享受所需的资源和资本，成为人们追求的目标。而从当前现实与发展趋势来看，工业化生产方式的推进和产业升级，对生产数据所有者与其雇员的文化资本及技术资本的要求愈来愈高。文化资本主要是以学历文凭为标志的教育资格，技术资本则是以获取职业资格为标准，但我国现代职业教育体系尚未实现与普通教育体系的等值，加之相关制度的不健全，导致技术人才培养的混乱。国家职业资格框架尚未建立，职业资格证书难以实现与学历证书的等值。加之，在我国，同文化资本相比，由于受传统"非器文化"和"学而优则仕，仕而优则学"的思想制约，技术资本相对受到人们的忽视，进一步导致了人们对现代职业教育体系的关注度不够，现代职业教育体系与普通教育体系难以实现等值。接受职业教育同接受普通教育相比，其获取的资本不够，缺乏竞争力，中等职业教育面临生存危机、发展危机也在预料之中了。以学历文凭为标志的教育资格占据主导地位，一般而言，求职者拥有的学历文凭越高，意味着其拥有的可兑换的文化资本和技术资本越多，还意味着其可据此兑换的用于生存、发展和享受的经济资本越多。那么对求职者而言，如果想要获得一份好的职业和位置，则需首先博取一份以高学历、高文凭教育资格为标志的具有较高兑换价值的文化资本。

同时，在市场化推进过程中，催生出了非国有部门、国有部门与非国有部门共存，导致了一种制度分割局面。① 在不同的制度分割下，人们获取资源的规则发生了变化。国有部门重视行政权威，非国有部门重视生产资料所有权，形成了两种不同的分化机制：一种是基于行政权威的分化机制；另一种是基于生产资料所有权的分化机制。在目前的社会主义市场经济条件下，最重要的和最大量的资源仍由国家控制，越接近国家组织的核心部位，越可能在资源分配中居于优势位

---

① 李春玲. 断裂与碎片：当代中国社会阶层分化实证分析 [M]. 北京：社会科学文献出版社，2005.

置。鉴于人求生存、求发展、求幸福的天性，人自然会去追求能够获取更多种类和数量的有益于生存、发展和享受所需的资源和资本。在这样的体制安排下，人们自然更趋向于进入国家组织领域，并且越能接近甚至是进入国家组织的核心部位，越可能在资源分配中居于优势位置。近年来报考公务员尤其是国家公务员的人数日益增多便是一个明显的例证。然而，要想进入国家组织尤其是国家组织的核心部位，同样是有前提条件的。其中一个前提条件就是，欲进入者所拥有的文化资本，文化资本的标志就是教育资格，而标志教育资格的就是高学历、高文凭。从当前公务员的报考条件来看，多数县市级以上公务员，尤其是国家公务员岗位要求至少拥有本科及以上文凭者。很多地方对中职、高职毕业生报考公务员有限制，导致接受职业教育的学生基本退出了公务员的行列。尽管在国家层面也多次提出职业院校学生可以报考公务员，但是这一政策并没有在全国大范围落实。自然职业教育就成了"低人一等"的教育，中等职业教育的生存危机凸显，导致大量的中等职业院校的学生要想尽一切办法升学，获取更高的学历。中等职业学校也将升学作为自己的重要办学目标，从而导致了中等职业教育功能失调。市场化导致的私有权的产生和对国家核心组织的追求是中等职业教育功能失调的第二个深层的静态社会结构根源。

二、以职业分化和资源占有为标准的社会分层

经济社会转型的具体表现为生产方式转变及市场化的不断推进，进一步催生了新的职业分工体系，同时也导致了不同的职业占有不同的资源，催生了基于职业流动的社会分层。这是中等职业教育功能失调的第三个静态社会结构根源。

（一）职业体系变革，社会用人制度、薪酬制度偏差

随着生产方式的变革，导致了劳动分工及劳动的专业化发展，形成了一套职业分工体系，这套职业分工体系是以技术等级和专业化程度为基础的。基于这套分工体系，形成了社会用人制度、薪酬制度，导致了不同的职业行业的收入差距不同。具体表现为电力、金融等行业的职工具有较高的工资水平，而建筑、纺织等行业的职工则具有较低的工资水平，且农民工工资普遍较低，不同行业、职业之间的工资差距过大。

1. 社会用人制度偏差

现阶段，由于生产方式的变革、劳动分工及专业化发展，导致不同的职业能够获取不同的社会地位。社会用人制度，企业、政府在组织人才使用方面片面追求高学历和重名牌，进一步加剧了不同职业之间的差距。我国的社会用人制度是在我国传统"学而优则仕"的文化影响下产生的，追求高学历，上了好大学就等于拥有了高学历，拥有了高学历就等于找到了好工作，导致中等职业教育沦为普通教育的附庸，中等职业教育的升学功能对就业功能的僭越，中等职业教育发展呈现普通化的趋势。这也间接地影响我国中等职业教育功能定位，导致受教育

者在高中阶段更倾向于选择接受普通高中教育，片面追求高学历，不顾个人的个性发展。这种片面的以高学历为中心的社会价值观，严重影响中等职业教育功能的核心育人功能的实现，导致中等职业教育过分注重升学功能。尽管我国从政策层面多次提出要推动建立职业资格证书制度，加强技术技能型人才培养，提高技能人才的待遇，但是在具体实践过程中仍存在众多问题。

由于各种主客观的原因，就业准入制度在许多行业中仍形同虚设，企业、政府组织仍以学历、文凭作为用人的唯一标准，直接导致人才观的偏差，使技术技能型人才低人一等，中等职业教育必然处于较低的社会地位，面临生存危机。由于就业准入制度实施不力，社会重视高学历，忽视职业资格在个体获取职业中的作用，导致职业教育处于弱势地位。具体表现为经济收入高的行业对从业者的教育资格和文化资本有着很高的要求，导致人们对高学历的追求，高等职业教育体系的缺失及不完善自然会动摇职业教育的地位。另外，我国的职业资格证书制度也存在众多问题，职业资格证书与学历制度不具有同等的效力，进一步导致职业教育吸引力不足。随着第四次工业革命的兴起，我国制造业升级速度加快，对高层次技术技能型人才的需求不断增多，对技术资本、职业资格有很高的要求。然而，由于我国现代职业教育体系的不完善，缺乏应用型本科和专业研究生教育，难以培养出经济社会发展需要的高层次技术技能型人才，制约中等职业教育的功能，导致中等职业教育功能偏颇，将中等职业教育办成升学教育，因此转向普通教育追求高学历也就不足不过了。这直接导致了中等职业教育的高层次技术技能型人才积累功能的缺失，同时弱化了职业教育的基础作用。

现阶段，我国社会所坚持的片面人才观，必然会深刻地影响教育领域，尤其是职业教育的发展。在用人单位及家长对追求高学历观念的驱使下，中等职业教育便办成了升学教育，中等职业教育忽视办学特色，重视升学率，忽视学生技能培训及职业生涯的发展，忽视对学生职业精神的塑造。当前人们接受中等职业教育主要是为了获得一种资格，从而能够升入好大学或找到一份满意的工作，至于知识的获得和能力的提高并不是当前需求的重点。因此，许多普通高中仅仅满足于完成既定的教育环节，将毕业生送出校门，并不关心学生习得的技能是否符合企业需求，对学生的职业生涯发展缺乏关注。这种例行公事式的培养模式，造成当前普通高中教育并未把培养学生能力和素质作为自己的核心价值取向。

2. 劳动报酬分配不均

一方面，处于不同行业、职业收入分配有很大的差距。近年来，我国行业间收入分配总的趋势发生变化，由以往的劳动密集型向技术密集型、资本密集型行业及新兴产业倾斜，劳动密集型行业收入相对较低。不同行业的收入差距巨大，意味着资源的分配不均，使求职者认识到进入不同的行业，从事不同的职业，自己的收入及社会地位也有所不同。另一方面，处于编制内和编制外的劳动收入也有很大的不同。在我国，处于编制内外的劳动者收入分配具有很大的差异。一般情况下，处于编制内的劳动者相对于编制外的劳动者在薪资、社会福利和社会地位等方面具有更高的优势，处于编制内的劳动者获取的教育资源比较多，具有较高的学历；反之，处于编制外的劳动者在薪资、社会福利及社会地位方面处于劣势，且其获得的教育资源较少。我国目前还没有形成一种由技术、知识和能力等要素来决定收入分配的体制，而是形成了基于不同的教育资源占有，获取不同的职业，从而处于不同的社会阶层的收入分配制度。而职业教育是以培养产业工人为主体的教育类型，尤其是中等职业教育，以培养中、初级技术人才为主要任务。中等职业教育毕业生难以获取优质的教育资源，由于现代职业教育体系的限制，难以获取高学历，进而在职业分工体系下处于不利地位，且中等职业教育毕业生在考取公务员方面受到限制，产业工人在编制体制下处于不利地位。学习者无法通过职业教育来实现阶层流动，职业教育自然对学习者难有吸引力，社会认可度也会随之下降。

（二）基于职业流动的社会分层与社会流动

社会分层是社会普遍存在的一种社会现象，美国社会学家塔尔科特·帕森斯提出"职业分层论"，对社会分层的标准进行了分析。塔尔科特·帕森斯指出，在现代社会，个体的财富、名声都依赖于职业，职业才是社会分层的主要标准。职业决定了个人收入、声望水平及权力大小，进一步决定了个体在社会中所处的社会地位，该理论为我国社会分层的研究提供了重要的理论参考。改革开放以来，我国社会转型拉开序幕，经济体制转轨导致以职业为基础的新的社会阶层的产生。[1] 也就是说，一个人的教育水平越高，其学历越高，从而促使其获得较高收入和较好的职业，其所处的社会阶层越高，个人社会地位也越高。[2] 在工业社会，市场经济体制下，教育制度成为影响社会流动及社会分层的重要制度，受教育程度或文凭学历等成为个体向上层社会流动的一个先决条件。对中国10座城市调查数据的梳理发现，不同职业阶层受教育水平存在较大差异，管理阶层、专业技术人才阶层所受教育水平相对较高，工人阶层所受教育水平相对较低。[3] 10座城市中55%的管理阶层成员和51%的专业技术人员受过正规序列的高等教育。[4] 在我国，提到一个人的社会地位及所处的社会阶层时，通常与其所从事的职业相联系，个体所从事的职业，在某种程度上反映了其所处的社会阶层及社会地位。

改革开放以来，我国社会阶层分化的层次逐渐增多，由原来相对简单的社会结构转变为层次相对复杂的社会结构，以职业分类为基础，我们把当代中国社会

---

[1] 陆学艺. 当代生活阶层研究报告 [M]. 北京：社会科学文献出版社，2002.
[2] 张力跃. 我国农村职业教育困境研究 [D]. 长春：东北师范大学，2008：4.
[3] 张利萍. 教育与劳动力流动研究 [D]. 武汉：华中师范大学，2006：13.
[4] 刘精明. 国家、社会阶层与教育 [M]. 北京：中国人民大学出版社，2005.

划分为十个阶层。第一阶层,国家与社会管理者阶层,国家与社会管理者阶层的城乡分布有很大差距,城市所占比例较大,农村所占比例较小;第二阶层,经理人员阶层;第三阶层,私营企业主阶层;第四阶层,专业技术人员阶层,包括大学教授、医生、科学家等专业技术人员;第五阶层,办事人员阶层,包括办公室主任、会计等,这个阶层人员所占规模比较大;第六阶层,个体工商户阶层;第七阶层,商业、服务业员工阶层,这一阶层主要为第三产业的员工;第八阶层,产业工人阶层,这一阶层主要为第二产业工人,包括制造业工人等;第九阶层,农业劳动者阶层,包括农民及流动人口。农业劳动者阶层随着经济社会发展出现分化,具体分化为农业劳动者、农民工、乡镇企业工人、个体劳动者、智力型劳动者、农村干部和无业者等①;第十阶层,城乡无业、失业、半失业者阶层。②与此同时,我国也基本形成了与产业发展相联系,以职业为基础的社会阶层结构。第一产业主要包含农业劳动者阶层;第二产业包含绝大多数的产业工人;第三产业中商业服务人员、专业技术人员和办事人员的比重大。③

综上所述,改革开放以来我国社会阶层结构的变化是社会转型和经济转轨的最核心内容。④ 那么,在这种社会阶层序位格局中,序位越高的阶层表明该阶层成员可支配或可占有的包括政治、经济和文化在内的资源和资本越多,这意味着不同社会阶层成员享有的利益不同。处于较高社会阶层的人,往往从事较高层次职业,具有较高的受教育水平;处于较低社会阶层的人,往往从事较低层次的职业,受教育水平也较低。中等职业教育作为高中阶段教育,教育层次较低,其生源的90%为农民子女,且由于现代职业教育体系的限制,中等职业教育学生缺乏向上的通道,只能获得较低层次的职业,如商业服务阶层、产业工人阶层和农业劳动者阶层,从而进入较低的社会阶层,阻碍个体的向上流动。由于人求生存、求发展和求幸福的天性,总是想尽可能多支配或占有更多的资源和资本,享有更多的利益,因而,行动者总是希望进入序位格局更高的社会阶层。而行动者要想进入序位更高的社会阶层,要想获得较高的收入,则对其受教育程度、文化资本要求越高,以高学历、高文凭教育资格为标志的具有较高兑换价值的文化资本则成为一个必需的前提条件。这就必然导致人们对以高学历、高文凭教育资格为标志的文化资本的激烈追逐,从而导致学校教育角色化问题的产生、持续发酵、愈演愈烈以致难以消解。同时由于社会民众受教育程度、学历水平的普遍提高,人们要想进入占优势地位的社会阶层,则对以学历文凭为标志的教育资格、

---

① 孟天运,尉建文. 山东地区农村社会分层的个案研究 [J]. 东方论坛,2003 (02):78 – 82.
② 陆学艺. 当代中国社会阶层研究报告 [M]. 北京:社会科学文献出版社,2002.
③ Bian,Yanjie. Chinese Social Stratification and Social Mobility [J]. Annual Review of Sociology,2002. 28:91 – 116.
④ 陆学艺. 当代中国社会阶层研究报告 [M]. 北京:社会科学文献出版社,2002.

文化资本的要求越来越高。① 这种以职业分化和资源占有为标准的社会分层结构乃是中等职业教育功能失调的第三个静态社会结构根源。

三、文化传统形塑教育行动者功利化生存心态

职业获得与社会流动机制是中等职业教育功能失调的动态社会结构根源。职业获得与流动机制表现为文化传统下教育行动者生存心态的变化及在此心态推动下新的社会流动机制的生成，希望通过后天获得文化资源，获取职业和向上流动，即通过高学历、高文凭获得职业，实现社会流动。

春秋时期孔子"学而优则仕"的思想，特别是隋唐以来的科举制度通过读书做官来改变人生甚至家庭命运的观念时至今日依然有影响，这里主要对科举制度及其影响进行分析。科举制重视人才，不注重门第，在当时具有一定的先进性，人们可以通过获取文化资源从而获取功名，实现向上流动。但是随着经济社会的发展，科举制度的弊端也暴露出来。"一场考试决定一个人一生、一个家族的荣华富贵"，通过读书考科举，可以获取一份好的职业——做官，可以实现个人、家庭乃至整个家族社会地位的升迁，也会改变一个人、一个家庭乃至一个家族的生活和命运。虽然在清朝末期中国已经废除了科举制，但事实上，"学而优则仕""仕而优则学"的思想至今仍然影响着人们的教育选择，并无实质性变化。这种通过考试改变自己身份地位，实现社会阶层升迁性流动的价值取向，经过千余年的不断沉淀和扩散，已经成为一种文化传统，普遍、广泛而深刻地镶嵌于社会的整体思想文化结构中；已经成为一种集体无意识，并以自发的"天然的合理性"实现着代际传递，形塑着一代代社会各阶层民众的生存心态。这种"望子成龙、望女成凤"的高期望值传统作为一种历史文化底蕴对今天家庭供养子女上学的意图或目的同样有着普遍而深刻的影响。

而中华人民共和国成立后实行的作为国家选拔人才制度的升学考试制度具有类似科举制的性质。尤其是中考和高考与古代科举制有一定的相似性，中考和高考制度通过大规模的竞争性考试，考试结果与其职业获得及社会地位获得紧密相连。比如，在20世纪80年代，凡是中等专业以上学校毕业的毕业生，都被定为国家干部，都可以获得比较好的政治地位和经济待遇。进入中等职业学校的学生则被视为"社会精英"，能够获得经济收入、社会地位与声望较好的职业，也无意识地延续了我国"学而优则仕"和"读书做官"的文化精神。这一时期，中等职业教育能满足个体向上流动的需求，得以大力发展，而且属于精英教育，具有较高的社会地位，所以中等职业教育发展迅速。

时至今日，随着经济社会转型，中等职业教育毕业生自主就业政策的形成，高等教育的扩招，导致中等职业教育的中专学历成为一种低层次学历。中等职业

---

① 张晓冰. 用整合高中挽救困境中的中职教育 [N]. 中国青年报，2014-07-28 (011).

教育上升通道的不畅，导致个体通过中等职业教育获取较高社会地位的想法破灭，中等职业教育开始面临生存和发展危机。因此，中等职业教育的危机从20世纪末就开始产生，至今中等职业教育的危机仍然存在，并有进一步加剧的趋势。接受过高等教育，拥有文凭学历，更成为在职业获取和社会流动中求职者重要的文化资本。因此，追求进入社会上层，成为享有较好的政治地位和经济待遇的"社会精英"是家长和学生追求普通高中教育，而不选择接受中等职业教育的深层动因。总之，传统文化形塑教育行动者功利化的生存心态，通过考试获取职业和实现社会升迁性流动的文化观念是中等职业教育功能失调的动态结构根源。

四、职业获得与社会升迁的竞争性流动机制

社会分层和社会流动是对一个国家和地区的社会阶层现象所做的两种视角的描述和分析，是同一个问题的两个不同的观察角度。就职业获得标准而言，改革开放之前，以"身份"为标志的先赋性因素成为职业获得主要标准，个人的出身成分是个人职业获得的主要依据。改革开放以后，以学历为标志的获致性因素成为职业获得的主要标准，这种职业获得主要标准的转换对社会和教育产生了巨大而深远的影响。这些影响是复杂的，既有积极正向的影响，也有消极负向的影响。在当代中国，以职业分工为主要标准的社会分层已经初步形成，职业和职业获取往往是与社会分层和社会流动紧密联系在一起的，经济社会地位的升迁则需要以获取一份好的职业为前提，获取一份好的职业往往也就意味着经济社会地位的升迁，意味着可以在社会阶层方面向上和升迁性流动。

所谓社会流动，是指社会成员在社会阶层结构中，从某一种社会地位向另一种社会地位转移的现象。社会流动按照不同的标准可以划分为多种类型。根据流动的方向，可以分为横向流动和纵向流动；根据结构功能理论的分析，可以分为赞助性流动和竞争性流动。

第一，横向流动和纵向流动。横向流动是指个体由一种职业进入另一种职业，不同职业的收入和社会地位基本相同，我们称这种流动为横向流动。纵向流动可以分为上升流动和下降流动。上升流动是指在一个既定的社会阶层结构中，由较低的社会地位流动到较高的社会地位；下降流动是指在既定的社会阶层结构中，由较高的社会地位流动到较低的社会地位。

第二，竞争性流动和赞助性流动。这两种流动方式实质上都是一种升迁式流动。在竞争性流动制度中，个体通过运用某种策略，实现公平竞争，从而实现向上流动。在赞助性流动制度中，个体向上流动及社会地位的获得不是由公平竞争获得的，而是由公认的英才进行挑选，促使个体实现向上流动，或者获得较高的社会地位，并不是个体通过竞争策略和努力获得的。在我国，以成就等因素为主导的竞争性流动机制占据主导地位。

在当代中国社会阶层流动中，以成就等获致性因素为主要标准的竞争性流动机制占主导位置的局面已经基本形成，中国已经初步形成了一个现代社会流动机制的模式。改革开放以前，先赋性因素决定个体的社会地位，即个体的出身决定其所处的社会阶层及社会地位，不同阶层之间缺乏流动，整个社会缺乏活力，阻碍了整个社会的发展和进步。改革开放以后，生产力获得极大发展，国家经济体制由计划经济体制转向市场经济体制，市场的竞争性推动了我国由农业社会向工业社会的转变。同时，获致性因素成为社会流动的主导因素，不同的人基于其能力的不同，获得的社会资源也不同，从而获得更高的社会地位。中国社会以身份等级为基础的社会阶层流动机制被抛弃，以获致性规则为主导的社会流动机制占据主导地位，社会流动性不断加强。在现阶段的中国，尽管先赋性因素对一个人的社会地位还存在一定的影响，但已经不是个体社会流动的主导因素，获致性因素在社会流动中占据越来越重要的位置。其具体表现为个体在社会生活中，通过接受教育，凭借着自己的努力及能力，进行竞争，获取优质的职业和较高的社会地位，从而就有机会向上流动。社会流动机会是开放的，且社会流动机会面向所有人，个体可以通过自己的能力获取相应的文化资本，实现自己向上流动的愿望，以能力为主导的社会流动机制取代了以身份为主导的社会流动机制，这是我国经济社会持续发展的重要动力。

随着改革开放，特别是 20 世纪中期以来社会转型的加剧，社会流动加速，社会利益集团和社会阶层间的分化也迅速加剧和渐趋明显。这种生存竞争的加剧，使不同社会阶层成员的社会地位和经济待遇不同，诱使人们通过竞争进入社会地位高和经济待遇好的职业部门，而这种社会地位高和经济待遇好的职业部门对从业者的文化资本要求也日渐提高，拥有兑换价值高的文化资本成为获取这些职业需要迈过的第一道门槛，而学历、文凭是文化资本有形的可以统一衡量和比较硬性的外显标准。这也使家长和学生不得不采取"被动地主动"的方式进入升学考试的竞争，这也是他们抛弃职业教育轨道，进入普通教育轨道学习的重要因素。同时，这种压力转移到中等职业教育中，导致中等职业教育功能失调，形成以升学为导向的功利化教育价值取向。因此，以成就和获致性因素为主要标准的竞争性社会流动机制以及相应的制度安排作为外在的客观社会结构，是导致学校教育角色化问题产生的深层动态社会结构根源。

第五章
中等职业教育功能定位的应然样态

在对我国中等职业教育功能失调结构根源深入分析的基础上，在对中等职业教育与现代职业教育体系及其他社会系统的相互作用中，推演中等职业教育功能定位的应然样态，即价值层面中等职业教育的功能定位，这是一个从实践回归理论的过程。基于中等职业教育功能定位的价值取向，明确中等职业教育在现代职业教育体系及社会系统中的地位，肯定中等职业教育的基础地位，在此基础上，基于现代职业教育体系进一步分析中等职业教育的功能，整合中等职业教育的多元功能。同时，明确现代职业教育体系下中等职业教育的定位，即面向平民的职业教育。遵循了从价值取向确立，到结构分析及优化，进一步到中等职业教育功能的实现，即从效用层面对中等职业教育功能定位进行分析，实现闭合性分析逻辑，最终回归中等职业教育的逻辑起点，即整合中等职业教育的育人功能与社会功能，使中等职业教育回归面向民生的职业基础教育。

第一节　价值层面：确立中等职业教育的民生功能观

事实表明，经济社会发展与个体需求并不是同步的，在一定条件下两者存在矛盾。现阶段我国正处于经济社会转型期，经济社会发展需求与个体需求存在矛盾，经济社会发展需要大量的技术技能型人才，希望大力发展职业教育；而个体渴望获取高学历，对普通高等教育表现出极大的热情。因此，教育的社会功能与育人功能存在不可避免的冲突。然而，这种冲突并不能简单的归结为要中等职业教育兼顾社会功能与育人功能。正如有学者所言，在一定的条件下，教育价值取向存在一定的矛盾和冲突，但并不是所有的矛盾和冲突都可以用"教育既要适应和促进社会的发展，又要适应和促进人的发展"这种简单的思维方式来解决的。[①] 因此，在分析中等职业教育的社会功能与育人功能的基础上，以人本主义为中等职业教育发展的价值取向，引入民生功能来调和社会功能与育人功能之间的矛盾，在对中等职业教育的民生功能进行深入分析的基础上，明确中等职业教育究竟是为谁服务的问题。

---

① 扈中平. 教育目的论 [M]. 武汉：湖北教育出版社，2004：10.

一、人本主义价值取向

价值被定义为客体对主体需要的满足。基于中等职业教育的功能主体为社会和个体"双重主体",对中等职业教育价值取向的两个维度即社会价值取向及人本主义价值取向进行分析。价值取向的确立决定了中等职业教育的发展方向,是整个社会系统和现代职业教育系统得以有序运行的重要保障。同时,价值取向决定了中等职业教育的功能观,在整个社会系统中,中等职业教育功能观是指个体对中等职业教育的期待和看法。教育功能观通过个体的需求在教育选择过程中表现出来,并直接作用于中等职业教育培养目标的制定及课程设置等多个方面。因此教育价值取向直接决定着中等职业教育发展的方向。国家和受教育者要建立共同的价值取向,促进整个社会系统和教育系统的动态稳定发展。

基于前文研究,我国中等职业教育功能定位失调的实质是社会功能对育人功能的僭越,其根本原因是中等职业教育价值观出现了偏差。中等职业教育过分注重教育的功利主义价值,忽视了教育的人本主义价值。以往在以经济发展为中心的时代,尤其是我国处于经济社会转型发展的初期,中等职业教育的工具主义价值取向有其存在的必然性和合理性。如今,我国经历了农业社会、工业社会,步入信息社会,我国现阶段经济社会发展的基本矛盾已经发生改变。现阶段,我国社会的主要矛盾是人民日益增长的美好生活需要和不平衡不充分的发展之间的矛盾。要树立正确的教育价值观,这显得尤为重要。人是教育的主体,教育的起点是培养人,终点也是人才培养,因此,现阶段,我国职业教育的价值取向应该回归育人本质,即落到人的身上。我国自 21 世纪以来,尤其是 2012 年以来,人本主义思想在经济社会发展中逐渐占据了主导地位。人本主义强调对个体的尊严、权利、价值的关注。① 我国必须转变以往的功利主义价值取向,回归中等职业教育的育人本质。②

以人为本的价值取向有两层含义:第一层含义,面向一切人的教育,不仅包括精英阶层,更包括广大平民,是教育公平的重要体现;第二层含义,促进人的全面发展,区别以往教育促进个人的片面发展,以人为本的价值取向强调促进人的全面发展,包括促进人的终身发展及个性发展。终身发展是以人为本价值取向的重要体现。"终身教育""终身学习"理念自 20 世纪 70 年代以来一直是具有重要影响力的教育理念。随着经济社会转型对多样性人才的需求,以及对人终身学习的需求,终身教育理念逐步被认为是教育的行动框架。终身教育理念作为一种发展理念,在中等职业教育领域也同样适用。终身教育任务是受教育者的教育

---

① Lucas C. Humanism. J. Chabliss. Philosophy of Education: an Encyclopedia [M]. Oxford, UK: Elsevier Science Ltd. 1996: 285.
② 褚宏启. 教育现代化的路径 [M]. 北京:教育科学出版社,2000:144.

权利和学习权利是贯穿其一生的。一方面，中等职业教育不再是一种终结性教育，其借助现代职业教育体系，满足了个体接受更高层次的教育需求；另一方面，中等职业教育的功能从社会化功能转向育人功能，中等职业教育更关注包括广大弱势群体在内的平民对职业教育的需求。中等职业教育通过职业培训功能满足农村劳动力向城市转移，培养新型职业农民和下岗工人再就业等多样化的教育需求，具体到满足人终身发展的需求。这也是现代职业教育体系构建的指导理念，贯穿职业教育发展的始终，同时也指引着中等职业教育的功能定位，以满足人的终身发展为需求。

人类社会已经步入第四次工业革命，我国在应对第四次工业革命时提出了"中国制造2025战略"，制造业转型升级对人才的需求不断变化。同时，随着人工智能的极大发展及其在产业领域的应用，催生了一系列新的职业，同时也导致了一部分原有职业的消亡。行业的迅速变化，职业的不断更迭，使个体在预测今后该从事的职业时出现困难，同时，个体在一生中可能会经历多次职业转换。因而，中等职业教育以培养某种技术技能为目标显然已经不适合社会结构变革及产业变革的需求。促进中等职业教育功能发生变化，不仅要培养个体的单一技能，更要注重学生问题解决能力的培养，注重学生职业精神的培养，促进个体能力的提升。中等职业教育功能更加多元化，中等职业教育不仅要立足技能培养，更要注重促进个体职业生涯的发展，这就要求中等职业教育注重其职业培训功能，这是中等职业教育促进个体职业生涯发展功能发挥的重要载体。

随着社会生产力的极大发展，人们生活水平的不断提高，人们对教育的需求发生变化，从以往的有学上，转向上好学，再到期望接受更高层次的教育。因此，这对中等职业教育功能提出了新的挑战，中等职业教育功能从设立之初的阶段性功能、满足人们就业的需求、是一种终结性教育和肩负着促进人某个阶段发展的任务，到现在中等职业教育功能已经转向满足人的终身发展需求。进入21世纪，不同于以往的农业时代、工业时代，而是知识经济时代诞生了，以知识为核心的竞争占据了主导地位，个体的学习贯穿其一生。[1] 在终身学习及终身教育理念的影响下，我国提出了大职教观，这是职业教育领域终身教育理念的重要体现。大职教观与终身学习、终身教育的理念是一致的，职业教育应该贯穿个体的一生，个体应随时随地都能接受职业教育与职业培训，实现其获取技能及转岗转业的需求。

现阶段，世界职业教育改革的重要趋势主要表现在以下三个方面，这也是我国职业教育今后的发展方向。从关注学生单一技能获得转向促进学生多元能力的培养；从关注学生单一就业的实现转向关注学生一生的职业生涯发展；从关注某

---

[1] 拉塞尔·L. 阿克夫，丹尼尔·格林伯格. 翻转式学习：21世纪学习的革命[M]. 杨彩霞，译. 北京：中国人民大学出版社，2015：4.

个特定的个体及群体接受职业教育转向关注包括弱势群体在内的广大平民接受职业教育。这里的职业教育是一个宏观的职业教育概念，更强调职业培训的重要作用。

二、中等职业教育的民生属性

中等职业教育作为与现实经济社会发展、人的就业和发展联系最为紧密的一种教育类型，其民生功能属性不断凸显。中等职业教育只有不断适应包括弱势群体在内的中国最广大人民的根本需求，立足于促进人人接受职业教育，通过促进个体就业，满足广大平民对教育的需求，同时，在满足广大平民教育需求和培养技术技能型人才的过程中，促进整个经济社会的发展。

（一）中等职业教育是平民教育

中等职业教育具有不同于普通高中教育的性质，中等职业教育的职业性决定了中等职业教育的民生属性更为鲜明。纵观教育的发展史，教育一直是统治阶级的特权，其功能主要为传播统治者的意识形态。西方工业大革命后，面向大众的，以传授技术为核心的现代职业教育诞生，职业教育打破了上层阶级与广大平民之间接受教育的藩篱。职业教育是一种面向人人，尤其是以广大中下层平民及其子女的教育为主体的教育类型。黄炎培在其《提倡平民教育之商榷》一文中指出，职业教育要为大多数平民谋幸福，因此，职业教育必须"平民化"。① 职业教育，尤其是中等职业教育，其基础性和职业性决定了其教育面向为广大平民，以人民群众的需求及促进广大人民群众的幸福生活为其主导功能。我国将中等职业教育的培养目标定位于培养高素质劳动者和中初级技术技能型人才，促进个体就业，同时中等职业教育为个体接受高中教育提供了可能。我国的现代职业教育体系是一种最为广泛的人民阶层构建的体系，人人都可以接受职业教育。职业教育相对于其他类型教育具有更明确的民生价值。中等职业教育最大限度地满足了广大人民群众接受高中教育和向上流动的愿望。中等职业教育的对象是所有平民，不仅包括初中毕业生，还包括农民、下岗工人和复员军人等。

中等职业教育更关注弱势群体的生存状态，这是中等职业教育功能的特点，也是中等职业教育存在的必要基础，决定了其在经济社会发展中的基础地位。我国尚有大量的贫困人口，精准扶贫的实现离不开中等职业教育，我国中等职业教育的生源以农民子女居多，在精准扶贫实现过程中，重点是助力农民的智力扶贫，"扶贫先扶智"，这使与人民就业、技术技能获得最为密切的中等职业教育肩负重任。农民及其子女通过接受中等职业教育，从而满足接受更高层次教育、就业、转岗等多种需求，中等职业教育为农村发展培养了大量的新型职业农民。

---

① 滕大春. 裴斯泰洛奇为教育而奉献的爱心：纪念教圣 250 周年诞辰 [J]. 北京师范大学学报（社会科学版），1995（3）：27.

同时，中等职业教育通过技术技能培训促进了农村劳动力向城市转移。中等职业教育的职业性及面向人人的特点，决定了中等职业教育是离农村贫困人口距离最近的一种教育类型。

（二）中等职业教育是就业教育

就业是民生之本。个体通过接受中等职业教育，获得相应的技术技能，从而实现就业，维持基本的生计，并获取相应的社会地位。制造业转型升级、人工智能技术的兴起，产生了大量的新兴职业，使技术技能型人才缺口大。中等职业教育要依据区域经济发展的需求，进行专科设置、课程设置，中等职业教育相比普通高中教育，其就业功能凸显，其指向实际工作的需求。中等职业教育通过职教集团、校企合作等形式，促进了中等职业教育与劳动力市场的沟通。在经济社会飞速发展的今天，中等职业教育还要满足个体转岗、转业和职业生涯发展的需求。中等职业教育不仅为个体提供一次就业的技术技能，还培养个体解决问题的能力，促进个体职业生涯的发展。随着现代职业教育体系的不断完善，中等职业教育包括学校职业教育和职业培训，职业培训的发展促进了中等职业教育多元化功能的发挥。同时这也为中等职业教育毕业生向上流动提供了通道，满足了经济社会发展对高层次技术技能型人才的需求，使学生接受中等职业教育和高等职业教育，促使学生成为高层次技术技能型人才，满足其高质量就业的需求，这是中等职业教育民生功能的重要表现。

（三）中等职业教育是升学教育

随着人们生活水平的提升，个体对高层次教育的需求不断提升。普通高等教育的大力发展及现代职业教育体系的构建，为中等职业教育打通了升学通道。中等职业教育的升学功能表现在两个方面：一方面是体系内的升学，高层次技术技能型人才的培养是一个长时间积累的过程，因此，高层次技术技能型人才的培养需要中等职业教育和高等职业教育共同发力；另一方面是体系外的升学，中等职业教育毕业生升入普通高等教育亟须学习。中等职业教育的升学功能越来越明显，为高等职业教育提供生源，肩负着职业基础教育的责任。同时，还能满足个体由职业教育体系转向普通教育体系的需求，满足个体多样化的教育需求。在欠发达地区，尤其是农村贫困地区，高中阶段教育的普及离不开中等职业教育，农民子女可以通过中等职业教育满足接受更高层次教育的需求，随着现代职业教育体系的构建，中等职业教育功能更加多元化，职业教育体系内部的升学通道更加顺畅，这使实现体系内部的中高职贯通成为可能，中等职业教育的升学功能越来越凸显。

（四）中等职业教育是幸福教育

中等职业教育通过就业功能、升学功能等多种功能，满足了个体接受教育的需求，同时满足了个体生存和发展的需求。生产力极大发展，人民群众的物质水平不断提升，人们的需求不再局限于物质需求、生存需求，人们的精神需求得到了极大的发展，对幸福教育的追求更加强烈，更注重个体在接受教育过程中产生的一种幸福体验。美国教育思想家内尔·诺丁斯认为幸福教育是教育的普遍化目的。[1] 中等职业教育应该是一种幸福教育，幸福教育具体表现在两方面：第一，幸福教育是一种合适的教育，根据智力类型差异，将不同的学生分配到不同的教育轨道中，接受中等职业教育的这部分人接受中等职业教育是一种适合自身发展的教育类型，本身就是一个幸福的过程。中等职业教育采用教、学、做三合一的方式，增强了学生的兴趣，同时，还体现了中等职业教育对生命价值、民主自由的关照，真正实现了教育与生活的统一。第二，幸福教育是人们的一种精神体验。学生通过接受中等职业教育，培养职业精神，主要体现为促进"工匠精神"的养成，热爱自己的工作，并在工作中实现自己的价值，体验职业带来的幸福感。

三、整合社会功能观与育人功能观：民生功能观

根据中等职业教育的功能主体，中等职业教育的基本功能可以分为社会功能和育人功能。不同时期中等职业教育的社会功能与育人功能呈现不同的形态和表现形式。中华人民共和国成立初期，政治功能为这个时期中等职业教育的主导功能。改革开放初期，以经济建设为中心是这个时期的主要任务，在生产力发展水平低下、经济社会发展的初期，中等职业教育的经济功能必然占据主导地位。但是随着信息化时代的到来，产业结构升级转型，人工智能、大数据的兴起催生了技术变革和职业更新，教育的社会功能已经难以适应我国经济社会转型的需求。仅仅以社会需要为旨归，将导致教育成为社会发展的附庸，个体不再是自由、理性的存在，而是以一种"工具人"的形式存在，以服务经济社会发展为其发展目标。

关于中等职业教育育人功能与社会功能的关系，以往很多学者都进行了解读，他们所持的观点基本统一，即兼顾教育的育人功能与社会功能，在促进中等职业教育功能实现的过程中，促进人的全面发展，尽可能实现中等职业教育社会功能与个体功能的统一，但没有具体说明如何兼顾教育的育人功能与社会功能。社会功能与育人功能统一的可行性和可能性还有待于进一步探究。在现实层面，育人功能与社会功能由于经济社会发展的不平衡、教育结构的不完善以及一系列制度因素，导致二者难以实现统一。尤其是我国处于经济社会转型期，不同地区、城乡经济社会发展差异巨大，中等职业教育的育人功能与社会功能的统一存在一定的困难。我们需要进一步探究如何在坚持中等职业教育育人功能的基础上，实现中等职业教育的社会功能，即二者统筹发展的路径是什么。

---

[1] 内尔·诺丁斯. 幸福与教育 [M]. 龙宝新，译. 北京：教育科学出版社，2009.

民主主义教育家杜威力图消解这种阻隔于国家与个人之间的二元对立。杜威认为民主主义的意义在于对社会中每个成员的全面发展所做的贡献。① 民生思想也是人本主义教育思想在具体实践过程中的重要体现。同样，我国学者赵汀阳在《论可能生活》一书中强调，社会只是生活的必要条件，而生活本身的意义和质量才是生活的目的。② 我国学者赵汀阳对教育的社会功能和育人功能进行了论述。2002 年我国构建和谐社会以来，人本主义价值取向开始进入人们的视野，并不断发展，现阶段，人本主义价值取向是我国教育发展的主导思想。基于此，中等职业教育如何才能在既满足经济社会发展的同时，也能更注重其为人民服务的功能，只有使广大平民成为中等职业教育及经济社会发展的主体，才能实现中等职业教育的民生价值取向，才能在促进经济社会发展的同时，促进个体的自我实现。

民生功能体现了中等职业教育促进经济社会发展与促进个体全面发展相结合，广大平民教育主体地位开始受到国家的重视。民生功能是对教育社会功能的超越和扬弃；育人功能究其本质仍是一种育人功能。中等职业教育功能要不断体现其为人民服务的意识，中等职业教育从关注社会发展转向关注个体的生命存在及现实生活需求。以期通过引入民生功能促进社会本体功能论与人本功能论的统一，对中等职业教育功能的内涵及其在经济社会发展及现代职业教育体系中的全新定位进行阐释。党的十九大报告以新的高度强调了要坚持"以人民为中心"和"使人民获得感、幸福感、安全感更加充实、更有保障、更可持续"。中等职业教育功能的实现，关系个体就业及个体接受教育，既是教育问题，更是民生问题。中等职业教育是面向人人的教育，是促进个体实现就业及向上流动的教育，只有大力发展中等职业教育，才能为包括弱势群体在内的广大平民提供其所需要的教育，这是中等职业教育功能的特点。中等职业教育是更关注包括弱势群体在内的广大平民的教育，而不是精英教育，这种特殊功能，确保了中等职业教育存在的必要性及其在经济社会发展中的重要作用。中等职业教育对社会群众、弱势群体的关注，决定了中等职业教育促进教育功能的实现，具有重要的民生价值。③

第二节　结构层面：明确中等职业教育的基础地位

明确中等职业教育功能定位的价值取向，基于现代职业教育体系，进一步厘清中等职业教育在教育结构及整个社会结构中的地位及功能，这是中等职业教育发展的前提和基础。2019 年 1 月 24 日国务院发布的《国家职业教育改革实施方

---

① 杜威. 民主主义与教育 [M]. 北京：人民教育出版社，2001.
② 赵汀阳. 论可能生活 [M]. 北京：中国人民大学出版社，2008.
③ 任爱珍. 惠及民生的职业教育公平问题研究 [J]. 现代教育科学，2011（02）：76.

案》中指出，"职业教育与普通教育是两种不同教育类型，具有同等重要地位"和"把发展中职教育作为普及高中阶段教育和建设中国特色现代职业教育体系的重要基础"为我国中等职业教育存在的必要性进行了肯定，并指明了中等职业教育今后发展的方向。基于现代教育体系论的视角，对中等职业教育在现代职业教育体系中的基础地位进行分析，明确了中等职业教育在现代职业教育体系中的基础地位及其在普通高中阶段教育中的重要作用。基于现代职业教育体系，确保中等职业教育在经济社会发展中处于基础地位。依托现代职业教育体系，中等职业教育通过培养技术技能型人才推动"中国制造2025战略"的实现。依托现代职业教育体系和中等职业教育的培训功能，促进农村劳动力向城市转移和培养新型职业农民，在精准扶贫中肩负重任，是中等职业教育民生功能的重大体现。

一、中等职业教育在现代职业教育体系中的基础地位

《现代职业教育体系建设规划（2014—2020年）》指出，"中等职业教育在现代职业教育体系中具有基础作用"，从政策层面肯定了中等职业教育的基础性地位。中等职业教育在现代职业教育体系中的基础地位是由其功能决定的，中等职业教育具有"转换功能"，能促进中等职业教育与普通高中教育的沟通发展，同时能促进中等职业教育与高等职业教育的衔接。普职互通与中高职衔接是现代职业教育体系的重要组成部分。

（一）对中等职业教育"转换功能"的解读

现代职业教育体系是一个包含多个层次、多种类型职业教育在内的，并与普通教育体系相沟通和与外部环境相适应的，体现终身教育理念的独立的动态系统。现代职业教育体系在现代社会作为一种类型教育存在，这是其现代性的重要体现，而中等职业教育是现代职业教育体系大系统中一个独立的子系统。因此，现代职业教育体系的功能影响其内部各子系统的功能，即现代职业教育体系的功能影响中等职业教育的功能。同时，中等职业教育功能的实现需要依托现代职业教育体系，中等职业教育作为一种"断头教育"，其升学等多种功能的实现需要以现代职业教育体系为载体。中等职业教育在现代职业教育体系中肩负着"转换功能"，在职业教育的相关研究中较少提及"转换功能"，且尚未形成统一概念。《现代汉语词典》将"转换"界定为改变或者改换。

教育转换包含以下四种含义：第一，教育具有不同类型、层次，可以在不同类型、层次之间进行转换；第二，教育转换是有条件的；第三，实现教育转换的主体是人；第四，转换功能的实现需要以现代职业教育体系为载体。因此，可以将教育转换解释为在一定条件下，教育主体出于发展的需要，在不同类型、层次教育之间做出的转换。中等职业教育的"转换功能"区别于普通意义上的"转换功能"，更强调教育主体以现代职业教育体系为载体进行的转换，包括教育主体在中等职业教育与高等职业教育之间的转换，以及教育主体在职业教育体系与

普通教育体系之间的转换，教育主体在中等职业教育与人力资源市场之间的转换。

（二）现代职业教育体系内部的转换：中高职衔接

中等职业教育和高等职业教育是我国职业教育体系的重要组成部分。《国家中长期教育和发展规划纲要（2010—2020年）》提出，"统筹中等职业教育与高等职业教育发展"。教育部2014年颁布的《现代职业教育体系建设规划（2014—2020年）》明确提出，"实行中职、专科、本科贯通培养"。中高职衔接是现代职业教育体系运行的关键，职业教育作为一种类型教育，包括初等职业教育、中等职业教育及高等职业教育，高层次技术技能型人才的培养离不开中高职衔接。

1. 层次划分

中等职业教育与高等职业教育分属不同层次。联合国教科文组织在《国际教育标准分类法2011》中将教育分为九个等级，从第二等级到第八等级，每个等级都包含普通教育与职业教育两种教育类型，高等职业教育处于比中等职业教育高的一个层级。因此，以此为基础，在我国现有的初中及以上各普通教育阶段，都应建立与此相对应的职业准备教育层级。也就是说，从初中开始，职业（准备）教育可以作为一种类型教育与普通教育发生形式上的分离，从而自成体系。因此，完整的职业（准备）教育体系自下而上应依次为初等职业教育、中等职业教育、高等专科职业教育、应用本科教育、专业学位研究生教育（又分为专业硕士和专业博士）。中等职业教育、高等职业教育处于现代职业教育体系的两个不同层面，但二者又相互衔接。

2. 类型划分

中等职业教育与高等职业教育都属于职业教育。现代职业教育体系应建立与普通教育体系相对应的，包括完整层次的一种类型教育。分析中职、高职与应用型本科的共同点，即它们都属于职业教育，作为一种类型教育，均以培养受教育者的技术技能和以促进受教育者就业为导向。因此，这三者之间有着本质上的关联。

（三）现代职业教育体系与普通教育体系之间的转换：普职互通

高中阶段教育的发展，基本上形成了聚焦就业的职业教育和聚焦升学的普通教育，这二者之间缺乏互动，导致了个体多样化的教育需求难以实现，从而使以培养学生终身学习能力的目标落空。发达国家基于现代职业教育体系不断促进职业教育与普通教育之间的沟通，促进职业教育与普通教育的一体化发展。例如，美国通过设置综合高中的形式促进高中阶段职业教育与普通教育的一体化发展。英国和澳大利亚通过职业资格框架的建立促进高中阶段职业教育与普通教育的沟通。我国的高中阶段教育，严格区分为以就业功能为主导的中等职业教育和以升学为主导的普通高中教育。教育的本质是育人，是促进不同类型、不同优势潜能、不同个性潜能的学生得到全面而个性的发展，结合霍华德·加德纳的多元智能理论，每个学生的智能结构都是不同的，教育应关注学生的多元化发展，为不同类型的人提供不同类型的教育，这是普职沟通的重要理论基础。

普职互通是中华人民共和国成立以来，特别是改革开放以来，教育发展的重要成果。我国政府多次出台相关政策，促进职业教育与普通教育的沟通，通过现代职业教育体系的构建，建立与普通教育体系相对应的技术技能型人才成长通道，并与普通教育相沟通。现阶段，高中阶段的普通高中教育与中等职业教育之间的沟通还有较大的发展空间，普通高中教育与中等职业教育同属于中等教育范畴。中华人民共和国成立以来，我国建立了世界上最庞大的中学教育系统。[①] 我国的高中阶段教育包括普通高中教育和中等职业教育，基于二者的特点促进普通教育与中等职业教育之间的沟通，是普职互通的重要组成部分，也是构建现代职业教育体系的需要。

21世纪以来，对高中教育有众多探讨，学者们认为中等职业教育的功能包括升学功能、就业功能及育人功能等多种功能，可以促进个体的志向、兴趣和能力匹配等。多从个体为接受普通高等教育做准备的层面入手，更关注普通高中教育的升学功能。普通高中教育是一种变化周期较长的教育类型。[②] 而中等职业教育与经济社会的发展关系更为密切，更注重个体技术技能的培养，其就业功能占据主导地位。同时，现代职业教育体系内的升学功能逐渐受到重视，是一种变化周期短、较为灵活的教育类型，尤其是其职业培训功能使中等职业教育在人才培养上具有高度的灵活性。纵观中等职业教育的发展历程，劳动力市场需求和产业结构调整是中等职业教育发展的"晴雨表"。就二者的功能而言，普通高中教育的功能侧重于促进个体知识的获得，主要通过其升学功能表现出来；而中等职业教育的功能更侧重于促进个体技术技能的获得，通过其就业功能表现出来。二者从根本上来说最终目的是一致的，即促进个体的全面发展，随着经济社会发展，对两种类型的人才，即知识型人才与技能型人才都有需求。因此，二者缺一不可，并且经济社会发展呈现出对复合型人才的需求，这就要求二者进行沟通，促进普通高中教育与中等职业教育一体化发展。中等职业教育从与普通高中教育的沟通中培养具有良好文化素质与专门技能的高素质人才等，在坚持各自办学特色的基础上，实现互通发展，形成立足于不同类型人才早期培育的一种类型教育和层次教育。

（四）现代职业教育体系与人力资源市场之间的转换：产教融合

从实践层面对现代职业教育体系进行分析，中等职业教育的转换功能还体现在促进现代职业教育体系与人力资源市场的转换上。职业教育体系属于教育体

---

① 良方. 中学教育学 [M]. 福州：福建教育出版社，1998.
② 唐盛昌. 高中改革方向：促进高中生志、趣、能匹配 [N]. 中国教育报，2012-06-01（6）.

系，而人力资源市场属于工作体系，通过职业教育培养技术技能型人才，促进教育体系与工作体系的互通。中等职业教育作为现代职业教育体系的重要组成部分，其职业性决定了中等职业教育要依据区域经济社会发展对技术技能型人才的需求进行人才培养，需要通过产教融合来实现。企业作为办学主体的重要"一元"，同中等职业学校一起进行专业设置，共同确立人才培养目标，确保中等职业教育的人才培养规格与企业人才需求规格相一致。通过中等职业教育毕业生顺利就业，促进现代职业教育体系与人力资源市场之间的转换。现代职业教育体系与人力资源市场之间的转换，包括初等教育、中等职业教育、高等职业教育在内的多层次职业教育与人力资源市场之间的转换。因此，中等职业教育要横跨学校系统与工作系统，确保中、初级技术技能人才的供需平衡。不仅要满足个体从学校系统进入工作系统的需求，还要满足个体从工作系统进入学校系统的需求。随着经济社会转型的不断推进，产业转型速度升级加快，推动岗位的变迁速度加快，个体难以通过接受一次教育，满足终身发展的需求，需要不断进行学习，实现职业生涯发展的需求和转岗转业的需求。因此，在推进中等职业教育与产业发展相融合的同时，还要大力发展职业培训，这是确保个体从工作系统进入学校系统的重要途径。

二、发展中等职业教育是普及高中阶段教育的重要基础

2017 年教育部印发《高中阶段教育普及攻坚计划（2017—2020 年)》，提出到 2020 年要普及高中阶段教育。在我国，普通高中教育和中等职业教育作为高中阶段教育的组成部分，有着不同的任务，同时，二者都属于高中阶段教育，具有一定的共同特征，二者均为一种基础性教育，且为普通高中阶段教育的重要组成部分。对普及高中阶段教育的内涵及意义进行分析，这是进一步分析中等职业教育在普及高中阶段教育中地位分析的基础和前提。

（一）普及高中阶段教育的内涵及意义

"普及高中阶段教育"一词，最早起源于马丁·特罗对高等教育发展历程的划分，他将高等教育发展划分为"精英""大众"和"普及"三个发展阶段。马丁·特罗对高等教育发展历程的划分，对高中发展阶段的划分也有一定的借鉴意义。日本的藤田英典借用马丁·特罗的这一理论，将高中教育划分为精英化（低于 15%）、大众化（介于 15% 与 50% 之间）和普及化（高于 50%）三个发展阶段。后人在该观点的基础上，进一步将高中教育毛入学率超过 90% 作为判断日本高中教育进入高度普及化阶段的标志。[①] 因此，我们借鉴马丁·特罗的理论对高中教育的发展阶段从七个维度进行归纳（表 5-1），从高中教育发展的全球视野和国内现实来看，这个标准更为合理。中等职业教育作为高中教育的重要组成

---

① 张德伟. 日本高中教育普及化的影响因素分析 [J]. 外国教育研究，2006（08）：18.

部分，肩负着普及高中教育的重任。对高中阶段教育分阶段理论进行分析，发现普及高中阶段教育的内涵非常丰富。这里的普及高中阶段教育，不仅指高中阶段教育要在数量上达到一定的规模，更指教育思想、教学内容及制度层面的相应调整，只有这样才能体现每个发展阶段的内涵。

表5-1 高中教育发展阶段及典型特征

基本维度	精英阶段	大众化阶段		普及阶段	
毛入学率	30%以内	30%~50%	50%~85%	85%~95%	95%以上
本质	特权，强调阶段利益	权利，社会利益	权利，社会利益，个体发展	权利，个性发展与个体需求	义务，个体发展与个性需求
功能	学术人才与技术人才	升学+就业	升学+就业，开始关注民生	升学+就业，促进民生发展	升学+就业+全人，民生发展占据主导地位
普职教育	高度结构化和专门化学术教育	职业教育与普通教育表现出等级特征，不可沟通	职业教育与普通教育表现出等级特征，可以沟通	职业教育与普通教育等级逐渐消失，呈现融合状态	职业教育与普通教育实现等值，普职融合
学校类型	类型单一，校际界限明晰	学校类型开始分化，校际界限较清晰	学校类型分化，校际界限模糊	学校类型多样化，校际互通，校企合作	学校类型多样化，校际互通，校企融合
质量标准	严格	较严格	多元评价	多元评价	多元评价
招生	选择性	选择性	淘汰制	分流制	个人意愿

综合表格中所分析的不同指标，结合我国普及高中阶段教育的现状，对我国普及高中阶段教育的程度有了一个大致的了解：我国高中阶段教育尚未完全普及，我国的高中教育真实的发展程度在大众化与普及化之间。尽管在发达地区，高中阶段教育已经普及，但是在西部地区、贫困地区，高中阶段教育远未普及。相关数据统计显示，2015年我国高中阶段的毛入学率超过86%，北京、上海高中阶段的毛入学率接近99%。我国现阶段正处于经济社会转型期，区域经济社会发展极不平衡，同样，高中阶段教育发展也不平衡，不同区域高中阶段教育发展有很大差距。发达地区的高中阶段教育已经进入高度普及阶段，城市地区已经整体进入普及阶段，但是一些农村地区及贫困地区才刚刚进入大众化阶段。尤其

是在部分贫困地区和农村地区，中等职业教育仍肩负着普及高中教育的重任。目前，全国仍有4个省区高中阶段教育的毛入学率低于70%，集中连片贫困地区所在地市中有11个地市的毛入学率低于50%，这些地方显然是普及高中阶段教育的短板。① 因此，高中阶段教育在我国尚未普及，推动中西部贫困地区普及高中阶段教育，还有很长的路要走，这就需要普通高中教育和中等职业教育共同发力，共同促进高中阶段教育的普及。中等职业教育作为高中阶段教育的重要组成部分，理应肩负着促进高中阶段教育普及的重任。国家出台了一系列政策，促进中西部贫困地区中等职业教育的发展，中等职业教育的免学费政策，使贫困地区学生接受高中阶段教育成为可能，中等职业教育通过技术技能传授，实现精准扶贫，同时，提升贫困地区学生的综合素质。②

（二）中等职业教育是普及高中阶段教育的重要基础

现阶段仅仅依靠普通高中教育难以实现高中阶段教育的普及。从学理层面分析，普通高中教育是一种面向少数人的精英教育，并且普通高中教育的升学功能占据主导地位，肩负着为普通高等教育输送生源的重任，仅仅依靠学术型的普通高中教育，难以实现教育大众化。中等职业教育产生之初就是面向广大劳动者的，是一种面向人人的平民教育，因此，中等职业教育促进高中阶段教育普及具有基础作用。从实践层面分析，目前我国的发达地区基本普及了高中阶段教育，而在部分贫困地区，尤其是部分农村地区，尚未普及高中阶段教育。这部分地区的教育资源相对匮乏，尤其是普通高中教育资源匮乏，职业教育肩负着升学和就业等多重任务，中等职业教育作为农村职业教育的重要组成部分，普及高中阶段教育更需要依托中等职业教育来实现。因此，无论是从学理层面还是从实践层面分析，中等职业教育都是普及高中阶段教育的重要基础。

（三）促进普通高中教育与中等职业教育的协调发展

职普比例一直是教育领域争论的热点。在研究中发现职普比例是多少并不是关键，国家从政策层面多次提出职普比例要大体相当，实质上是为了强调中等职业教育的重要地位，这是由于我国"学而优则仕"文化传统的限制，职业教育发展在我国不受重视。国家提出职普比例大体相当，是为了强调职业教育作为一种类型教育与普通教育具有同等重要的位置。因此，要超越职普比例大体相当的内涵，依据经济社会发展的需求及个体的教育需求，促进职业教育与普通教育的协调发展。

普职互通有利于促进高中阶段教育发展模式创新和高中阶段教育的多样化发展。要对普及高中阶段教育有一个全面、深刻的了解，普及高中阶段教育是指普

---

① 邬跃. 普及高中阶段教育需把握三个重点［J］. 决策探索，2016（05）：31.
② 吕巍. 心系"离贫困人口最近的教育"：民进中央"中等职业教育发展帮扶农村贫困人口脱贫"专题调研综述［N］. 人民政协报，2017-01-05（001）.

及包括普通高中教育和中等职业教育在内的两种类型的教育，因此，普通高中教育与职业教育作为两种不同类型的教育，缺一不可。单纯注重发展普通高中教育，将普及高中阶段教育等同于普及普通高中教育，会导致普及高中阶段教育难以实现。一方面，我国尚未有如此数量的普通高中，来实现普及高中阶段教育的需求；另一方面，这也不符合个体发展的规律及教育发展的规律。个体由于智力类型的不同，适合接受不同类型的教育，单纯提供知识教育的普通高中教育，难以满足不同智力类型学生的需求。同时，教育现代化的实现需要兼顾普通教育与职业教育。普通教育与职业教育作为两种不同类型的教育，其培养学术型人才和技能型人才，是两种不同类型人才的成长通道。职业教育和普通教育作为国民教育的重要组成部分，都有其存在的必要性，这是由教育发展规律所决定的。因此，促进普通高中教育与中等职业教育协调发展，是普及高中阶段教育的重要体现。

三、中等职业教育在经济社会发展中处于基础地位

中等职业教育与人的就业、发展等基本问题相关，关系民生发展。中等职业教育的民生功能，决定了中等职业教育在经济社会发展中处于基础地位。与普通高中教育相比，中等职业教育的民生功能更加显著。经济社会转型的突出特点就是生产力的极大发展，以及城乡经济社会发展不平衡。现阶段我国处于经济社会转型发展的关键时期，产业结构转型发展，同时经济社会发展极不平衡。一是为产业结构转型升级提供技术技能型人才支撑。《中国制造2025》中提出实现制造强国的战略目标，必须要根据《中国制造2025》的要求，大力发展以制造业为主的职业教育，增强人才有效供给能力。二是服务脱贫攻坚。通过中等职业教育，让学生拥有一技之长，通过一人就业，实现全家脱贫。中等职业教育的职业培训功能，促进农村劳动力向城市转移，培养大量的职业农民，促进农村经济发展。基于此，中等职业教育在经济社会发展中处于基础地位。

（一）服务《中国制造2025》，促进产业结构升级转型

经济发展新常态是对我国当前经济发展的形象描述。中等职业教育要适应经济发展的新形势，培养出一批技术过硬、能力过强的复合型、创新型的技术技能型人才，促进经济社会转型发展对技术技能型人才的需求。舒尔茨的人力资本理论指出，人力资本促进经济增长，同时，也是解决贫困的途径。[①] 舒尔茨还指出教育也是使个人收入的社会分配趋于公平的因素。曾有观点指出，人们接受职业教育不仅不会促进教育公平，反而会固化已有的社会阶层，不利于人们的向上流动。这是因为职业教育尚未完善，社会劳动制度尚未健全所呈现出来的。只有通过不断发展职业教育，实现职业教育与普通教育的等值，相应的社会劳动制度保

---

① 郭利华，贾利军. 舒尔茨的人力资本理论 [M]. 呼和浩特：内蒙古人民出版社，2003.

障接受职业教育能够获得同等的或更高的劳动报酬，那么该问题就可以迎刃而解了。

一方面，中等职业教育通过培养初、中级技术技能型人才及高素质劳动者，直接为经济社会发展服务。国务院于 2015 年颁布《中国制造 2025》，该文件要求建立多层次人才培养体系，大力推进高层次、紧缺专业技术人才和创新型人才的培养。有人提出，随着产业结构转型升级，对技术技能型人才的需求不断提升。中等职业教育作为培养初、中级技术技能型人才的教育层次，没有必要存在。其实，恰恰是由于我国正处于经济社会转型期，更需要中、初级技术技能型人才。我国的经济不同于美国等发达国家，我国的经济是实体经济，制造业是我国产业的重要组成部分，我国仍需要大量的初、中级技术技能型人才，中等职业教育是为制造业输送技术技能型人才的重要组成部分，中等职业教育毕业生是服务业和制造业劳动力市场的主要储备力量。

我国的制造业在我国经济发展中占据重要地位。当前我国绝大多数企业仍是劳动密集型的，中等职业教育为中小企业培养初、中级技术技能型人才。"中国制造 2025"不同于"德国的工业 4.0"，"德国的工业 4.0"是指经济发展步入高级阶段，聚焦于高端产业及高端产业的高端环节发展。而我国产业结构转型升级，是在我国工业化进程中，为了调和区域经济社会发展不平衡而提出的要统筹传统产业发展与高端产业发展。因此，传统产业与高端产业并存决定了中等职业教育存在的必要性和合理性，同时，高端产业所需的高层次技术技能型人才，也需要中高职贯通培养来实现。在具体的职业教育实践层面，国家要通过相关政策、制度的出台来发展中等职业教育，不能任中等职业教育的规模任意萎缩。我国的经济发展以实体经济发展为主，制造业在我国经济发展中占据重要地位，仍需要大量的技术技能型人才。随着制造业转型升级，尤其是人工智能对制造业的冲击，需要更多的高层次技术技能型人才和复合型人才，需要中高职贯通培养来实现。加之，我国经济社会发展区域差异极大，在发达地区，技术升级转型需要大量的高层次技术技能型人才，但是在欠发达地区及部分农村地区，尚未实现高中阶段教育的普及，还需要大量的初、中级技术技能型人才和高素质劳动者。

另一方面，技术技能的积累性决定了高层次技术技能型人才仅仅依靠高等职业教育无法完成，需要中等职业教育和高等职业教育共同发力，中等职业教育肩负着为高等职业教育输送生源的重任。这些年，国家不断加强对"大国尚技"思想的宣传，同时，提出职业教育要培养"大国工匠"，并在职业教育人才培养目标中提出了"工匠精神"，引发了社会领域对高层次技术技能型人才培养的关注及对职业教育的极大关注。我国制造业在从大走向强的路上，高层次技术技能型人才的缺乏成为亟须解决的问题。中等职业教育为高层次技术技能型人才培养提供了人才储备。目前，我国三大产业中第三产业 GDP 的比重正以较快的速度增长，但是与发达国家仍有一定差距。因此，我国产业结构转型的重点是推动传统产业转型升级，推动先进制造业的发展，推动现代服务业的大力发展。①

世界范围内已经开始进行第四次工业革命，为了应对第四次工业革命带来的冲击，我国提出了"中国制造 2025"战略，以推动制造业的转型升级，从而推动经济社会的转型发展。然而制造业的转型升级及整个社会的转型发展都离不开人才，包括学术型人才和技术技能型人才。我国人才结构存在巨大矛盾，直接导致产业结构转型所需的技术技能型人才支撑不足。2016 年 11 月，清华大学与复旦大学联合发布的《中国劳动力市场技能缺口研究》显示，目前技能劳动者数量占全国就业人员总量的 19% 左右，高技能人才仅占 5%。② 中等职业教育是中、初级技术技能型人才培养基地及高层次技术技能型人才培养的重要基地，肩负重任。一方面培养中、初级技术技能型人才；另一方面为培养高层次技术技能型人才提供生源，因此，中等职业教育在推动制造业转型升级及整个经济社会发展中处于基础地位。

（二）服务脱贫攻坚，促进社会稳定

我国工业化尚未实现，经济社会发展不平衡的现象仍然存在，城乡发展差距巨大。中等职业教育以往一直肩负着农村劳动力转移和培养新型职业农民的重任，在推动城乡一体化，促进社会稳定方面发挥着巨大作用。同时，中等职业教育具有托底作用，一部分社会闲散人员和"问题学生"都流入了中等职业学校。中等职业教育在促进社会流动，乃至改变社会结构中承担着重要的历史任务。

中等职业教育作为农村职业教育的重要组成部分，肩负着多种功能。首先，中等职业教育发挥了普通高中的作用，我国高中教育尚未普及，中等职业教育作为高中教育的重要组成部分，肩负着普及高中教育的重任。尤其是在部分农村地区，普通高中可以提高农村劳动力素质；其次，通过短期培训促进农村劳动力转移，在精准扶贫中扮演着重要的角色。2014 年发布的《国家新型城镇化规划》提出，到 2020 年，我国将努力实现 1 亿左右农业转移人口和其他常住人口在城镇的落户。③ 促进新型城镇化的基础是人的城镇化，通过中等职业教育促进农村劳动力技能的提升，进一步促进农村劳动力向城市转移，推动新型城镇化的发展。最后，中等职业教育在培养新型职业农民方面肩负重任，肩负着促进农村经济发展和农业现代化的重任。因此，无论是中等职业教育在促进区域经济社会发展方面，还是中等职业教育在推动城乡一体化方面，都具有重要作用。中等职业教育在经济社会发展中处于基础地位。

国际经验表明，一个国家较低的社会阶层从职业教育中获益越多，工业水平

---

① 洪银兴. 产业结构转型升级的方向和动力［J］. 求是学刊，2014（01）：58.

② 邱晨辉，王月.《中国劳动力市场技能缺口研究》发布：高技能劳动力缺口警钟再次敲响［N］. 中国青年报，2016 - 11 - 28（11）.

③ 柴葳，高靓，赵秀红，等. "普及高中阶段教育"意味着什么［N］. 中国教育报，2015 - 10 - 31 （01）.

就越高；职业培训越普及，收入最低的就业者在社会总收入中所占比例就越高。① 中国特色社会主义进入新时代，当前，城乡发展差距巨大。过去一段时间内，我们过分依赖城市带动农村，注重城市发展，而忽视农村发展，进一步导致城乡发展差距扩大，农村经济发展缓慢，农业现代化尚未实现。农村子女是职业教育的主要生源，农村劳动力的培养和技能的提升也要依赖职业教育来完成。从实现产业发展到产业兴旺，都离不开中等职业教育。乡村振兴战略的实现，精准扶贫战略、教育公平的实现，都离不开中等职业教育。实施乡村振兴战略是新时代做好"三农"工作的重要抓手。中等职业教育是贫困地区跨越"卡夫丁峡谷"的重要路径。只要想脱贫，中等职业教育就有存在的必要性。教育与经济发展具有重要的相关性，经济发展落后的地区教育水平相对较差，进一步制约了人才培养，加重了经济发展落后地区的贫困水平。因此，经济社会发展水平低下与教育发展滞后形成了一个恶性循环，要打破这种恶性循环，需要以中等职业教育为突破口，这是由中等职业教育的民生属性决定的。中等职业教育的职业性决定了其可以通过技术技能培养的方式促进个体就业，一人脱贫带动一家脱贫，通过智力脱贫达到"拔穷根"的目的，为贫困地区实现跨越式发展提供了重要途径。大力发展中等职业教育，促进高中阶段教育的普及，提高农村居民的整体素质，促进个体获得技术技能，促进农村地区经济的发展，促进乡村振兴战略的实现。同时，通过促进个体获得一定的技术技能，实现农民在城市就业的目的，从外部推动新型城镇化。通过中等职业教育，实现智力扶贫，最终达到广大贫困地区农民精准脱贫的目的。

第三节　功能层面：整合中等职业教育的多元功能

多元化，英文为"Diversificition"，其词根为"Diversify"，意指"从事多种活动；使……变化；使多样化；使不同"。② 本书的多元化，是指包括多种性质或状态在内的一种具体表现。本书所认为的中等职业教育功能的多元化，是指中等职业教育对不同的功能主体产生的功能，中等职业教育不同层次的功能和中等职业教育不同类型的功能，是基于中等职业教育内部结构和外部结构的关系中，所表现出来的多层次、多类型的功能形态及功能过程。从中等职业教育功能过程来看，中等职业教育包括功能取向、功能行动、功能结果；从中等职业教育功能的对象来看，中等职业教育分为社会功能和育人功能，社会功能又分为社会整合功能与社会分化功能，育人功能又分为促进个体社会化功能和促进个体个性化功能；从中等职业教育的性质来看，中等职业教育分为升学功能和就业功能。因

---

① 朱永新. 发挥中等职业教育在脱贫攻坚中的特殊作用［J］. 民主, 2018（04）: 6.
② 新英汉大辞典［M］. 北京：商务印书馆, 2015.

此，中等职业教育的功能是一个多层次、多类型的复杂的动态体系。对中等职业教育功能的分析，需要整合中等职业教育的多种功能。本书选取结构和过程两方面，对中等职业教育功能进行分析。在结构层面，对升学功能、育人功能这对争议最大的功能范畴进行分析，无论是促进经济社会发展，还是促进个体发展，都需要通过升学和就业两种形式表现出来，并对中等职业教育的本质功能，即育人功能进行分析。在过程层面，基于我国现阶段的基本国情及现代职业教育体系构建，对未来中等职业教育功能定位的应然选择进行预测：中等职业教育是面向本土的职业基础教育，要对其内涵进行分析，并对中等职业教育的功能取向、功能行动、功能结果进行具体分析。

一、中等职业教育功能的应然样态：育人+就业+升学

无论是中等职业教育传统的就业功能，还是在经济社会发展过程中形成的升学功能，以及中等职业教育培养具有综合素质和初、中级技术技能型人才的核心使命，都共同体现在中等职业教育的基础性、职业性与选择性三大特征中。为了满足经济社会发展的需求和个体多样化的教育需求，中等职业教育要与普通高中教育、高等职业教育进行沟通和衔接。通过构建现代职业教育体系，促进职业教育与普通教育的等值，以期实现中等职业教育功能的多元化。

2014年《国务院关于加快发展现代职业教育的决定》提出，坚持"以立德树人为根本，以服务发展为宗旨，以促进就业为导向"和"实现就业有能力、升学有基础"。中等职业教育从单一的就业导向发展为就业、升学双导向，既满足了当下就业需要，也服务于长远就业需求。中等职业教育功能的应然样态确定为育人+就业+升学。这里的升学和就业功能的内涵更加丰富，育人功能更加关注民生，尤其是关注包括弱势群体在内的广大平民的需求。

（一）育人功能：中等职业教育的核心功能

民生功能是育人功能与社会功能的整合，是中等职业教育回归育人本质最重要的体现。民生功能强调将人看成教育发展的核心，关注人的现实需求，解决个体生存的需要和发展以及自我实现的需要。这是否与升学和就业的双重任务相抵触呢？答案是否定的。无论是升学功能还是就业功能，其逻辑起点都是整合人的需求和国家的需求，中等职业教育通过其就业功能和升学功能，解决当下百姓最关心的问题，落到个体需求层面。在这里民生功能强调中等职业教育的特殊性，中等职业教育的特殊功能体现在，中等职业教育的基础性和职业性决定了其直接服务社会弱势群体，促进教育公平的特殊功能。现阶段，我国中等职业教育尤其要注重其在精准扶贫工作中的重要作用，中等职业教育作为农村职业教育的主体，要特别注重其在转移农村劳动力和培育新型职业农民中的重大作用，这是普通教育与高等职业教育无法替代的。民生功能究其实质探讨的是育人功能的落地问题，通过整合个体需求和社会需求，实现为个体服务，尤其是为弱势群体服务

的特殊功能，这个功能是今后长期要重点关注的一个重大功能。

（二）就业功能与升学功能的分化与整合

长期以来，中等职业教育的办学功能定位于就业功能。随着我国经济社会转型发展，中等职业教育的升学功能进入人们的视野，现阶段，已有研究普遍倾向于将中等职业教育的功能定位于兼顾就业和升学，但中等职业教育的升学功能和就业功能也在不断分化，内涵也在不断拓展。

1. 就业功能的分化

中等职业教育的就业功能由服务初次就业转向服务终身多次就业。中等职业教育由单一技能传授转变为基于"职业群"知识技能的传授，人才培养是一个系统工程，高中阶段学习具有承前启后的意义，在优化不同类型人才和早期人才培养上具有基础性的调节地位。我国经济社会转型需要不同层次、类型的人才，尤其是对人才需求的层次提升，需求的类型不断变化，人们仅仅依靠一次学习就能实现终身就业已不再现实。随着技术的更新发展，岗位技术含量的提升，就业功能从一次就业拓展为多次就业。中等职业教育的就业功能分化，职业教育要与市场紧密联结。如果将职业教育的功能定位于狭隘的就业教育，从某种意义上来说，这样的民生政策实际上是一种人为的阻隔，中等职业教育从满足人的一次就业需求转向满足人们职业生涯发展的需求。中等职业教育的就业功能内涵更加丰富，面向包括农民、退伍军人在内的广大人民群众，担负着传授技术技能的任务，通过促进就业改善民生。中等职业教育就业功能的内涵更加丰富，包括职业能力的提升、职业态度的养成和职业选择在内的三大功能。中等职业教育贯穿人的一生，促进个体实现在整个职业生涯中的发展。

（1）职业能力的提升

随着职业教育与普通教育的互动，"能力"一词有了新的内涵，"能力"可以理解为问题解决能力、判断能力等的综合能力。[①] 不仅指单一技能的获得，还进一步丰富了中等职业教育的功能。这种能力包括理论知识和实践知识，注重专业技能与问题解决能力的活动，包括阶段性职业能力的获得和贯穿个体一生的职业能力的获得。

（2）职业态度的养成

个体对职业态度的养成来自个体的价值，个体具有不同的职业价值观，基于不同的职业价值观个体具有不同的职业态度。职业态度是个体在实践过程中，受到社会、学校及家庭等不同环境的影响而形成的。个体在具体的工作实践中，形成职业态度，具体表现为对自己从事的职业具有较大的认同感，热爱自己的职业。"工匠精神"是对职业价值观更高层次的追求，是个人对自己所从事职业的最基本的尊重，也是我们平时所说的"干一行爱一行"，具体包含敬业、乐业、

---

① 周芳玲. 经济发展视域下的职业教育[J]. 教育与经济，2018（02）：86.

精益求精、创新等几个方面。

(3) 职业选择

中等职业教育的职业选择功能是学生通过接受中等职业教育,对不同专业及课程的学习。要明确不同职业的内容及不同职业的社会地位,基于此,个体在基于自身职业能力和职业态度的基础上,进行职业选择。具有不同职业态度、职业能力的人,其职业选择各不相同,职业选择是个体职业价值观的具体体现。

2. 升学功能的分化

中等职业教育升学转向现代职业教育体系内的升学。"升学"就是"供应高等学校以足够合格的新生"。[①] 以往对升学的理解仅限于升入普通本科,这导致了中等职业教育的功能受限。随着经济社会的发展以及现代职业教育体系的构建,中等职业教育的升学功能开始分化,升学功能的内涵更加丰富。改革开放以来,为了促进经济社会发展的需求,国家相继出台了一系列政策,将中等职业教育的功能局限于就业功能,避免将中等职业教育办成升学教育,明确中职学生不能参加高考,中职对口升高职的比例也控制在5%。但是,随着经济社会的发展,市场驱动、社会需求和个体需求发生变化,升学同样是中职学生的需求,只不过,如果仅仅将中职的升学定位成升入本科院校,会导致中等职业教育缺乏吸引力,同时,也不能体现中等职业教育的职业性。

随着现代职业教育体系和教育结构的不断完善,我国高等教育的发展格局发生了重大变革,粗略可以分为普通本科、应用型本科和高等专业学校等三大类学校系统。高等职业教育的类型、科类、学制呈现错综复杂的局面,尤其是春季高考、高等专业学校自主招生等制度的发展,对中等职业教育的升学定位提出了新的要求。这不仅大大拓展了"升学"教育,还将中等职业教育的升学转向职业教育体系内的升学,更有利于促进高层次技术技能型人才的培养和教育结构的完善。在国际经验中,以德国为例,德国建成的"双元制"职业教育体系非常完善。基于发达的职业教育体系,学生可以实现在现代职业教育体系内的升学,同时,学生还可以实现在不同类型教育之间的自由切换。因此,通过不断完善现代职业教育体系,打通职业教育体系内部向上的通道,才是职业教育发展的应然选择。

3. 就业功能与升学功能的整合

中等职业教育不能把"为就业做准备"和"为升学做准备"两个任务对立起来,应该看到它们之间的共同基础和内在关联。升学的最终目标是就业,但就业后也可以继续学习。现代职业教育的不断完善将整合中等职业教育的升学功能和就业功能。从教育领域的发展和经济社会发展的需求来看,中等职业教育就业功能和升学功能的实现都依赖于中等职业教育学生职业基础知识的获得。可以说

---

① 闻待. 论高中教育的多样化发展 [D]. 武汉:华中师范大学,2010:58.

中等职业教育是打基础的阶段，也可以说是为职业教育打基础的教育。中等职业教育还要注重对学生能力的培养，如学习力、创造力、分析力、想象力等综合能力。

中等职业教育的最终目的是促进人的全面发展，整合社会需求与个体需求，整合职业教育与知识教育，这也是中等职业教育功能定位的逻辑起点。中等职业教育应当以育人功能为核心，整合中等职业教育的升学功能与就业功能。借助现代职业教育体系，促进中等职业教育毕业生升学有基础，就业有保障，这才是中等职业教育功能的应然样态。在明确中等职业教育的价值取向及功能应然样态的基础上，进一步探究现代职业教育体系下中等职业教育服务面向定位、形态定位和科学定位。

二、中等职业教育的服务面向定位：面向广大平民

现代职业教育体系的健全，使职业教育成为一种类型教育，区别于普通教育。现代职业教育体系的完善，为中等职业教育功能的实现及科学定位提供了重要的载体。基于现代职业教育体系，对中等职业教育服务面向进行探究，是科学定位中等职业教育的前提。

平民主义教育观以广大平民为教育对象，以实现广大平民的幸福生活为追求目标。平民教育不同于精英教育，精英教育在于为少数人提供教育，在一定程度上固化已有的阶级。平民教育的出现，尤其是职业教育的出现，自产生之初就是为了社会底层服务的，职业教育力图打破阶层和等级限制，使教育成为一种面向人人的教育。因此，中等职业教育作为职业教育的组成部分，其基础性和职业性决定了其在教育服务上坚持平民化，尤其关注社会的弱势群体，确保人民受教育机会公平、均等，是对传统的民本主义教育的继承和扬弃。杜威的平民主义教育观对我国平民教育思想有重要影响，民生教育思想是坚持人本主义价值取向在中等职业教育问题上的具体体现，并关注和改善普通民众子女的教育问题，这是中等职业教育的战略重点，也是中等职业教育的特色所在。

平民主义教育观决定了中等职业教育面向的群体不同于普通高中教育。普通高中教育的选拔性质与精英性质决定了其面向群体的局限性，而中等职业教育的民生性质，决定了中等职业教育的服务面向，中等职业教育是面向包括广大弱势群体在内的平民教育。中等职业教育具有多种功能，中等职业教育的民生功能具体体现在通过促进个体就业，从而促进个体生存及发展的需求。2019年1月，人社部印发了《新生代农民工职业技能提升计划（2019—2020年）》，提到鼓励更多高中毕业生、退役军人、下岗工人和农民工报考职业教育。这是对中等职业教育的服务面向从政策层面予以规定，不仅包括初中毕业生，而且包括高中毕业生、退役军人、下岗工人和农民。现代职业教育体系作为一种类型教育，不同于普通教育体系的选拔性，现代职业教育体系更体现其民生属性，是一种面向人人

的教育。因此，中等职业教育作为现代职业教育的重要组成部分，将其服务面向定位于包括弱势群体在内的广大平民。

三、中等职业教育的形态定位：兼顾职业教育与职业培训

基于现代职业教育体系，在确立中等职业教育服务面向后，进一步探究中等职业教育的形态定位，是由中等职业教育的功能及其服务面向决定的，是科学定位中等职业教育的重要表现形式。

随着现代职业教育体系的不断完善，职业教育体系包括学校职业教育与职业培训，是一种职前教育与职后培训贯通的完整的教育类型。在政策层面，十九大报告对职业教育论述的一个重要变化，就是在官方文件中出现"职业教育与培训"，极大丰富了职业教育的内涵。基于此，对中等职业教育的形态进行定位，中等职业教育的服务面向决定了中等职业教育仅仅依靠学校职业教育，是难以实现其民生功能的，中等职业教育要不断发展职业培训。学校职业教育是一种正规的职业教育，学生需要用较长时间来完成，且灵活性较差，相对于学校职业教育，职业培训可以灵活控制学习时间和学习内容。因此，在经济社会转型期，面向岗位需求的快速变化及城乡一体化发展，亟须通过职业培训来满足农村劳动力转移，培养新型职业农民和促进下岗工人再就业等个体多样化的需求，促进中等职业教育多元化功能的实现。2019年1月，人社部印发的《新生代农民工职业技能提升计划（2019—2020年）》提到，要大规模开展多种形式的职业技能培训，支持岗位成才，促进转移就业。在2019年的政府报告中，也提到了要实施职业技能提升行动计划，提出要从失业保险基金结余中拿出1 000亿元，用于1 500万人次以上的职工技能提升和转岗专业培训。[①] 因此，将中等职业教育的形态定位于兼顾职业教育与职业培训。

四、中等职业教育定位的应然选择：面向平民的职业基础教育

在对中等职业教育功能观及功能的应然样态分析的基础上，在经济社会转型期和现代职业教育体系构建的背景下，基于中等职业教育的服务面向、多样化的形态，科学定位中等职业教育，即面向平民的职业基础教育。

（一）面向平民的职业基础教育：内涵层面

第一，中等职业教育作为与人民群众联系最为密切的一种教育类型，更体现在其面向人人的特性方面，更加关注包括农民、下岗工人等弱势群体接受教育，并促进其就业等民生功能。第二，中等职业教育的具体形式为学校职业教育和职业培训，通过学校职业教育，满足个体升学及就业的需求；通过培训，满足农

---

① 政府报告开启职业教育新篇章［EB/OL］. https：//www. sohu. com/a/301112260_ 742018？sec =wd, 2019 – 03 – 14/2019 – 03 – 15.

民、下岗工人及复员军人等个体实现技术技能获得的需求。第三，中等职业教育同时兼具中等教育的性质和职业教育的性质。一方面，中等职业教育作为中等职业教育的组成部分，是一种基础教育，具有职业基础教育的学生群体已获取高中阶段教育知识和相关的初、中级技术技能。中等职业教育具有升学功能，中等职业教育毕业生可以升入高等职业教育或普通高等教育继续学习。另一方面，由于中等职业教育的职业性，决定了中等职业教育对学生职业能力的培养。中等职业教育毕业生在走出学校之后依旧能持续成长，其获取的职业能力，可以促使其不断掌握新的技能，同时，通过职业能力的培养，职业精神的获得，促进其职业生涯发展。

1. 通过职业而教育，就业有保障

即职业基础教育基本理念之一。职业基础教育整合了中等职业教育的升学功能和就业功能。中等职业教育的职业性，决定了中等职业教育的就业功能；中等职业教育的教育性，决定了中等职业教育是高中阶段教育的组成部分，具有升学功能，整合了中等职业教育的升学功能和就业功能。

2. 通过基础而教育，升学有基础

中等职业教育作为高中阶段教育的重要组成部分，肩负着提高受教育者素质的重任，通过基础教育，使中等职业教育毕业生掌握高中阶段基本知识，为升学服务。

3. 通过技能而教育，职业基础教育的又一基本理念：

学生由于智力类型不同，需要接受不同类型的教育，既要提供知识教育，又要提供技能教育。在我国经济社会转型期，中等职业教育的对象大部分来自农村，且面向的群体包括农民、下岗工人在内等弱势群体及农民子女。通过职业技能培训，对农民和下岗工人等弱势群体进行关照，通过提升其技能，从而达到改善民生的功能，因此，通过技能而教育，是职业基础教育的又一基本理念。

(二) 面向平民的职业基础教育：功能实现

面向平民的职业教育其功能的实现，主要体现在功能取向、功能行动、功能结果整个过程中。

1. 功能取向的确立

事实上，在《民主主义与教育》一书中，杜威站在"社会改造"的高度审视职业教育，诚如杜威所期待的："职业教育并不是使工人顺应现有的工业制度，我旨在寻求一种职业教育，这种教育将首先改变现有的工业系统，并最终颠覆它。"[1]尽管之后杜威承认自己高估了职业教育的社会改造功能，但虽有遗憾，却占位甚高，且意味深远。尤其在教育层面，如"民主社会建设需要每一代人努力"等言

---

[1] Marvin Lazerson, Norton Grubb. American Education and Vocationalism: A Documentary History 1870 – 1970 [M]. New York: Teacher College Press, Columbia University, 1974: 37.

说与同时代乃至当下教育功利化思想的狭隘性比较皆极富价值。职业基础教育扬弃了职业教育作为经济发展附属的传统定位，也扬弃了中等职业教育过分关注升学导致特色缺失的现状。关注中等职业教育的民生价值取向，关注问题学生、弱势群体的受教育问题，同时，通过就业功能，促进个体生存、发展的需求。

2. 功能行动的实施

面向平民的职业基础教育的功能行动，现在其招生、课程、教学、就业等一系列活动中，都体现了其面向人人，更关注人们的就业、生活等民生问题的具体行动。

（1）招生面向人人

中等职业教育的招生范围更加广泛，是一种面向人人的教育，不同于普通高中需要通过选拔性考试才能进入。中等职业教育是一种面向人人的教育，不仅面向初中毕业生，而且面向社会弱势群体，包括广大农民和下岗工人，通过技能培训使其具有一技之长，满足其就业、生存、发展及美好生活的需求。并且，中等职业教育不同于普通高中严格的年龄要求，其面向的个体不分年龄，不分阶层，人人都可以受教育，随时都可以学技能。

（2）实施"双主体"教学，职业教育与职业培训相结合

一方面，针对当下职业教育模式不完整而提出。一直以来，校企合作即中等职业教育的主导模式，但是，现阶段校企合作不深影响人才培养的质量。中等职业教育要注重发展"学徒制"教育模式，实现企业与学校"双主体"育人的目标，使中等职业教育培养的人才更加符合经济社会发展的需求。另一方面，中等职业教育从以往的以层次化、等级化的学校教育系统为主体，转向兼顾学校职业教育与职业培训方面。并且，职业培训是将来中等职业教育发展的重点和难点，积极探索各种形式的职业培训，学制更加灵活，内容更加丰富，满足农村劳动力向城市转移，满足培养新型农民，满足个体的转岗需求等。

（3）课程的完整

课程是教育内容实现的重要载体。课程的完整包括课程内容的完整和课程结构的完整。课程内容完整由以往的工作本位转向职业生涯本位、能力本位。课程结构的完整，即在课程结构上从以往"从专家至新手"转向"从新手至专家"的序列。课程内容既要体现其基础性，又要体现其职业性，是基础性课程内容与职业性课程内容的整合。同时，职业性的内涵更加丰富，不再局限于单一技能，更注重个体职业生涯的发展和"工匠精神"的培养。

3. 功能结果的实现

基于民生的职业基础教育其功能结果表现为以下四个方面。

（1）适应并引领社会发展的功能实现

以往中等职业教育更注重对经济社会发展的适应功能，忽视对经济社会的引领功能。基于面向民生的职业基础教育，中等职业教育要促进校企深度融合，在

我国经济社会发展，尤其是在区域经济社会发展的基础上，对区域经济社会发展的人才需求进行预测，通过人才培养适当引领区域经济发展。

（2）兼顾社会整合功能与社会分化功能

一方面，中等职业教育要促进经济社会转型发展，实现其社会整合功能。另一方面，中等职业教育通过个体职业技能的培养，促进个体就业；通过基础知识的传授，促进个体升学，使不同类型的人接受不同的教育，体现中等职业教育的社会分化功能。

（3）平衡经济、政治、文化等多种功能

中等职业教育具有经济功能、政治功能及文化功能等多种功能，这些功能缺一不可，只不过在不同的时期，不同的功能各有侧重。要注重中等职业教育的经济功能，满足经济社会发展对不同类型、层次教育的需求；注重中等职业教育的文化功能，注重职业价值观、工匠精神的培养；中等职业教育的政治功能体现在其立德树人功能上，培养社会主义建设者和接班人。单一的功能难以满足经济社会发展及个体发展对中等职业教育的需求。中等职业教育要依据社会发展需求，平衡经济、政治、文化功能。

（4）整合升学功能与就业功能

单一就业功能导致单一的技术技能培养，使人的整体发展受限；单一升学功能导致中等职业教育普通化，使中等职业教育特色缺失。而且，需要明确中等职业教育的特色发展不是不顾中等职业教育的升学功能，中等职业教育与普通教育融合发展也不是趋同于普通教育，而是通体考量与职业本身契合的功能，整合中等职业教育的升学功能与就业功能，使个体就业有能力，升学有基础。

第六章

中等职业教育功能定位的实现策略

哲学家维特根斯坦说过:"深入地把握住困难正是困难所在。必须将困难连根拔起,使我们开始以一种新的方式来思考这些事物……新的思维方式正是最难建立起来的东西。一旦新的思维方式得以建立起来,旧的问题就会消失,事实上这些问题也很难再想得起来了。"[①] 可以说,中等职业教育功能的调适和应然功能定位的实现,依赖于包括中等职业教育内部结构和教育结构在内的社会结构的改革和与之相适应的社会生存心态的调适,进而引起行动的改变,这需要借助现代职业教育体系来实现。通过现代职业教育体系的构建,职业教育成为一种类型教育,确保职业教育与普通教育的等值。基于此,我们从三个层面入手,促进中等职业教育功能定位的实现。首先,从中等职业教育内部结构层面入手,基于现代职业教育体系,积极探索符合我国现阶段国情的中等职业教育发展道路,坚持中等职业教育分类发展,提出"双轨一元"的发展路径,促进中等职业教育内部结构优化,并同普通高中教育的沟通发展。其次,从教育结构层面入手,基于国家职业资格框架,构建现代职业教育体系,打通学历制度与职业资格制度之间的通道,实现普通教育与职业教育的等值,转变人们鄙薄职业教育的思想,让人们拥有"人人都能成才"的新的教育理念,这无疑是一个长期的、渐进的过程。最后,从社会结构层面入手,通过相关制度保障,优化中等职业教育功能实现的制度环境,改革分流与招生制度,完善就业制度和薪酬制度体系,从社会结构入手,促进职业教育与普通教育的等值。

第一节 以"类型观"为指导,完善现代职业教育体系

从教育结构入手,整合中等职业教育的功能,推动中等职业教育应然定位的实现。现阶段我国的"双轨制"教育制度是不能改变的,因此,需要探究"双轨制"教育制度下适合我国职业教育的发展模式。职业教育的改革要以"职业教育作为一种教育类型"为指导,2019 年 1 月国务院发布的《国家职业教育改革实施方案》开篇第一句话就指出"职业教育与普通教育是两种不同教育类型,

---

① 维特根斯坦. 文化与价值:维特根斯坦随笔[M]. 许志强,译. 杭州:浙江文艺出版社,2002:87.

具有同等重要地位"。现代职业教育体系亟须完善自身结构，现代职业教育体系应该是一种贯穿职业启蒙教育、职前培养与职后培训的一整套职业教育。① 2019年3月5日国务院总理李克强在政府工作中提出要"实施职业技能提升行动，从失业保险基金结余中拿出1 000亿元，用于1 500万人次以上的职工技能提升和转岗转业培训"。中等职业教育功能的实现需要以现代职业教育体现为载体，改变其"断头教育"的现状，明确中等职业教育的基础地位，促进其多元化功能的实现。现代职业教育体系结构的完善和内外部衔接互通是中等职业教育功能实现的前提和基础。因此，要从现代职业教育体系结构和运行机制两方面来完善现代职业教育体系，促进职业教育作为一种类型教育，实现职业教育与普通教育的等值。

一、以"类型观"为指导，完善现代职业教育体系结构

以"类型观"为指导，关照现代职业教育体系，探究现代职业教育体系的内涵。确立职业教育与普通教育等值，是中等职业教育功能实现的前提和基础。基于此，以"类型观"为指导构建现代职业教育体系，具体以现代职业教育结构完善及有效运行为载体。通过对中等职业教育功能失调的教育结构根源进行分析，我国现代职业教育体系结构尚未完善，且现代职业教育的有效运行有待于进一步推进。发达国家基本建立了与普通教育体系等值的职业教育体系，同样，我国也亟须完善现代职业教育体系的结构。一方面，我们亟须以"类型观"为指导，完善现代职业教育体系结构。实现职业教育体系结构的完整，尤其是高等职业教育体系结构的完整，是实现职业教育与普通教育等值的基础和前提，从静态层面确保职业教育与普通教育的等值。另一方面，我们需要借助国家职业资格框架制度，打通学历制度体系和资格制度体系，从动态层面确保职业教育与普通教育的等值。

（一）完善现代职业教育体系的层次结构

现代职业教育体系作为一种类型教育，首先体现在其具有完整的层次结构，这个层次结构是与普通教育体系相对应的。现代职业教育体系的层次结构是包括初等职业教育、中等职业教育和高等职业教育在内的完整的现代职业教育体系，高等职业教育体系不断完善，是包括专科教育、应用型本科教育、专业学位研究生教育、博士教育在内的完整的高等职业教育体系，并且要建立一个与普通教育学历制度体系相对应的职业教育的学历制度体系，打破原有高等职业教育止步于专科教育的"断头教育"，高等职业教育体系的发展进一步提升了现代职业教育体系的层次。

---

① 新时期我国中等职业教育要不要发展？如何发展？：对当前中职存留发展问题热议的批评话语分析［J］．中国职业技术教育，2019（06）：36．

(二) 完善现代职业教育体系的类型结构

对职业教育的界定，世界各国普遍认同职业教育的广义定义，即基于大职业教育观对职业教育进行界定，职业教育是一种包括职业教育与职业体系在内的阶层、类型完善的类型教育。按照世界银行的说法，职业教育与培训体系，包括职前全日制的技能培养体系、在职培训体系以及劳动市场的专门化培训项目等。这有利于从整个国家技能形成的角度认识职业教育和发展职业教育。同样，我国也开始关注职业培训，并重视职业培训的重要作用。十九大报告中对职业教育论述的一个重要变化，就是在官方文件中出现"职业教育与培训"。因此，现代职业教育体系包括职业启蒙教育、职前教育与职后培训。现阶段职业启蒙教育与职后培训有待于进一步发展和完善。中等职业教育和高等职业教育要更加开放，通过结构类型的完善，促进功能的多元化。中等职业教育多元化功能的实现需要依赖职业培训进行。

(三) 完善现代职业教育体系的专业结构

不同于普通教育，职业教育的职业性决定了专业结构是职业教育的重要组成部分。现代职业教育专业结构完善与否直接决定了其与经济社会发展的联系程度，我国注重推进校企合作，促进职业教育满足区域经济社会发展的需求，确保技术技能型人才的供需平衡。尤其是在现阶段，我国处于经济社会转型期，不同区域经济社会发展差距巨大，更要求构建现代职业教育体系，通过产教深度融合的形式，紧密联系不同区域经济发展需求，进行专业设置。同时，专业设置注重中高职的衔接性，促进产业转型升级需求。现代职业教育体系结构对区域经济社会发展的适应，并不是一种简单的、线性的适应。现代职业教育体系在依据区域经济社会发展进行专业调整的同时，还对区域经济社会发展进行了一定的预测，尤其是对产业发展的类型，及产业发展对不同技术技能型人才的需求进行预测，通过技术技能型人才培养，达到引领区域经济社会发展的功能。

基于"类型观"完善现代职业教育体系的结构，这是从静态层面对现代职业教育体系的考察，进一步从动态层面，促进现代职业教育体系的有效运行。

二、基于国家资格框架，推动现代职业教育体系的有效运行

基于"类型观"完善现代职业教育体系的结构，是从静态层面对现代职业教育体系的考察。进一步从动态层面完善现代职业教育体系，基于国家资格框架，推动现代职业教育体系的有效运行。从结构和运行机制两方面，推动现代职业教育体系不断完善，促进职业教育与普通教育的等值，这是中等职业教育功能实现的载体。

(一) 国家资格框架

由于现代职业教育体系结构的缺失，尤其是高等职业教育体系的缺失，及现

代职业教育体系内部的运行不畅，表现为学历培养与职业资格"双轨"的局面。学历制度体系与职业资格制度体系之间缺乏互通，导致现代职业教育体系与普通教育体系之间缺乏互通。当前，在国际上存在两种职业教育与普通教育的互通转换模式，第一种是基于资格框架的沟通模式；第二种是基于学制的沟通模式。如英国和澳大利亚均采取基于资格框架的沟通模式。基于资格框架，相同等级的职业资格与普通教育学历完全等值。不同于英国和澳大利亚，美国和日本借助学制，实现职业教育与普通教育的沟通。例如，日本的综合高中承担着普通教育与职业教育的双重任务，基于完整的学制，即"单轨制"教育制度，实现职业教育与普通教育的互通。美国的社区教育，不仅承担着职业教育的责任，还承担着转学教育的责任。在我国，以期采取构建国家资格框架，打通职业教育体系与普通教育体系，促进普通教育与职业教育的等值。2019年1月国务院发布的《国家职业教育改革实施方案》明确提出，2019年将在职业院校、应用型本科学校启动"学历证书＋若干职业技能等级证书（1＋×证书）"制度试点工作。2019年3月5日国务院总理李克强在政府工作中提出"加快学历证书与职业技能等级证书互通衔接"。

1. 国家资格框架的内涵

我国虽然早已经建立了职业资格证书制度，但是职业资格证书制度与学历证书制度分属不同的管理体系。从严格意义上讲，二者并没有形成有效的转换机制，学历证书同职业资格证书的含金量存在很大差异，并且难以实现转化。在我国，职业资格制度是在市场经济体制下产生的，是市场经济的产物。在计划经济体制，实行劳动人事制度，转型到市场经济体制，实行学历文凭证书制度和职业资格证书制度。1993年《中共中央关于建立社会主义市场经济体制若干规定》指出："要制定各种职业标准和录用标准，实行学历文凭和职业资格两种证书制度"。1996年《职业教育法》明确指出了职业教育的三种途径，即学历教育、职业证书教育及培训教育，这是国家资格框架构建的源头。到了21世纪，随着经济社会对人才需求类型及需求层次的变化，基于国家资格框架，打通学历证书与职业资格证书之间的通道，确保普通教育与职业教育的等值，确保学校人才培养与企业人才需求的平衡意义重大。

成熟的国家资格框架的基本组成包括两个部分：第一，国家教育部门颁发的学历证书、学位证书以及其他学业证明；第二，国家人力资源管理部门颁发的职业资格证书。由学历证书和职业资格证书构成的国家职业资格框架，其本质是相同的，都是对个体能力的基本标准，因此，具有同等的价值。只不过学历证书是知识、学术体系内的证书，对应的是学历标准或学位标准；资格证书是技术体系内的证书，对应的是职业技能标准。亟须基于国家职业资格框架制度，理顺学历制度与资格证书制度，构建现代职业教育体系，学习者在各级各类教育之间实现有效的教育转化，是中等职业教育功能多元化实现的重要保证。

2. 国家资格框架促进现代职业教育体系的有效运行

通过构建国家资格框架，第一，打通了学历制度体系与资格制度体系，促进职业教育与普通教育的等值。国家职业资格框架包括教育部门颁发的各级各类教育证书，人社部门颁发的各种职业资格证书，也就是技能等级证书。第二，实现现代职业教育体系内部的纵向衔接，促进现代职业教育体系与普通教育体系的横向沟通，即促进现代职业教育体系的有效运行。第三，推动校企深度融合，当前，国家资格框架是国际上企业技术技能标准互通式架构的主要形式，国家资格框架形成，划分技术技能水平的层级体系，平衡职业教育与劳动力市场之间的供需。行业、企业通过参与国家职业资格制度的建立，明确表达行业、企业对技术技能型人才的需求，与职业教育体系开展互动，确保人才的供需平衡。

对教育体系等级、技术技能体系等级进行划分，是建立国家资格框架的基础。对教育体系的划分，国际教育分类标准及职业分类标准为世界各国制定教育分类、职业分类提供了依据。国际劳工组织（ILO）和联合国教科文组织（UNESCO）分别对各自完整的结构体系制定了分类标准，形成了国际标准职业分类体系和教育标准分类体系，两者在一定程度上存在着紧密的联结与对应关系。因此，本书借助国家教育分类标准及职业分类标准，构建国家资格框架，以期打通我国教育体系体系与职业教育体系的通道，促进现代职业教育体系的有效运行及与普通教育体系的等值。

关于教育分类标准。借鉴2011年联合国教科文组织发布的《国家教育标准分类》，将教育体系从一级到八级划分为八个等级（表6-1）。

表6-1 《国际教育标准分类》教育级别

0. 早期儿童教育	01类；02类
1. 初级中等教育	1级
2. 初级中等教育（普通性/职业性）	2级
3. 高级中等教育（普通性/职业性）	3级
4. 中等后非高等教育（普通性/职业性）	4级
5. 短期高等教育（普通性/职业性/未指明方向）	5级
6. 学士或同等水平（学术性/专业性/未指明方向）	6级
7. 硕士或同等水平（学术性/专业性、未指明方向）	7级
8. 博士或同等水平（学术性/专业性、未知名方向）	8级

关于职业分类标准。技能作为职业教育过程中的一个核心概念，决定了技能层次成为构建现代职业教育体系的理论基础，其目标是培养技能型人才，在改革开放以前，我国曾经实施八级技术工人制度，实际上就是技术技能型人才制度。而且，根据近年来各国国家资格框架的改革经验，八级国家资格框架的开发已经

基本达成共识。

因此，根据国际教育分类标准及我国的八级技术工人制度，提出"中国国家资格框架"，包括八个等级，在这里借鉴姜大源研究员的"国家资格框架设想表"（表6-2）。加快制定并完善国家资格框架体系及职业标准准入资格体系，构建学历证书与职业资格证书互认机制，打通学历教育与非学历培训之间的连接渠道。

表6-2 国家资格框架设想表[①]

级别	资格
8	博士 高等职业学校 职业资格证书七级（国家大师相应资格）
7	硕士 普通高等学校 高等职业学校 职业资格证书六级（特级技师、特级技术员相应资格）
6	学士 普通高等学校 高等职业学校 职业培训 职业资格证书五级（高级技师、高级技术员相应资格）
5	高等专科学校 高等职业学校（专科） 职业培训 职业资格四级（技师、技术员及相应资格）
4	高中后非高等教育的培训 包括普通教育和培训、职业教育和培训 职业资格证书三级（高级工）
3	高中 中等职业学校 职业资格证书二级（中级工）
2	初中 初等职业学校 职业资格一级（初级工）
1	小学

---

① 姜大源. 现代职业教育体系与国家职业资格框架构建 [J]. 中国职业技术教育，2014（21）：33.

基于国家资格框架，打通学历证书与职业证书的通道，国家资格框架的顺利运行需要统一课程标准，借助学分互认，实现课程内容与职业资格证书之间的互换。因此，构建完善的国家职业资格框架，促进学历证书与职业证书的等值，促进现代职业教育体系的有效运行，包括现代职业教育体系内部的沟通，现代职业教育体系与普通教育体系和劳动力市场体系之间的互通，还有很长的路要走。

第二节 创新中等职业教育发展路径："双轨一元"

从中等职业教育内部结构入手，整合中等职业教育的功能，推动中等职业教育应然定位的实现。我国的"双轨制"教育体制是我国教育发展的基本国情。在"双轨制"的教育制度下，职业教育作为一种类型教育，与普通教育具有同等重要的地位。我们需要借助现代职业教育体系，坚持中等职业教育分类发展，提出我国中等职业教育的发展路径。

一、坚持中等职业教育的分类发展

在现代职业教育体系下坚持中等职业教育分类发展，是中等职业教育多元化功能实现的基础。通过调整和优化中等职业教育的类型结构、布局结构和专业结构，促进中等职业教育满足不同区域、不同个体间的多样化的发展需求，确保中等职业教育实现包括民生功能在内的多元化功能。

（一）不同区域中等职业教育的分类发展

我国处于经济社会转型期，新常态是这一时期经济发展的特点，我国并未完全实现工业化进程，因此导致了不同区域之间、城乡之间经济发展不平衡。对人才需求的类型和层次也有很大的差距，具体表现为在不同的地区、城乡之间，中等职业教育功能有着一定的区别和侧重点，要坚持不同区域中等职业教育的分类发展。

一方面，要坚持东部、中部及西部地区的中等职业教育分类发展。东部和中部地区经济发达，对技术技能型人才的需求较高，自然职业教育更为发达，且职业教育体系较为成熟。而在西部地区，由于经济欠发达，相应的培养技术技能型人才的职业教育发展较为缓慢，同时西部地区对人才的需求类型、需求层次也与东部、中部地区的人才需求类型、需求层次有很大的差异。因此，要坚持中等职业教育分类发展的原则，并体现区域发展的特色。在东部地区和中部地区，要完善现代职业教育体系，并提升现代职业教育体系的结构，将中等职业教育定位于职业基础教育，为高等职业教育输送生源，满足东部地区、中部地区对高层次技术技能型人才的需求。在西部地区，要加大中等职业教育发展力度，注重中等职业教育培训功能的实现，满足农村劳动力向城市转移和培养新型职业农民的目标，促进农村经济社会发展。同时，不同区域中等职业教育的发展要体现其地方特色，例如，上海、西藏不再设立技工院校，而广东省应大力发展技工学院。在东部地区、西部地区中等职业教育分类发展的基础上，还要促进东部地区与西部地区中等职业教育的协作发展。

另一方面，要促进城乡中等职业教育一体化发展。在我国城乡二元结构明显，城乡经济社会发展巨大，中等职业教育作为农村职业教育的重要组成部分，在促进农村劳动力转移和促进农业现代化方面意义重大。在新时期，我们要促进城乡一体化发展，"以城带乡"促进农村职业教育发展，同时，还要积极发展面向农村的职业教育。首先，要促进面向农村的中等职业教育发展。目前，在农村，中等职业教育的招生对象为初中毕业生，而作为农村人口主体的劳动者并未列入中等职业教育招生对象中，进一步限制了中等职业教育功能的发挥。中等职业教育的民生功能决定了中等职业教育是一种面向人人的教育，要面向包括初中毕业生在内的，包括广大农民在内的受教育者。中等职业教育的招生对象更加广泛，针对农村劳动力向城市转移及新型职业农民培养，开展职业培训，通过新型职业农民的培养，促进农村地区经济社会发展。其次，通过城乡职业教育一体化的形式，"以城带乡"促进农村经济社会的发展。在城市，依托行业、企业，建立职业教育集团，推动中等职业教育、高等职业教育及企业联合培养人才，满足区域经济发展对技术技能型人才的需求。同时，"以城带乡"，促进城乡合作，加强农村地区实习、实训基地的建设，促进"双师型"教师的培养，引导每个县都建成一所兼具多种功能的县级职教中心，服务县域经济社会发展。

现阶段经济社会转型背景下区域发展的巨大差距，决定了中等职业教育要坚持分类发展，结构优化，以确保中等职业教育功能的实现。不仅在实践层面，东西部各省份积极推进了不同区域中等职业教育分类发展，在国家层面也肯定了职业教育分类发展的必要性。东西部各省份要按照《职业教育东西协作行动计划（2016—2020年）》《深度贫困地区教育脱贫攻坚实施方案（2018—2020年）》的要求，继续实施好东西部协作中职招生兜底行动。

（二）不同类型中等职业教育的分类发展

基于现代职业教育体系，中等职业教育包括职前教育和职后培训。是随着经济社会转型发展的推进，农村劳动力的转移，中等职业教育的培训功能发挥着越来越重要作用。因此，要坚持学校职业教育与职业培训的一体化发展。

1. 拓展中等职业教育的办学面向

面向全体公民，最终要承认个体差异，与终身教育理论相契合。一方面，拓展中等职业教育的办学面向。在终身教育理念下，职业教育在满足"有业者乐业"时，也要为"无业者有业"考虑。获得职业是每个人维持生计的最基本的保障。因此，中等职业教育应满足人们最基本的生存需要，成为提升整个国民素质的场所，而不仅仅是为某一部分人的发展而存在的。中等职业教育不仅要满足适龄学生的需求，还要满足农民、下岗工人、转岗工人等的需求。如今生源市场由增量供给转为便利供给，不仅以初中毕业生，还以大量社会中有求学需求的劳动者为对象。随着经济社会转型，岗位变化的加快，在职人员和失业人员需要接受中等职业教育，农村劳动力转移需要接受中等职业教育。因此，中等职业教育的生源数量无法确定，在现代职业教育理念的引导下，中等职业教育亟须拓展办学面向，要面向人人提供适宜的教育。这是中等职业教育与普通高中教育最大的区别，普通高中教育是一种选拔教育，其选择功能占据主导地位，而中等职业教育作为一种职业教育类型，是一种面向人人的教育，更是一种生存教育，以满足人民的需求为其主导功能。

2. 中等职业学校的职业教育与企业职业培训朝着一体化方向发展

随着校企合作的深入，企业是中等职业教育的重要办学主体。中等职业教育的经济功能，决定了中等职业教育需面向区域经济发展需求培养人才，这就要求中等职业教育与企业职业培训一体化发展。学校职业教育可以为企业提供教师及相关课程和专业支持，而企业可以为学校职业教育提供实习实践基地，这时候，以现代学徒制为标志的高度的产教融合发展模式出现了。这对促进中等职业教育多元化功能的实现意义重大。

（三）不同专业中等职业教育的分类发展

一方面，我国中等职业教育专业设置要根据职业和岗位的发展及时进行调整。随着我国产业结构转型速度加快，我国已进入第四次产业革命时期，人工智能兴起，使大量岗位消亡。同时，新的职业和岗位已经产生。另一方面，中等职业教育专业设置要对高等职业教育专业有一定的关照及涉及。现代职业教育是一个培养技术技能型人才的过程，中等职业教育专业与高等职业教育的专业要注重衔接。基于现代职业教育体系的完善，加之经济社会转型发展对高层次人才的需求不断提升，中等职业教育毕业生升入高等职业教育的比例越来越大。因此，中等职业教育在专业设置满足区域经济社会发展需求的同时，还要兼顾高等职业教育的专业发展，以期达到中等职业教育专业设置与高等职业教育专业设置相衔接的要求，这也是贯通培养高层次技术技能型人才的要求。另外，通过对各类型中等职业学校的明确定位，有利于错位分工、各安其位，防止大批专业重复设置和不同类型学校间的盲目竞争，防止社会人力资源供给的结构性失调。鼓励部分中等职业学校发展成为有行业和职业特色的专门院校，发展有社会需求和行业支撑的优势专业。如北京市的经济发展迅速，其产业以高端化产业为主，这就决定了中等职业教育的专业设置要适应产业发展需求，适应文化创意产业、现代制造产业等产业发展的需求。北京的中等职业教育开设了轨道交通、现代物流和汽车制造等一批新专业。并且，促进了中等职业教育专业与高等职业教育专业的衔接，满足了北京市产业发展对高层次技术技能型人才的需求。

二、构建"双轨一元"中等职业教育发展路径

基于前文对中等职业教育的功能定位,力图将中等职业教育定位于面向民生的职业基础教育。如何才能实现中等职业教育定位,需要创新我国中等职业教育的发展路径。在国际上,教育体制分为两类:一类是以德国为代表的完全"双轨制"教育体制。另一类是以美国为代表的"单轨制"教育体制。依据不同的国情和各国经济社会发展状况及文化背景,中等职业教育形成了不同的发展路径。现对"双轨制"教育制度及"单轨制"教育制度进行分析,探究我国中等职业教育发展路径:"双轨一元"。

(一) 完全"双元制"体制的内涵及适应性分析

完全"双轨制"教育体制以德国为代表。在20世纪70年代末,中国启动改革开放,但德国工业崛起已经有半个世纪之久,德国经济崛起的职业教育原因受到极大关注。因此,我国在改革开放之初,以期学习德国的"双元制"教育制度,发展我国的职业教育。我国对德国"双元制"的模仿,包括对其上位的教育制度——"双轨制"一并模仿。我国模仿德国建立了"双轨制"教育制度,坚持高中阶段教育职普比例大体相当。在模仿德国之初,也就是20世纪八九十年代这种冲突并未凸显,关键在于中等职业教育的中专学历价值在这一时期占据主导地位。然而,随着高校扩招,中等职业教育的学历价值被埋没,中等职业教育的困境出现。"双元制"在我国并未广泛推行,也尚未改变中等职业教育的发展危机。究其根本是德国与中国之间巨大的文化差异。德国属于"尚实文化",德国文化起源于古罗马文明,德国匠人注重一生专注一事,德国匠人的社会地区、经济收入与公务员、企业白领并无差异,由此强化了该文化。我国则属于"非器文化",我国以儒家文化作为"显学",注重"学而优则仕,仕而优则学""君子不器",故"奇技淫巧""书法小计"等皆遭到鄙视。与德国完全不同的文化背景导致完全"双轨制"教育制度在我国难以推行。

(二) 完全"单轨制"教育体制的内涵及适应性分析

"单轨制"教育制度以美国为代表。美国的中等职业教育具有独特性,美国中等阶段的职业教育统称为生涯与技术教育(Career and Technical Education,CTE)[①]。美国没有专门进行职业教育的机构,美国的中等职业教育由综合高中、全日制CTE高中、区域CTE学校或中心组成,前两个教育机构进行全日制教育,后一个机构提供非全日制教育。美国高中阶段的职业教育主要在综合高中内进

---

① 在美国并没有"中等职业教育"这一称谓,只有"中学阶段生涯与技术教育",为了更契合中国语境,本文中的美国"中等职业教育"主要指美国"中学阶段生涯与技术教育"(Secondary Career and Technical Education, CTE),为了阐述的方便,本文中美国"中等职业教育"与美国"中学阶段生涯与技术教育"通用。

行，美国普职合一的"单轨制"学制有其形成的特定社会背景及文化背景。

19世纪末20世纪初，美国的职业教育面临变革，面对学习"德国模式"，坚持工具主义价值取向的"双轨制"教育制度，还是选择基于杜威的民主主义教育思想发展"单轨制"教育制度，存在争议。1913年"伊利诺伊州事件"，即该州普职"双轨制"议案最终引发了影响美国中等职业教育格局的"普杜之争"①。"普杜之争"的结果是中等职业教育的"美国模式"诞生，美国决定采取综合高中进行职业教育，不单独设立职业教育机构。这与美国信仰"自由、平等"的历史文化密不可分，美国实用主义哲学的发展为综合高中的发展提供了土壤，是民主理念的重要体现，让人人接受公平的教育。改革开放以来，我国也学习了美国"单轨制"教育制度，在许多地区设立综合高中。但是，经过多年的发展，综合高中尚未成为我国高中阶段教育发展的主要模式，这与我国的文化传统有重要关系。我国是坚持"教育二元论"传统思想的国家，缺乏"单轨制"综合高中发展的土壤。在我国"学而优则仕"传统功利主义教育思想的影响下和应试教育的背景下，职业教育选修课缺乏成长的土壤，综合高中的出现反而弱化了职业教育，综合高中呈现普通高中的倾向，导致其特色缺失，因此，综合高中在我国难以维系。

（三）我国中等职业教育发展路径："双轨一元"的内涵

基于对"双轨制"教育制度和"单轨制"教育制度的分析，不论是完全"双轨制"教育制度，还是"单轨制"教育制度，历史经验告诉我们，这些都不适合我国职业教育的发展。因此，亟须基于我国的基本国情，探索适合我国中等职业教育发展的特色道路。"双轨一元"发展路径有三个要点。

1. "双轨"是基础

普通教育体系与职业教育体系两轨并列存在，且普通教育体系与职业教育体系内部的层次、结构完整，这是我国中等职业教育发展的基本国情和教育制度环境。"教育二元论"思想是"双轨制"教育制度形成的思想根源，实质上是等级教育的结果。当下，中等职业教育的整体设计及中等职业教育的单一功能，也是由"教育二元论"所致。"双轨制"教育制度不同于"教育二元论"，普职"双轨制"即教育类型层面的二元分类，在时代更迭中，秉持"教育二元论"的教育实际之弊端愈发凸显。尤其是在此背景下，自由教育缺失职业教育，职业教育缺失自由教育，二者都是"不完整的教育"。我国的"双轨制"教育体制是我国教育的基本构建，传统文化及基本国情不允许我们对其进行推翻重建，我们要做的是对"双轨制"教育模式的改良。

---

① Wirth, A. Education in the Technological Society: The Vocational - liberal Studies Controversy in the Early Twentieth Century [M]. Scranton, PA.: Index Educational Publishers, 1972: 26.

2. "一元"是特征

这里的"一元"有两层含义：第一层含义是指发展理念的一元；第二层含义是指普通教育与职业教育不再作为两种互补相关的教育类型，而是在民生功能的主导下，实现其功能的等值。其具体表现为：第一，这里的一元是指理念的一元，坚持人本主义价值取向。中等职业教育的育人功能的重要表现形式是民生功能，通过民生功能整合育人功能与社会功能，将中等职业教育定位于面向人人的教育，中等职业教育在兼顾学校职业教育与职业培训的同时，要满足广大平民多元化的教育需求。第二，在中等职业学校扬弃基于"教育二元论"的传统设计，坚持教育"一元"，随着现代职业教育体系的不断完善，推动职业教育与普通教育作为两种不同类型的教育，培养不同类型的人才，但是其地位是等值的。

3. "一体"是准则

促进职业教育与普通教育的一体化发展。这里的一体化发展，是指要促进中等职业教育与普通教育的互通，能够使个体在普通教育轨道与职业教育轨道自由切换，尤其是中等职业教育与普通高中教育一体化发展，并非是与普通高中的趋同，而是在不同的轨道，实现自由切换。实现普通教育体系与职业教育体系的互通，具体体现在其培养目标设置、课程建设及专业设置上，通过学历证书与职业资格证书的等值，打通学历教育体系与职业资格体系，确保受教育者在不同的轨道进行学习。"一元"是"一体"的前提，"一体"是"一元"的实现。2017年教育部等四部门联合印发了《高中阶段教育普及攻坚计划（2017—2020年）》的通知，在推进高中多样化发展中首次明确指出要建立普通高中和中等职业学校合作机制。这里所指的普通高中教育与中等职业教育一体化发展，不是一种类型教育对另一种类型教育的消解，而是普通高中教育与中等职业教育内涵不断丰富，功能不断多元化的过程。通过普通高中教育与中等职业教育的融合发展，满足不同个体多元化的教育需求，是中等职业教育民生功能的重要体现。

第三节 完善中等职业教育功能定位实现的制度保障

从社会结构入手，整合中等职业教育功能，推动中等职业教育应然定位的实现。基于现代职业教育体系，促进中等职业教育分类发展及创新中等职业教育发展路径，这是中等职业教育功能实现的具体路径和形式。通过制度层面保障现代职业教育体系的结构完善及内部运行，并通过制度建设，引导功能主体的理想教育需求，树立职业教育与普通教育等值、技术技能型人才和知识型人才同等重要的观念。通过制度改革及完善的形式确保中等职业教育功能实现的制度环境，包括教育内部的制度环境和教育外部的制度环境。

一、优化教育分流制度及招生考试制度

从中等职业教育入口层面，对中等职业教育功能的实现提出制度保障。优化教育体系的内部制度，包括优化教育分流制度，引导功能主体的理性教育需求；优化中等职业教育的招生考试制度，满足个体向上流动的理性需求。

（一）优化教育分流制度，引导功能主体的理性教育需求

教育分流的本义应该是促进不同智力类型和具有不同兴趣爱好的学生多元发展，由政府指令和制度安排促进学生经过理性分析自愿分流。教育分流制度的发展经历了外分式（通过相关制度，人为将一部分受教育者划入职业院校）、内分式（通过促进受教育者接受职业课程，进一步推进教育分流）、交替式（受教育者接受一定的基础教育后，再进入职业教育中）、参与式（通过校企合作的形式，促进教育分流）、沟通式（受教育者按照自身的智力类型、兴趣等自愿进入不同的教育轨道学习）。随着现代职业教育体系的不断完善，我国教育分流制度逐步由外分式走向沟通式分流。

然而，现阶段我国由于现代职业教育体系不够完善及相关制度的限制，教育分流制度存在一定的问题，受教育者不是自愿进入不同的教育轨道，亟须对教育分流制度进行优化，引导功能主体的理性教育需求。

因此，基于现代职业教育体系，对初中毕业生进行教育分流制度，应该从以下几方面着手，确保不同智力类型的学生，可以通过相关政策引导促进学生理性教育需求的发展。

1. 不同学生具有不同的个性心理特征

要加强职业启蒙教育，在小学阶段和初中阶段开展职业启蒙课程，引导学生对普通教育和职业教育的区别和共性进行了解，同时了解不同的职业，引导学生进行初步的职业选择，为初中毕业生进行教育分流打下基础。

2. 不同的学生具有不同的职业理想

在社会实践过程中，不同的学生根据自身接受的职业启蒙教育及对不同职业的了解，对未来职业有一种期望，这被称为职业理想。在现代社会，产业结构转型升级，第四次工业革命兴起和人工智能的兴起，新的职业层出不穷，应该允许学生充分发展其兴趣和特长，在一个合理的社会中，不同的职业面向人人，个体可以基于自身的能力及兴趣进行职业选择，并依据自身需求实现转岗的需求。为了更好地促进不同智力类型的人接受不同类型的教育，促进个体的全面和个性化发展，需要对个体的职业理想进行确立，引导学生对不同类型教育进行了解，同时，还应引导学生树立合理的职业理想，促进学生合理分流。

3. 考虑教育分流的时间

教育分流的时间应充分考虑学生的实际情况。针对部分升学意愿不高或具有职业性向的学生，在初中三年级进行分流，进入中等职业学校，接受职业技术教

育。而针对尚未明确升学意愿或就业意愿的学生，应延缓其分流时间。

4. 拓展中等职业教育毕业生升学的渠道

随着生产力发展，人们生活水平的提升，人们对高学历的追求，对接受更高层次教育的追求显现出来，要借助现代职业教育体系，提升中等职业教育毕业生进入高等职业教育学习的比例。

（二）优化招生考试制度，打通职业教育学历制度体系

不同教育采取不同的招生制度，这在一定程度上是由其特色和功能决定的。反过来说，适合的招生制度会促进教育功能的实现。同样，中等职业教育的招生考试制度是其职业性特色及功能的重要体现。要优化中等职业教育招生考试制度，基于现代职业教育体系，打通职业教育的学历制度体系，确保中等职业教育功能的实现。①

1. 优化中等职业教育的招生考试制度

具体措施为招生面向应由单一走向多元，招生方式由一种形式转向多种形式。以往中等职业教育的招生面向同普通高中较为相似，中等职业教育的招生面向也是初中毕业生，这不能凸显中等职业教育作为职业教育的特色。中等职业教育民生功能的实现及中等职业教育的定位决定了中等职业教育亟须扩大其招生面向。通过各种形式，改革中等职业教育的招生考试制度，借助现代职业教育体系，中等职业教育应积极发展其职业培训功能，招生面向应包括农民、下岗工人、复员军人在内的多样性的群体，这是中等职业教育民生功能的重要体现。具体可通过以下方式：扩大中等职业教育的招生面向，建立中等职业学校和普通高中的统一招生平台，促进中等职业教育与普通高中教育协调发展。

2. 优化高等职业教育招生考试制度

具体措施为积极推动高等职业教育招生向中等职业教育倾斜，积极推进"知识+技能"的招生考试制度，促进中高职衔接，打通中等职业教育毕业生上升的通道。2019 年 1 月国务院出台的《职业教育改革实施方案》提出，中高职要"贯通培养"，建立"职教高考"制度，完善"文化素质+职业技能"的考试招生办法。一方面，基于现代职业教育体系，扩大高等职业教育接受中等职业教育毕业生的比例。借助招生考试制度，促进中高职衔接发展。随着现代职业教育体系的完善，以及高等职业教育体系的大力发展，2019 年 1 月国务院发布的《国家职业教育改革实施方案》提出，"促进一大批普通本科高校向应用型转变"，当前我国高等职业教育系统已经有能力接纳大量中职毕业生。高等职业教育的招生考试制度要在一定程度上向中等职业教育毕业生倾斜，更要从培养技术技能型人才的角度设置高等职业教育招生考试制度。可通过以下途径改革高等职业教育

---

① 崔延强. 基于现代职业教育体系的中高职课程衔接研究：以四川省德阳市 12 所中高职院校为例 [D]. 重庆：西南大学，2016：115.

招生考试制度。

首先,建议进一步放宽五年制高职和对口招生计划比例限制,满足中等职业教育毕业生向上流动的需求,同时为我国经济社会发展培养更多高层次技能型人才。其次,扩大高等职业院校的招生自主权。通过自主招生等形式,扩大高等职业院校的招生自主权,促进更多中等职业教育毕业生进入高等职业教育学校进行学习。改革高等职业教育招生制度,建立"文化素质+职业技能"的"职教高考"制度,[①] 并不断扩大高职院校自主招生的权限。最后,从整个职业教育体系的发展和构建来看,不仅要促进初中毕业生进入高等职业院校学习,高等职业教育也要面向农村,接纳更多的农民及农村职业教育毕业生进入高等职业教育院校学习,这是教育公平的重要体现,也是现代职业教育体系完善的必经之路。

3. 通过优化招生考试制度,打通职业教育的学历制度体系

这意味着就读于中等职业教育学校,也有机会上大学,满足个体向上流动的需求,同时也满足经济社会发展对高层次技术技能型人才的需求,是统筹个体需求和国家需求,实现中等职业教育民生功能的重要体现。这进一步提升了中等职业教育的社会形象,改变了中等职业教育"二流教育"的形象,是改变社会对中等职业教育偏见的第一步。

二、改革就业制度及薪酬制度

从中等职业教育出口层面,也就是从人力资源市场的角度对中等职业教育功能的实现提供制度保障。在现代职业教育体系外部,通过变革就业制度及薪酬制度,促进中等职业教育与经济社会发展的紧密联系,提升技术技能型人才的社会地位,进一步促进职业教育与普通教育的等值,这是中等职业教育多元化功能实现的外部制度保障。

(一) 变革就业制度,提升中等职业教育的社会地位

就业制度,根据对就业范围的控制和具体就业准入条件的不同来进行区分。就业准入制度可以分为广义的就业准入制度和狭义的就业准入制度。广义的就业准入制度是指根据先培训、后就业的原则,对社会中存在的各种职业的工作人员的从业资格、职业素质、受教育程度提出一定的要求。受教育者走向工作岗位是有一定条件的,包括获得职业资格证书、培训证书和学历证书等,这是一种在各个国家中普遍存在的劳动就业制度。狭义的就业准入制度是指对相对复杂及关系人民群众利益的某些职业,需要再取得职业资格证书后,才能进入该职业领域从事相关工作。改革开放以来,随着我国市场经济体制的确立,私有企业的不断发展,国有企业改革的推进,我国的就业制度发生了根本性变化,由计划经济时期

---

① 姜大源. 跨界、整合和重构:职业教育作为类型教育的三大特征:学习《国家职业教育改革实施方案》[J]. 中国职业技术教育, 2019 (07): 12.

的"统招分配"转型为市场经济时期的"自主就业"和"自主创业"。

然而，现阶段我国的就业制度尚未完善，尤其是缺乏技术技能型人才的准入制度，狭义上的就业准入制度尚未实现。我国从学历层面提出人才的就业准入制度，导致整个社会崇尚高学历的功利主义价值取向。这不利于职业教育毕业生进入就业岗位，进一步导致了职业教育缺乏吸引力，影响了现代职业教育在社会中的地位，同时，也限制了中等职业教育就业功能的实现。

第一，改革开放以来，就业制度变迁对中等职业教育功能提出了新的需求。从2002年我国确立就业政策体系的基本框架，到2008年我国为了应对国际金融危机，采取了更为积极的就业政策，再到十八大以来我国形成了就业与创业相结合的新形势，对中等职业教育的发展提出了新的挑战与需求。中等职业教育不再局限于就业功能，升学功能、创业功能已经进入人们的视野，以创业带动就业。同时，升学也是促进中等职业教育毕业生职业生涯的发展的一种重要手段，其最终目标也是为了促进学生高质量就业。国家出台相关政策，促进中等职业教育毕业生创业，为中等职业教育毕业生及高等职业教育毕业生创业提供了更多的有利条件。

第二，国家积极改革就业制度，推动技术技能型人才顺利就业和高质量就业，从劳动力市场的角度推动职业教育与普通教育的等值。基于现代职业教育体系构建，中等职业教育的上升通道已经打通，我国不断改革就业制度，以期提升职业教育的社会地位。2019年1月国务院发布的《国家职业教育改革实施方案》提出，"机关和企事业单位招用人员不得歧视职业院校毕业生"。同时，职业资格证书和就业准入制度是提升职业教育和技术技能型人才地位的根本制度保障。国家应该加快建立国家资格框架，全面推进职业资格证书制度，并完善就业准入制度，确保职业资格证书制度与学历证书制度的等值。同时，企业在招聘人才时，应从唯学历定人才转向对职业资格的关注，关注学生具有的技术技能。随着经济全球化的发展，职业资格证书制度要与世界接轨，并建立证书获得、证书认证的一系列制度，确保证书的有效性。

第三，要加大就业准入制度改革。确保劳动者在接受相应的职业培训后能获取相应的就业岗位。中等职业教育应积极推进职业培训，满足劳动就业者获取技术技能的需求，为劳动者提供相应的培训，促进其顺利就业。我国是农业大国，解决农民向城市转移，促进农民顺利就业，是中等职业教育民生功能的重要体现，要积极关注农民的就业问题。

（二）改革薪酬制度，提高中等职业教育的吸引力

收入分配制度是我国的一项宏观调控制度。要改革职业教育毕业生的收入分配制度，职业教育培养的技术技能型人才与普通教育培养的学术型人才，这两类人才只有类型差异，通过改革薪酬制度，促进技能型人才与学术型人才具有相同的收入及社会地位。2014年人社部出台的《关于推进技工院校改革创新的若干

意见》提出，技师学院毕业生，有资格参加企事业单位招聘，并且技术学院毕业生在工资标准、职称评定、职位晋升等方面，与全日制大专学生享有同等待遇。2019年1月国务院发布的《国家职业教育改革实施方案》明确提出，"推动职业院校毕业生在落户、就业、参加机关事业单位招聘、职称评审、职级晋升等方面与普通高校毕业生享受同等待遇"。

现阶段，我国的薪酬制度存在一定的不合理性，导致了技术技能型人才的薪酬低于学术型人才的薪酬，而使中等职业教育毕业生处于较低的社会地位，同时降低了中等职业教育的吸引力。具体可以通过以下方式改革我国的薪酬制度，提高中等职业教育的吸引力。

第一，改革初次收入分配制度，提升一线劳动者和技术技能型人才的薪酬，这是提升中等职业教育吸引力的重要举措。第二，减少一线劳动者及技术技能型人才的税收负担。第三，消除非法收入对一线劳动者及技术技能型人才的打击和影响。要让一线劳动者和技术技能型人才感受到体力劳动和智力劳动一样会受到人们的尊重，并且能够获取较为一致的劳动报酬。提高一线劳动者和技术技能型人才工作的积极性，推动更多的人进入职业教育体系，进一步进入产业领域，服务产业结构转型升级，这是促进中等职业功能实现和提升中等职业教育吸引力的重要途径。

纵观国外发达国家，如德国、澳大利亚、日本等，技术工人的待遇普遍较好，且具有较高的社会地位；而我国技术工人的薪酬相对较低，且处于较低的社会地位。薪酬制度在一定程度上决定了个体的社会地位，因此，应通过改革薪酬制度，让薪酬分配在一定程度上向一线劳动者和技术技能型人才倾斜，让学生主动选择职业教育。

结 语

从规模上看，我国的职业教育已经占据了教育体系的"半壁江山"。现代职业教育是工业化的产物。在我国，中等职业教育是外生模式，是在外部人为力量的推动下产生的，其与生俱来就存在适应性问题。加之，中等职业教育作为高中阶段教育的重要组成部分，不同于初等教育和高等教育。初等教育和高等教育在产生之初就明确了其功能，中等职业教育的教育性及职业性决定了中等职业教育既为一种类型教育，又为一种层次教育，中等职业教育具有复杂性。因此，对中等职业教育的质疑声此起彼伏，尤其是2011年以来，中等职业教育的规模不断下滑，随着经济社会转型的推进，中等职业教育的发展危机和生存危机更为凸显。基于我国现阶段的基本国情，亟须对我国中等职业教育功能定位进行探究，中等职业教育的功能定位问题，既是理论问题又是实践问题。选取现代职业教育体系为切入点，对现阶段我国"中等职业教育功能定位"这一核心问题进行研究，以期回答"中等职业教育在教育系统及社会系统中应该处于什么位置？中等职业教育应该具有什么功能？"这两个问题，明确中等职业教育的未来发展方向及实现路径。

在前述几章的基础上，对研究的结论进行总结，分析本书存在的不足，并对未来的研究方向及侧重点进行展望。

现阶段，随着经济社会转型，现代职业教育体系不够完善，中等职业教育功能失调现象产生，在深入分析中等职业教育功能失调的实践表征及结构根源的基础上，提出现代职业教育体系的应然样态，形成了如下结论：

第一，确立中等职业教育的民生功能观。育人功能和社会功能是中等职业教育的两大功能，二者既有区别又有联系，并不断走向整合。本书提出的民生功能，以期整合中等职业教育的社会功能与育人功能，通过对民生功能的论述，探讨中等职业教育育人功能的落地问题。

第二，中等职业教育功能在一定历史阶段会产生失调，甚至可能会导致中等职业教育危机。中等职业教育失调与调适是中等职业教育功能演变的基本方式，中等职业教育功能的演变过程是从中等职业教育功能失调到中等职业教育功能调适的周期性发展过程。中等职业教育功能失调具体体现为中等职业教育功能取向偏颇、功能行动偏差和功能结果失调。

第三，中等职业教育功能失调的结构根源包括内部结构根源、教育结构根源和社会结构根源。中等职业教育功能失调有其直接的教育结构根源和深刻的社会结构根源，即层次化、等级化的学校教育系统。现代职业教育体系不完善且衔接沟通不畅，难以实现职业教育与普通教育的等值是中等职业教育功能失调的教育结构根源；我国处于经济社会转型期，在市场化、工业化推动下形成的职业分层和社会流动机制及教育行动者的生存心态是中等职业教育功能失调的社会结构根源。

第四，科学定位中等职业教育，即面向民生的职业基础教育。基于对现代职业教育体系下中等职业教育功能失调及失调的结构根源进行分析，提出中等职业教育功能定位的应然样态。在价值层面确立民生价值取向；在结构层面明确中等职业教育的基础地位；在功能层面整合多元功能。科学定位中等职业教育，将中等职业教育定位于职业基础教育，促进其服务面向广大平民，通过职业教育与职业培训相结合的形式，促进其民生功能的实现。

第五，提出中等职业教育的发展路径："双轨一元"。基于中等职业功能定位的应然样态，确立中等职业教育的发展路径；基于现代职业教育体系，实现职业教育与普通教育的等值，推动中等职业教育与普通高中教育一体化发展。

中等职业教育功能问题是一个宏大的基础理论问题，从根本上消解中等职业教育功能失调问题是一个极其漫长和困难的过程。由于精力有限及个人思维深度的有限，本书对中等职业教育功能的研究，存在一定的局限性，并且有诸多困惑，本书的困惑有以下几点：

第一，研究采用"结构—功能"动态分析模式。中等职业教育的功能实现过程由功能取向、功能行动、功能结果三个环节，动态分析中等职业教育功能失调与调适，并对中等职业教育功能失调的结构根源进行深入分析，分析框架虽然全面立体，但是也会使研究内容过于庞杂，研究重点不够突出。

第二，对中等职业教育功能的价值取向，尤其是协调育人功能与社会功能，以期通过民生功能促进二者的整合，难免有些深度不够，对中等职业教育与民生功能的关系，还有待于进一步深入分析。

第三，对中等职业教育功能失调及结构根源的归因分析是否有片面化的嫌疑。在本书中，基于结构功能理论及教育病理学的分析，将中等职业教育功能失调的根源归结为结构失调，固然有一定的理论基础和逻辑依据，本书试图抓住中等职业教育功能失调的最根源的因素，将其界定为结构，难免有自说自话之嫌，使整个研究面临着一定的理论风险。

这些问题是笔者在研究中产生的困惑，然而，由于学识及思维的限制，本书尚不能完全解决，只希望在今后的学习中不断充实自己，做更深入的研究和探索。中等职业教育功能的演变是一个历史、动态过程，在未来工作中，还有很长的路要走。理论隐藏在实践背后，难以看到，但是实践却是外露的，是更好把握，也是可以看到的。因此，深入中等职业教育实践，探索其背后存在的理论，理论研究者才能真正发现问题的根源与症结所在。尽管在国家层面国家大力提倡发展中等职业教育，但是仍然遏制不住中等职业教育规模下滑的趋势。不难看到，面对生活的功利价值取向的强势渗透，中等职业教育的吸引力逐渐消失，中等职业教育"二流教育"的帽子愈加凸显；中等职业教育的职业性特色正在消失，而普通教育趋势日益明显。在功利主义价值取向下，中等职业教育的育人功能逐渐被社会功能所取代；中等职业教育的培训功能逐渐被就业功能所取代；中等职业教育日益被普通教育所同化和取代。"工匠精神"的衰落、技术技能型人才的缺失、教育结构的不完整必然会撼动整个社会的稳定。若不能充分认识当前中等职业教育功能的失调现象并加以调适，必然会给教育发展和经济社会发展带来严重危机。

中等职业教育负重前行，在经济社会转型的关键期，高中阶段教育普及和高等教育大力发展对中等职业教育的冲击下，中等职业教育亟须依托现代职业教育体系，明确自身的基础地位及全新功能，确保中等职业教育的转型发展，适应民生发展需求。我们必须直面现实，明确中等职业教育肩负的重任和面临的巨大困难，扎根中等职业教育教学实践，理性思考中等职业教育的发展危机与生存危机，使职业教育真正成为一种类型教育，推动职业教育与普通教育的等值，为每个人提供合适的教育，真正实现人民满意的教育。

附录

附录 A：中等职业教育功能定位访谈提纲（校长）

尊敬的校长：

您好，非常感谢您能抽出宝贵的时间来参加这次访谈，这次访谈的内容是关于中等职业教育功能定位的一些问题，请您根据实际情况作答。您的回答仅作为本次研究资料，您的真实信息我们将采取保密原则。再次感谢您的参与和配合！

一、基本信息

1. 学校名称：
2. 您的年龄：
3. 您的学历：

二、访谈提纲

1. 您所在学校的办学定位是什么？请谈谈贵校的办学特色。
2. 您所在学校的招生情况如何？
3. 您所在学校的学生毕业后升学情况与就业情况如何？
4. 您所在学校的办学思想和实践中最主要的取向是什么？（社会取向还是育人取向？）
5. 您认为中等职业教育在经济社会发展中的地位是什么？
6. 您认为中等职业教育在现代职业教育体系中的地位是什么？
7. 您认为中等职业教育的功能应该是什么？（您对中等职业教育的经济功能、政治功能和文化功能有什么看法？您对中等职业教育的升学功能和就业功能有什么看法？）
8. 当前我国中等职业教育功能存在哪些问题？
9. 您认为影响中等职业教育功能的因素有哪些？
10. 您认为中等职业教育的服务面向是哪些人？
11. 您认为中等职业教育的形式有哪些？
12. 您认为该如何实现中等职业教育的功能？

附录 B：中等职业教育功能定位访谈提纲（教师）

尊敬的老师：

您好，非常感谢您抽出宝贵的时间来参加这次访谈。这次访谈的内容是关于中等职业教育功能定位的一些问题，请您根据实际情况作答。您的回答仅作为本次研究资料，您的真实信息我们将采取保密原则。再次感谢您的参与和配合！

一、基本信息

1. 学校名称：
2. 您的年龄：
3. 您任教的学科：
4. 您的学历：

二、访谈提纲

1. 您所在学校的办学定位是什么？请谈谈贵校的办学特色。
2. 您所在学校的办学思想和实践中最主要的取向是什么？（社会取向还是育人取向？）
3. 您所在学校职业学生培养的开展情况如何？
4. 您所在学校的学生毕业后升学情况与就业情况如何？
5. 您认为中等职业教育在经济社会发展中的地位是什么？
6. 您认为中等职业教育在现代职业教育体系中的地位是什么？
7. 你认为中等职业教育的功能应该是什么？（您对中等职业教育的经济功能、政治功能和文化功能有什么看法？您对中等职业教育的升学功能和就业功能有什么看法？）
8. 当前我国中等职业教育功能存在哪些问题？
9. 您认为影响中等职业教育功能的因素有哪些？
10. 您认为中等职业教育的服务面向是哪些人？
11. 您认为中等职业教育的形式有哪些？
12. 您认为怎样才能实现中等职业教育的功能？

附录 C：中等职业教育功能定位访谈提纲（学生）

亲爱的同学：

您好，非常感谢您抽出宝贵的时间来参加这次访谈。这次访谈的内容是关于中等职业教育功能定位的一些问题，请您根据实际情况作答。您的回答仅作为本次研究资料，您的真实信息我们将采取保密原则。再次感谢您的参与和配合！

一、基本信息

1. 学校名称：
2. 您的年龄：
3. 您所在的年级：
4. 您的户口类型：

二、访谈提纲

1. 您是否愿意接受中等职业教育？
2. 您对中等职业教育和普通高中教育了解吗？对它们各自的态度是什么？
3. 您现在就读的学校是否是您理想的学校？
4. 您对所在学校开设的课程是否满意？
5. 您对所在学校的实践教学是否满意？
6. 您对所在学校的实习是否满意？
7. 您毕业后有什么打算？直接就业还是继续升学？如果选择升学，是升入高等职业院校还是普通高等院校？原因是什么？
8. 您对中高职衔接了解吗？
9. 您认为中等职业教育的功能应该是什么？升学，就业，还是其他？
10. 您认为怎样才能实现中等职业教育的功能？

附录 D：中等职业教育功能定位访谈提纲（工人）

您好，非常感谢您抽出宝贵的时间来参加这次访谈。这次访谈的内容是关于中等职业教育功能定位的一些问题，请您根据实际情况作答，您的回答仅作为本次研究资料，您的真实信息我们将采取保密原则。再次感谢您的参与和配合！

一、基本信息

1. 您的年龄：
2. 您的文化程度：

二、访谈提纲

1. 您是否愿意接受职业培训？
2. 您是否了解所在地区的职业培训？
3. 您希望通过哪种途径了解职业培训？
4. 您希望通过职业培训来提升哪方面的知识或技能？

5. 您是否了解中等职业教育？
6. 您对中等职业学校开展职业培训是否有所了解？
7. 您认为中等职业教育的功能有哪些？

附录 E：中等职业教育功能定位访谈提纲（农民）

您好，非常感谢您抽出宝贵的时间来参加这次访谈。这次访谈的内容是关于中等职业教育功能定位的一些问题，请您根据实际情况作答。您的回答仅作为本次研究资料，您的真实信息我们将采取保密原则。再次感谢您的参与和配合！

一、基本信息

1. 您的年龄：
2. 您的文化程度：

二、访谈提纲

1. 您是否愿意接受职业培训？
2. 您是否了解所在地区的职业培训？
3. 您希望通过哪种途径了解职业培训？
4. 您希望通过职业培训提升哪方面的知识或技能？
5. 您是否了解中等职业教育？
6. 您对中等职业学校开展职业培训是否有所了解？
7. 您认为中等职业教育的功能有哪些？

参 考 文 献

中文部分

著作类

［1］菲利普. 库姆斯. 世界教育危机［M］. 赵宝恒, 译. 北京: 人民教育出版社, 2001.

［2］萧今, 黎万红. 发展经济中的教育与职业［M］. 天津: 天津人民出版社, 2002.

［3］朱新生, 闫智勇. 中等和高等职业教育有效衔接机制研究［M］. 南京: 江苏教育出版社, 2014.

［4］舒新城. 教育通论［M］. 福州: 福建教育出版社, 2006.

［5］张云霞. 教育功能的社会学研究［M］. 武汉: 武汉大学出版社, 2011.

［6］瞿葆奎. 教育基本理论之研究［M］. 福州: 福建教育出版社, 1998.

［7］雷龙乾. 中国社会转型的哲学阐释［M］. 北京: 人民教育出版社, 2004.

［8］傅维利. 教育功能论［M］. 沈阳: 辽宁教育出版社, 1990.

［9］张人杰. 国外教育社会学基本文选［M］. 上海: 华东师范大学出版社, 1989.

［10］布列克里局, 杭特. 教育社会学理论［M］. 李锦旭, 译. 台北: 桂冠图书股份有限公司, 1987.

［11］S. 鲍尔斯, H. 金蒂斯. 美国: 经济生活与教育改革［M］. 王佩雄, 译. 上海: 上海教育版社, 1990.

［12］路宝利. 美国中等职业教育发展的职业主义与民主主义之争: "普社之辩" 研究［M］. 北京: 中国社会科学出版社, 2015.

［13］徐国庆. 职业教育课程论［M］. 上海: 华东师范大学出版社, 2015.

［14］吴式颖, 任钟印. 外国教育思想通史（第 A 卷）［M］. 长沙: 湖南教育出版社, 2001.

［15］国家教育发展研究中心. 2000 年中国教育绿皮书［M］. 北京: 教育科学出版社, 2000.

［16］伊藤和卫. 公共教育的制度［M］. 东京: 教育开发研究所, 1998.

［17］CHULTZ T W. 教育的经济价值［M］. 清水义弘, 金子元久, 译. 东

京：日本经济新闻出版社，2010.

[18] 牧野笃. 当代日本中等教育［M］. 太原：山西教育出版社，1999.

[19] 马克斯·韦伯. 社会科学方法论［M］. 杨富斌，译. 北京：华夏出版社，1999.

[20] 中国《教育大辞典》编纂委员会. 教育大辞典（增订合编本）（上册）［M］. 上海：上海教育出版社，1998.

[21] 吴康宁. 教育社会学［M］. 北京：人民教育出版社，1998.

[22] 联合国教科文组织. 学会生存：教育世界的今天和明天［M］. 北京：教育科学出版社，1996.

[23] 中国社会科学院语言研究所词典编辑室. 现代汉语词典［M］. 6版. 北京：商务印书馆，2012.

[24] 艾·里斯，特劳特. 定位［M］. 王恩冕，译. 北京：中国财政经济出版社，2002.

[25] 卡尔·波普尔. 猜想与反驳：科学知识的增长［M］. 傅季重，译. 上海：上海译文出版社，1986.

[26] R. 默顿. 社会理论和社会结构［M］. 南京：译林出版社，2006.

[27] 罗伯特·金·默顿. 论理论社会学［M］. 何凡兴，译. 北京：华夏出版社，1999.

[28] 罗伯特·金·默顿. 社会理论和社会结构［M］. 唐少杰，齐心，译. 南京：译林出版社，2006.

[29] 罗伯特·金·默顿. 社会研究与社会政策［M］. 林聚任，等译. 北京：三联书店，2001.

[30] 谢维和. 教育活动的社会学分析：一种教育社会学的研究［M］. 北京：教育科学出版社，2000.

[31] 青井和夫. 社会学原理［M］. 刘振英，译. 北京：华夏出版社，2002.

[32] 爱弥儿·涂尔干. 社会学研究方法论［M］. 胡伟，译. 北京：华夏出版社，1988.

[33] 瞿葆奎. 教育与社会发展［M］. 北京：人民教育出版社，1989.

[34] 李金奇，袁小鹏. 教育民生论［M］. 北京：教育科学出版社，2015.

[35] 孙中山选集［M］. 北京：人民出版社，1981.

[36] 容庚，容肇祖，容媛. 商周秦汉文字（甲骨文编）［M］. 北京：国学出版社，1925.

[37] 单中惠，王凤玉. 杜威在华教育演讲［M］. 北京：教育科学出版社，2007.

[38] 马克斯. 韦伯. 社会科学方法论 [M]. 韩水法, 译. 北京：中央编译出版社, 1999.

[39] 马君. 职业教育学导论 [M]. 北京：中国人民大学出版社, 2014.

[40] 黑格尔. 小逻辑 [M]. 贺麟, 译. 北京：商务印书馆, 1980.

[41] 约翰·洛克. 教育漫话 [M]. 傅任敢, 译. 北京：教育科学出版社, 1999.

[42] 董泽芳, 沈百福. 百川归海：教育分流研究与国民教育分流意向调查 [M]. 武汉：华中师范大学出版社, 1999.

[43] 吴义生. 系统科学概论 [M]. 北京：中共中央党校出版社, 1998.

[44] 魏宏森, 曾国屏. 系统论：系统科学哲学 [M]. 北京：清华大学出版社, 1995.

[45] 张家祥, 钱景舫. 职业技术教育学 [M]. 上海：华东师范大学出版社, 2001.

[46] 侯鸿勋. 论黑格尔的历史哲学 [M]. 上海：上海人民出版社, 1982.

[47] 伊曼纽尔·沃勒斯坦. 书写历史 [M]. 上海：上海三联书店, 2004.

[48] 中国教育年鉴编辑部. 中国教育年鉴（1949—1981年）[M]. 北京：人民教育出版社, 1984.

[49] 中国大百科全书总编辑委员会. 中国大百科全书（教育）[M]. 上海：中国大百科全书出版社, 1994.

[50] 李蔺田. 中国职业技术教育史 [M]. 北京：高等教育出版社, 1994.

[51] 刘玉照. 社会转型与结构变迁 [M]. 上海：上海人民出版社, 2007.

[52] 陈向明. 质的研究方法与社会科学研究方法 [M]. 北京：教育科学出版社, 2000.

[53] 扈中平. 教育目的论 [M]. 武汉：湖北教育出版社, 2004.

[54] 王扬南, 刘宝民. 中国中等职业教育质量年度报告2018 [M]. 北京：高等教育出版社, 2018.

[55] 杜威. 民主主义与教育 [M]. 王承绪, 译. 北京：人民教育出版社, 2001.

[56] 李春玲. 断裂与碎片：当代中国社会阶层分化实证分析 [M]. 北京：社会科学文献出版社, 2005.

[57] 陆学艺. 当代生活阶层研究报告 [M]. 北京：社会科学文献出版社, 2002.

[58] 刘精明. 国家、社会阶层与教育 [M]. 北京：中国人民大学出版社, 2005.

[59] 褚宏启. 教育现代化的路径 [M]. 北京：教育科学出版社, 2000.

[60] 拉塞尔·L. 阿克夫, 丹尼尔·格林伯格. 翻转式学习：21世纪学习的革命 [M]. 杨彩霞, 译. 北京：中国人民大学出版社, 2015.

[61] 内尔·诺丁斯. 幸福与教育 [M]. 龙宝新, 译. 北京：教育科学出版社, 2009.

[62] 赵汀阳. 论可能生活 [M]. 北京：中国人民大学出版社, 2008.

[63] 良方. 中学教育学 [M]. 福州：福建教育出版社, 1998.

[64] 郭利华, 贾利军. 舒尔茨的人力资本理论 [M]. 呼和浩特：内蒙古人民出版社, 2003.

[65] 新英汉大辞典 [M]. 北京：商务印书馆, 2015.

[66] 维特根斯坦. 文化与价值：维特根斯坦随笔 [M]. 许志强, 译. 杭州：浙江文艺出版社, 2002.

[67] 吴康宁. 课堂教学社会学 [M]. 南京：南京师范大学出版社, 1999.

[68] 王坤庆. 教育哲学：一种价值视角的研究 [M]. 武汉：华中师范大学出版社, 2006.

期刊类

[1] 姜大源. 关于加固中等职业教育基础地位的思考（全文导读）[J]. 中国职业技术教育, 2017（09）：18-20.

[2] 叶澜. 重建课堂教学价值观 [J]. 教育研究, 2002（05）：31.

[3] 马树超, 范唯, 郭扬. 构建现代职业教育体系的若干政策思考 [J]. 教育发展研究, 2011（21）：1-6.

[4] 韩宇, 沈亚强. 我国现代职业教育体系研究综述 [J]. 教育与职业, 2014（23）：9.

[5] 张桂春, 卢丽华. 职普融通的教育理念与实践：基于公民素质培养的视角 [J]. 教育科学, 2014（10）：24.

[6] 关晶, 李进. 现代职业教育体系研究的边界和维度 [J]. 中国高等教育, 2014（01）：90-91.

[7] 刘育锋. 论我国中高职衔接的模式 [J]. 职业技术教育, 2002（10）：5-7.

[8] 王洪艳. 我国中高职衔接研究现状综述 [J]. 现代教育科学, 2018（07）：23.

[9] 冒荣. 教育的内在价值与外在价值 [J]. 教育研究, 1992（2）：18.

[10] 傅维利. 论教育功能的释放与阻滞 [J]. 教育科学, 1989（01）：13.

[11] 晓宏. "以人为本"教育价值观的真正确立 [J]. 陕西师范大学学报

（哲学社会科学版），2009（05）：32.

[12] 陈建录. 城乡统筹背景下职业教育功能探析 [J]. 当代教育科学，2010（23）：61.

[13] 郭静. 中等职业教育的发展走向：基于中华人民共和国成立以来中等职业教育发展轨迹的归因分析 [J]. 中国职业技术教育，2017（07）：137.

[14] 马树超，王琴，唐林伟. 职业教育：非均衡状态下的协调发展 [J]. 教育发展研究，2011（05）：1-7.

[15] 潘懋元. 建立高等职业教育独立体系刍议 [J]. 教育研究，2005（5）：28-31.

[16] 胡国勇. 基础职业教育：上海中等职业教育的新定位 [J]. 教育发展研究，2009（06）：31.

[17] 李兴洲. 职业学校的功能探析 [J]. 职教论坛，2004（06）：31.

[18] 俞正声. 职业教育既是教育问题更是重大民生问题 [J]. 中国培训，2014（06）：05.

[19] 杨绪利. 要重视发挥职业教育的近期功能 [J]. 教育与职业，1997（02）：32.

[20] 迟俊，刘晓倩. 新驱动战略下我国高等职业教育的功能定位 [J]. 河北企业，2016（03）：21.

[21] 易海华. 职业教育期望功能现实化之探究 [J]. 职教论坛，2005（03）：67.

[22] 庄西真. 社会分层和流动与职业教育发展 [J]. 职教通讯，2005（02）：9-11.

[23] 刘精明. 教育选择方式及其结果 [J]. 中国人民大学学报，2004（01）：64-65.

[24] 陈彬莉. 教育：地位生产机制，还是再生产机制：教育与社会分层关系的理论述评 [J]. 社会科学辑刊，2007（02）：59-64.

[25] 刘育锋. 人均GDP与中学职普比的关系研究 [J]. 中国职业技术教育，2015（18）：5.

[26] 王广慧，张世伟. 教育对农村劳动力流动和收入的影响 [J]. 中国农村经济，2008（09）：44-51.

[27] 庄西真. 影响欠发达地区中等职业教育发展的文化分析 [J]. 职业技术教育（教科版），2003（4）：9-12.

[28] 庄西真. 欠发达地区中等职业教育发展的社会心理因素的调查与分析

[J]. 河南职业技术师范学院学报（职业教育版），2003（05）：32-36.

[29] 夏言言，王光良. 博弈论视角下高校基层行政人员效率问题探析[J]. 时代教育，2016（08）：37.

[30] 李莹. 发展中国家是否应发展中等职业教育：一个长期的国际议题[J]. 教育科学，2007（02）：69.

[31] 郝天聪. 教育转换机制：现代职业教育体系运行的关键要素[J]. 教育科学，2018（04）：72.

[32] 匡瑛. 究竟什么是职业能力：基于比较分析的角度[J]. 江苏高教，2010（05）：14.

[33] 止雁琳. 英国职业教育和新职业要义[J]. 外国教育研究，2000（02）：2.

[34] 黄日强. 邓志军. 英国中等职业教育的改革与发展[J]. 职业教育研究，2004（09）：4.

[35] 胡庆芳. 绝不让一个高中生掉队[J]. 全球教育展望，2002（03）：37.

[36] 石中英. 教育学研究中的概念分析[J]. 北京师范大学学报（社会科学版），2009（03）：29-38.

[37] 陆友铨. 从学位论文看基础教育研究中的若干问题[J]. 教育学报，2008（04）：3.

[38] 蔡新职，王梓林. 中国职业教育民生溯源与创新[J]. 职教通讯，2018（07）：6.

[39] 黄家骅. 民生问题的研究视角与指向[J]. 中共福建省委党校党报，2008（06）：46-51.

[40] 李金奇. 教育民生论的发生解读[J]. 高等教育研究，2013（11）：21.

[41] 张学文. 教育综合改革应由"教育工具论"向"教育民生论"转型："十八大"报告"努力办好人民满意的教育"之学理解读[J]. 清华大学教育研究，2013（01）：39.

[42] 王健. 教师教育学的逻辑起点探析[J]. 教师教育论坛，2014（08）：6.

[43] 刘旭东. 也谈教育学体系的逻辑起点：兼与刘晖、王箭同志商榷[J]. 教育理论与实践，1988（01）：55.

[44] 马学军. 转型时期中等职业教育的"异化"：对一个县级职业高中历

史和现实的考察 [J]. 社会发展研究, 2014 (01): 148.

[45] 汪海波, 刘立峰. 中国工业化道路的回顾与前瞻: 为庆祝中华人民共和国成立60周年而作 [J]. 经济研究参考, 2009 (38): 2-22.

[46] 陈颖. 我国中等职业教育发展的脉络和现实困境 [J]. 教育经济评论, 2018 (06): 97.

[47] 祁占勇, 王佳昕, 安莹莹. 我国职业教育政策的变迁逻辑与未来走向 [J]. 华东师范大学学报 (教育科学版), 2018 (01): 104.

[48] 陈鹏, Carsten Schmidtke. 中国职业教育哲学: 嬗变、规律与展望 [J]. 职教论坛, 2018 (02): 9.

[49] 谭斌, 陈祥国, 王金光. 中等和高等职业教育衔接的招生考试制度研究 [J]. 当代教育科学, 2013 (03): 45.

[50] 唐林伟, 马庆发. 中国社会转型期职业教育功能的嬗变 [J]. 河北师范大学学报, 2008 (09): 129.

[51] 孟天运, 尉建文. 山东地区农村社会分层的个案研究 [J]. 东方论坛, 2003 (02): 78-82.

[52] 滕大春. 裴斯泰洛齐为教育而奉献的爱心: 纪念教圣250周年诞辰 [J]. 北京师范大学学报 (社会科学版), 1995 (03): 27.

[53] 任爱珍. 惠及民生的职业教育公平问题研究 [J]. 现代教育科学, 2011 (02): 76.

[54] 张德伟. 日本高中教育普及化的影响因素分析 [J]. 外国教育研究, 2006 (08): 18.

[55] 邬跃. 普及高中阶段教育需把握三个重点 [J]. 决策探索, 2016 (05): 31.

[56] 洪银兴. 产业结构转型升级的方向和动力 [J]. 求是学刊, 2014 (01): 58.

[57] 朱永新. 发挥中等职业教育在脱贫攻坚中的特殊作用 [J]. 民主. 2018 (04): 6.

[58] 周芳玲. 经济发展视域下的职业教育 [J]. 教育与经济, 2018 (02): 86.

[59] 刘婉昆, 刘晓. 新时期我国中等职业教育要不要发展? 如何发展?: 对当前中职存留发展问题热议的批评话语分析 [J]. 中国职业技术教育, 2019 (06): 36.

[60] 姜大源. 现代职业教育体系与国家职业资格框架构建 [J]. 中国职业技术教育, 2014 (21): 33.

[61] 姜大源. 跨界、整合和重构：职业教育作为类型教育的三大特征：学习《国家职业教育改革实施方案》 [J]. 中国职业技术教育，2019 (07)：12.

学位论文类

[1] 刘茂祥. 普通高中与中职校沟通的动力机制研究：以上海市示范校为例 [D]. 上海：上海师范大学，2017：17.

[2] 余美杰. 我国中等和高等职业教育衔接的历史、现状及趋势 [D]. 福州：福建师范大学，2012（06）：21-35.

[3] 张晓燕. 教育的民生功能研究 [D]. 重庆：西南大学，2014：1.

[4] 王爽. 中等职业教育的经济效益与微观决策 [D]. 北京：中央财经大学，2017：11.

[5] 蒋义. 我国职业教育对经济增长和产业发展贡献研究 [D]. 北京：财政部财政科学研究所，2010：13.

[6] 梁剑. 普通高中办学体制转型研究 [D]. 重庆：西南大学，2017：2，4.

[7] 刘炜杰. 从单一走向多元：当前我国中等职业学校改革的方向与路径 [D]. 重庆：西南大学，2016：109.

[8] 路宝利. 美国中等职业教育发展的职业主义与民主主义之争："普杜之辩"研究 [D]. 上海：华东师范大学，2014：18.

[9] 李静. 现阶段我国普通高中教育功能研究 [D]. 大连：辽宁师范大学，2016：21.

[10] 宋正. 中国工业化历史经验研究 [D]. 大连：东北财经大学，2010：13.

[11] 张国强. 高等职业教育功能的失调与调适 [D]. 武汉：华中师范大学，2008：54.

[12] 钱勇. 中等职业学校开展职业培训的现状与问题研究 [D]. 上海：上海师范大学，2010：11.

[13] 张力跃. 我国农村职业教育困境研究 [D]. 长春：东北师范大学，2008：4.

[14] 张利萍. 教育与劳动力流动研究 [D]. 武汉：华中师范大学，2006：13.

[15] 闻待. 论高中教育的多样化发展 [D]. 武汉：华中师范大学，2010：58.

[16] 杨光海. 学校教育角色化问题反思 [D]. 上海：华东师范大学，

2009：9.

[17] 董显辉. 中国职业教育层次结构研究［D］. 天津：天津大学，2013：14.

[18] 王秋. 中等专业学校经济功能实现形式的新探索：中职直接推动农村产业发展的案例研究［D］. 北京：北京师范大学，2011：12-13.

[19] 崔延强. 基于现代职业教育体系的中高职课程衔接研究：以四川省德阳市12所中高职院校为例［D］. 重庆：西南大学，2016：115.

报纸类

[1] 欧阳河. 未来职教中心应放在高职［N］. 中国青年报，2016-12-02（02）.

[2] 段旻雯. 职业教育前景如何：几位教育专家访谈录［N］. 中国教育报，2000-07-10（03）.

[3] 李晓宏. 走向民生新时代：访中共中央党校社会学教研室主任吴忠民［N］. 人民日报，2009-09-01（07）.

[4] 习近平. 决胜全面建成小康社会 夺取新时代中国特色社会主义伟大胜利：在中国共产党第十九次全国代表大会上的报告［N］. 人民日报，2017-10-28（01-05）.

[5] 唐盛昌. 高中改革方向：促进高中生志、趣、能匹配［N］. 中国教育报，2012-06-01（06）.

[6] 邱晨辉，王月.《中国劳动力市场技能缺口研究》发布：高技能劳动力缺口警钟再次敲响［N］. 中国青年报，2016-11-28（11）.

[7] 柴葳. "普及高中阶段教育"意味着什么［N］. 中国教育报，2015-10-31（01）.

[8] 张晓冰. 用整合高中挽救困境中的中职教育［N］. 中国青年报，2014-07-28（011）.

[9] 吕巍. 心系"离贫困人口最近的教育"：民进中央"中等职业教育发展帮扶农村贫困人口脱贫"专题调研综述［N］. 人民政协报，2017-01-05（001）.

电子资源类

[1] 国家数据：中华人民共和国统计局［EB/OL］. http//data. stats. gov. cn/easyquery. htm? cn = C01&zb = A0M0202&sj = 2017. 2017-11-03/2018-06-12.

[2] 青岛中考普高升学率再引争议连续三年全省最低［EB/OL］. http：//mshandong. com/bendi/2018/08/15/15088437. html. 2018-08-15.

［3］中国制造怎样走出"技工缺失"怪圈？［EB/OL］. http：//www. jc35. com/news/detail/64193. html. 2017 – 05 – 19/2018 – 12 – 02.

［4］国务院关于加快发展现代职业教育的决定［EB/OL］. http：//www. moo，odu. cn/piiblicfilcs/biisinoss/htmlfilos/nioc/iiioo1778/20H06/170691. html，2014 – 05 – 02/2018 – 12 – 10.

［5］胡锦涛在全国人才会议上的讲话［EB/OL］. http：//www. gov. cn/jrzg/2010 – 05/26/content_ 1614224. htm，2010 – 05 – 27/2019 – 01 – 02.

［6］深圳市教育局关于中等职业教育学校2018年自主招生工作的批复［EB/OL］. www. 51agov. cn，2018 – 05 – 08/2018 – 12 – 04.

［7］奋进新时代教育：为了明天［EB/OL］. http：//sc. people. com. cn/n2/2019/0307/c346334 – 32715338. html，2019 – 03 – 07/2019 – 03 – 08.

［8］报告显示中职毕业生就业率连续10年保持高位［EB/OL］. http：//finance. ifeng. com/a/20151203/14106007_ 0. shtml，2015 – 12 – 03/2019 – 02 – 01.

［9］政府报告开启职业教育新篇章［EB/OL］. https：//www. sohu. com/a/301112260_ 742018？sec = wd，2019 – 03 – 14/2019 – 03 – 15.

外文部分

著作类

［1］Arum, R. The effect of resource investment on vocational student early labour market outcomes ［M］. Paper presented at the 1997 Annual Meeting of the American Sociological Association, Toronto, Canada. 1997. 3 – 9.

［2］Psacharopoulos, George. Returns to Investment in Education：A Global Update ［M］. World Development, Vol. 22, No. 9, 1325 – 1343.

［3］Qualifications and Curriculum Development Agency, Guidelines for writing credit – based units of assessment for the Qualifications and Credit Fraine Work ［M］, Version 4.

［4］Elsholz, U. (2002) Kompetenzentwicklung XURREFLEXIVEN Hand – lungsfaehigkeit. In：Dehnbostel, P. /Klsholz, J. /Mcister, J. /Mcyer – Menk, J. Ve Positionon zur Wcrbi Idung ［M］. Berlin：edition sigma. 35.

［5］David L. Angus and Jeffrey E. Mirel. The Failed Promise of the American High. School, 1890 – 1995 ［M］. New York：Teachers College Press, 1999. 57.

［6］Gordon, Howard R. D. The History and Growth of Career and Technical Education in America (3rd e d.) [M]. Long Grove, USA: Waveland Press, Inc. 2008.

[7] Daniel Kolak. Lovers of Wisdom: An Introduction to Philosophy with Integrated Readings [M]. Peking University Press, 2002, 23 – 27.

[8] Robert K. Merton Social Theory and Social Structure [M]. The Free Press, 1968. 77 – 78.

[9] Sharan B. Merriam. Qualitative Research: A Guide to Design and Implementation [M]. San Francisco: Jossey – Bass, 2009: 15.

[10] Lucas C. Humanism. J. Chabliss. Philosophy of Education: an Encyclopedia [M]. Oxford, UK: Elsevier Science Ltd. 1996: 285.

[11] Marvin Lazerson, Norton Grubb. American Education and Vocationalism: A Documentary History 1870 – 1970 [M]. New York: Teacher College Press, Columbia University, 1974: 37.

[12] Wirth, A. Education in the Technological Society: The Vocational – liberal Studies Controversy in the Early Twentieth Century [M]. Scranton, PA.: Index Educational Publishers, 1972: 26.

期刊类

[1] Bennell, P. (1996). Using and abusing rates of return: A critique of the World Bank's 1995 education sector review [J]. International Journal of Education Development, 16 (3), 235 – 248.

[2] Bennell, Paul and Sergerstrom, J. (1998). Vocational Education and Training in Developing Countries: Has the Word Bank Got it right [J]. International Journal of Education Development 18 (4): 271 – 87.

[3] Justin, J. W., Powell, L. G., et al. The Shifting Relationship between Vocational and Higher Education in France and Germany: towards convergence? [J]. European Journal of Education, 2007 (3): 405 – 423.

[4] Fletcher E C. Demographics, Tracking, and Expectations in Adolescence as Determinants of Employment Status in Adulthood: A Study of School – to – Work Transitions [J]. Career and Technical Education Research, 2012, 37 (2): 103 – 119.

[5] Gentry M, Peters S J, Mann R L. Differences Between General and Talented Students: Perceptions of Their Career and Technical Education Experiences Compared to Their Traditional High School Experiences [J]. Journal of Advanced Academics, 2007, 18 (3): 372.

[6] Gill, R. Change management or change leadship? [J]. Journal of Change management, 2003, 3 (4): 307 –318.

[7] Castellano, Marisa. etc. Secondary Career and Technical Education and Cowprehensive School Reform: Inplications for Research and Practice [J], Review of Education Research. 2003, vol. 73, no. 2: 244 –246.

[8] Bia, Yanjie. Chinese Social Stratification and Social Mobility [J]. Annual Review of Sociology, 2002. 28: 91 –116.

[9] Rauner, Felix & Naclean, Rupert. Handbook of Technical and Vocational Education and Training Research [M]. Spring, 2008, 32 –33.

电子资源类

[1] Sector Skill Councils. Our work. [EB/OL]. Retrieved February 13, 2012 fromhttp: //www. ukees. org. uk/ourwork/sector – skill – councils.

[2] Transportation, Distribution&Logistics. [EB/OL]. Retrieved February 09, 2008 from http: //www. career . org/career – clusters/landing – pages/trasportation. html.

[3] UK Commission for Employment and Skills. NOS Strategy 2010 –2020. [EB/OL]. Retrieved February 15, 2012 from http: //www. ukees. org. uk/assets /bisparters /ukces /docs/supporting – docs/nos/nos – strategy –2011.